A (IN)EFICÁCIA DAS DECISÕES DO STF EM SEDE DE AÇÃO DIRETA DE INCONSTITUCIONALIDADE POR OMISSÃO

JADER FERREIRA GUIMARÃES
VITOR SOARES SILVARES

MÁRCIO CAMMAROSANO
Prefácio

A (IN)EFICÁCIA DAS DECISÕES DO STF EM SEDE DE AÇÃO DIRETA DE INCONSTITUCIONALIDADE POR OMISSÃO

Belo Horizonte

2014

© 2014 Editora Fórum Ltda.

É proibida a reprodução total ou parcial desta obra, por qualquer meio eletrônico, inclusive por processos xerográficos, sem autorização expressa do Editor.

Conselho Editorial

Adilson Abreu Dallari
Alécia Paolucci Nogueira Bicalho
Alexandre Coutinho Pagliarini
André Ramos Tavares
Carlos Ayres Britto
Carlos Mário da Silva Velloso
Cármen Lúcia Antunes Rocha
Cesar Augusto Guimarães Pereira
Clovis Beznos
Cristiana Fortini
Dinorá Adelaide Musetti Grotti
Diogo de Figueiredo Moreira Neto
Egon Bockmann Moreira
Emerson Gabardo
Fabrício Motta
Fernando Rossi

Flávio Henrique Unes Pereira
Floriano de Azevedo Marques Neto
Gustavo Justino de Oliveira
Inês Virgínia Prado Soares
Jorge Ulisses Jacoby Fernandes
Juarez Freitas
Luciano Ferraz
Lúcio Delfino
Marcia Carla Pereira Ribeiro
Márcio Cammarosano
Maria Sylvia Zanella Di Pietro
Ney José de Freitas
Oswaldo Othon de Pontes Saraiva Filho
Paulo Modesto
Romeu Felipe Bacellar Filho
Sérgio Guerra

Luís Cláudio Rodrigues Ferreira
Presidente e Editor

Supervisão editorial: Marcelo Belico
Revisão: Gabriela Sbeghen
Bibliotecária: Izabel Antonina A. Miranda – CRB 2904 – 6ª Região
Capa e projeto gráfico: Walter Santos
Diagramação: Derval Braga

Av. Afonso Pena, 2770 – 16º andar – Funcionários – CEP 30130-007
Belo Horizonte – Minas Gerais – Tel.: (31) 2121.4900 / 2121.4949
www.editoraforum.com.br – editoraforum@editoraforum.com.br

G963i   Guimarães, Jader Ferreira
A (in)eficácia das decisões do STF em sede de Ação Direta de Inconstitucionalidade por Omissão / Jader Ferreira Guimarães, Vitor Soares Silvares; prefácio: Márcio Cammarosano. - Belo Horizonte: Fórum, 2014.
176 p.

ISBN 978-85-7700-820-9

1. Direito constitucional. 2. Controle de constitucionalidade. 3. Teoria geral do direito. I. Silvares, Vitor Soares. II. Cammarosano, Márcio. III. Título.

CDD: 342.04
CDU: 342.22

Informação bibliográfica deste livro, conforme a NBR 6023:2002 da Associação Brasileira de Normas Técnicas (ABNT):

GUIMARÃES, Jader Ferreira; SILVARES, Vitor Soares. *A (in)eficácia das decisões do STF em sede de Ação Direta de Inconstitucionalidade por Omissão*. Belo Horizonte: Fórum, 2014. 176 p. ISBN 978-85-7700-820-9.

Dedicamos este livro às nossas famílias, especialmente às nossas esposas, Maria da Penha Borges e Mariana Toniato, ambas advogadas, sem as quais certamente esta obra não viraria realidade.

AGRADECIMENTOS

Agradecemos a Deus por nos propiciar saúde e condições para ter o privilégio de tornar realidade este livro.

Aos nossos pais, agradecemos por nos oportunizar uma boa formação cultural e acadêmica, pautada em princípios éticos e na perseverança, rendendo a eles nossas homenagens pelos incessantes incentivos no aperfeiçoamento acadêmico.

Às nossas esposas, Maria da Penha Borges e Mariana Toniato de Souza Silvares, agradecemos pelo apoio incondicional e participação assídua no desenvolvimento deste livro, colaborando, ainda, no debate do tema e na aquisição de obras.

Aos nossos filhos, Anna Beatriz Toniato Silvares, Mateus Borges Frizzera Guimarães e Mariana Borges Frizzera Paiva Lírio, que nos fizeram ver o mundo de outra forma e nos propiciaram a maior felicidade de nossas vidas, agradecemos primeiro a Deus por esta dádiva da vida, sendo eles a principal fonte de energia para irmos adiante.

Agradecemos aos professores do programa de Mestrado de Direito Processual da UFES, especialmente os professores Francisco Vieira Lima Neto e Flávio Cheim Jorge, além do insigne professor Anderson Sant'ana Pedra, pelas intocáveis observações, as quais, certamente, enriqueceram esse trabalho.

Ao nosso eterno Mestre, o notável jurista Márcio Cammarosano, cuja envergadura intelectual dispensa comentários e a admiração pessoal vem de longa data, queremos agradecer pela elaboração do prefácio e, sobretudo, por suas generosas palavras, as quais, certamente, tornam a leitura dessa obra menos cansativa.

Agradecemos, por fim, a todos os amigos e colegas que de alguma forma contribuíram para que pudéssemos tornar esse sonho realidade.

A justiça tardia, frequentemente, é uma justiça pela metade.

(Carnelutti)

SUMÁRIO

LISTA DE DENOMINAÇÕES, ABREVIATURAS E SIGLAS 13

PREFÁCIO
Márcio Cammarosano 15

INTRODUÇÃO 17

CAPÍTULO 1
O CONTROLE DE CONSTITUCIONALIDADE 23

1.1   Aspectos introdutórios 23
1.1.1   Importância do controle de constitucionalidade 29
1.2   Supremacia da Constituição, rigidez e constitucionalismo 32
1.3   Jurisdição constitucional 38
1.3.1   Legitimidade da jurisdição constitucional 49
1.4   Origem do controle de constitucionalidade 56
1.4.1   Espécies, modalidades, vias e momento do controle de
        constitucionalidade 59
1.4.2   Inconstitucionalidade formal e material 66
1.4.3   Inconstitucionalidade por ação e omissão 71
1.5   O controle de constitucionalidade no Brasil 74

CAPÍTULO 2
O FENÔMENO DA INCONSTITUCIONALIDADE POR OMISSÃO.... 81

2.1   Noções gerais 81
2.2   Omissão total 83
2.3   Omissão parcial 85
2.4   Omissões impugnáveis 90
2.5   Momento da caracterização da omissão inconstitucional 94
2.6   Breve relato da experiência de outros povos 95
2.7   Mandado de injunção 97

CAPÍTULO 3
AÇÃO DIRETA DE INCONSTITUCIONALIDADE POR OMISSÃO.... 107

3.1   Generalidades 107
3.2   Competência 109
3.3   Legitimidade 111
3.4   Procedimento 112

3.5	Medida liminar	116
3.6	Apontamentos sobre o "ativismo judicial"	118
3.7	Decisão final e efeitos	126
3.8	Direito à indenização diante de omissão inconstitucional?	147
3.9	Análise da jurisprudência do STF em matéria de ADO	150

CONSIDERAÇÕES FINAIS 163

REFERÊNCIAS 171

LISTA DE DENOMINAÇÕES, ABREVIATURAS E SIGLAS

ADC – Ação Declaratória de Constitucionalidade
ADCT – Ato das Disposições Constitucionais Transitórias
ADI – Ação Declaratória de Inconstitucionalidade
ADO – Ação Declaratória de Inconstitucionalidade por Omissão
ADPF – Arguição de Descumprimento de Preceito Fundamental
AGU – Advogado Geral da União
CNJ – Conselho Nacional de Justiça
CPC – Código de Processo Civil
CR – Constituição da República Federativa do Brasil de 1988
EC – Emenda Constitucional
MI – Mandado de Injunção
MP – Medida Provisória
MS – Mandado de Segurança
PGR – Procurador Geral da República
PL – Projeto de Lei
RE – Recurso Extraordinário
RESP – Recurso Especial
STF – Supremo Tribunal Federal
STJ – Superior Tribunal de Justiça
TSE – Tribunal Superior Eleitoral

PREFÁCIO

É com muita honra que aceitei prefaciar esta obra intitulada *A (in) eficácia das decisões do STF em sede de Ação Direta de Inconstitucionalidade por Omissão*, da lavra de Vitor Soares Silvares e Jader Ferreira Guimarães.

Trata-se da dissertação com a qual o coautor obteve o título de Mestre em Direito Processual pela Universidade Federal do Espírito Santo sob orientação e contribuição do ilustre Professor Doutor Jader Ferreira Guimarães.

Releva anotar, desde logo, que referida dissertação, ora convertida em livro, ensejou ao seu coautor Vitor Silvares aprovação com distinção, em 21 de fevereiro deste ano de 2013. E da Comissão Examinadora, presidida pelo Professor Orientador, também participavam os não menos ilustres professores Francisco Vieira Lima Neto e Anderson Sant'Ana Pedra, respectivamente da Universidade Federal do Espírito Santo e da Faculdade de Direito de Vitória (FDV).

O jovem e talentoso coautor deste livro, juntamente com o notável Professor Jader, que os conheço bem, brinda o mundo jurídico com uma obra merecedora, sem dúvida, de encômios.

Discorrem a respeito do tema que elegeram com proficiência, ressaltando, como uma das questões fundamentais, a da efetividade de decisões proferidas pelo Supremo Tribunal Federal ao ensejo de ações diretas de inconstitucionalidade por omissão, inovação da Constituição da República de 05 de outubro de 1988.

Os autores não se furtam, como convém, de discorrerem inicialmente a respeito de temas introdutórios da maior relevância, pertinentes evidentemente ao controle de constitucionalidade, preparando assim o terreno para desenvolver o núcleo da matéria — inconstitucionalidade por omissão.

Tratam de aspectos de ordem substancial e, sobretudo, processual quanto à ação de inconstitucionalidade por omissão, fazendo apontamentos de relevância quanto ao denominado "ativismo judicial", e enfrentam, com segurança, temas correlatos, trazendo à colação jurisprudência do próprio STF que submete a análise criteriosa, após elaborar o quadro das ações que inventariou.

Os autores chegam, afinal, à conclusão de que em regra as ações diretas de inconstitucionalidade por omissão não têm sido meio hábil à efetiva concretização de direitos, como era de se esperar.

Destarte, asseveram os autores que o STF tem se limitado a dar ciência ao Poder ou órgão responsável pela inércia da omissão proclamada, fixando, no máximo, "prazo razoável" para supri-la, sem cunho obrigatório.

Em rigor, defendem os autores a autuação judicial supletiva exatamente porque "o que está em jogo é a efetividade e a aplicação integral da Constituição...".

Estas rápidas observações são absolutamente insuficientes para dar um panorama da importantíssima contribuição de Vitor Soares Silvares e Jader Ferreira Guimarães para o estudo do tema em questão, contribuição essa a ser reconhecida, estou certo, por todos os que se dedicarem à leitura deste livro.

Parabenizo, pois, os autores pela obra, com os créditos devidos à orientação e contribuição segura do Professor Jader Ferreira Guimarães.

De São Paulo para Vitória,
Novembro de 2013.

Márcio Cammarosano
Doutor em Direito do Estado pela PUC-SP.
Professor de Direito Administrativo e Urbanístico
nos cursos de Graduação e Pós-Graduação da PUC-SP.
Presidente do Instituto Brasileiro de Direito Administrativo (IBDA).
Advogado em São Paulo.

INTRODUÇÃO

Com a redemocratização do país, o direito constitucional passou por percuciente revolução nos últimos anos. A jurisdição constitucional, como um todo, e o controle de constitucionalidade, sobretudo, sofreram considerável expansão na ordem jurídica brasileira. O desenvolvimento do controle judicial dos atos normativos deu-se especialmente com a inauguração da ordem jurídica, instalada com o advento da Constituição da República de 1988. Isso porque o legislador constituinte originário pensou e positivou "ferramentas" objetivando controlar os atos normativos, aferindo a adequação destes aos comandos insertos no texto constitucional.

Desponta, destarte, nesse cenário, o dito controle abstrato de constitucionalidade, que possui como requisitos fundamentais e essenciais para o seu exercício a supremacia e a existência de uma Constituição rígida. No Brasil, a competência para exercer tal controle em âmbito nacional é do Supremo Tribunal Federal, órgão de cúpula do Poder Judiciário. O vocábulo "controle", neste caso particular, por interpretação lógica, deflui da rigidez, pressupondo-se a ideia de um escalonamento normativo em que a Constituição ocupa o topo máximo da pirâmide, podendo, assim, ser caracterizada como norma de validade para as demais espécies normativas. No Brasil, criou-se sistemas e vias de controle para salvaguardar o bom funcionamento do controle de constitucionalidade, sendo a maioria deles voltados para atacar condutas *proativas* (atos comissivos) das autoridades competentes.

Entrementes, ao lado desses, contemplou-se, outrossim, mecanismos com o fito de se combater a inação do legislador, como sói acontecer no caso do mandado de injunção e da ação direta de inconstitucionalidade por omissão. Esta última, objeto de nosso estudo, é o instrumento cabível no controle de constitucionalidade concentrado, estatuída no art. 103, §2º, da Constituição de 1988, de competência originária do Supremo Tribunal Federal em processá-la e julgá-la. O referido dispositivo constitucional preceitua, em linhas gerais, que será declarada a inconstitucionalidade por omissão, como medida para tornar efetiva a norma constitucional. Encontra-se seguro afirmar que o referido instituto tem por finalidade precípua conferir efetividade às normas constitucionais de eficácia limitada; isto é, que dependem de outra espécie normativa para sua concretização.[1]

---

[1] Art. 102. Compete ao Supremo Tribunal Federal, precipuamente, a guarda da Constituição, cabendo-lhe: I - processar e julgar, originariamente: a) a ação direta de inconstitucionalidade de

A Lei Federal nº 12.063, de 27 de outubro de 2009, acrescentou à Lei nº 9.868, de 10 de novembro de 1999, o Capítulo II-A, estabelecendo a disciplina processual da ação direta de inconstitucionalidade por omissão. A norma, recém-introduzida no ordenamento jurídico vigente, acabou por solucionar alguns problemas da vida com relação ao instituto objeto do presente estudo, positivando, por exemplo, a possibilidade de concessão de medida cautelar. Todavia, a citada espécie normativa omitiu-se com o que consideramos o principal desafio da ação direta de inconstitucionalidade por omissão: os efeitos da decisão, cabendo, dessa forma, ao intérprete, buscar mecanismos para, enfim, poder extrair o resultado que se espera do instituto, isto é, sua efetividade.

Não nos escusamos de reconhecer a complexidade do debate, pois, notadamente, possibilitar que a decisão na ação acima mencionada tenha efeitos concretos ensejaria, em princípio e em tese, uma colisão princi-piológica. Isso porque, se de um lado a atual Constituição impõe que a declaração de inconstitucionalidade por omissão torne efetiva a norma constitucional – decorrendo, também, tal exigência do próprio Estado democrático de direito, o qual reclama o cumprimento das "leis" (sobretudo o da Constituição), de sorte que o Poder Judiciário deve fazer cessar qualquer omissão inconstitucional – de outro (e sem querer aprofundar no debate por hora), há o contraponto do princípio da divisão de poderes, o qual impede, em princípio, que um poder se imiscua na atividade típica do outro.

Noutro giro, o debate poderia cingir-se às seguintes perguntas: o Poder Judiciário, mais precisamente o STF, deve, de forma imperativa, superar a omissão, ainda que para isso precise fixar diretamente regra para sanar a inércia do legislador? Ou o Judiciário deve, em adstringência ao princípio da divisão de poderes, manter-se inerte em face da omissão, cingindo-se a proclamar tal fato, cientificando o legislador em mora para adotar as devidas providências, sem, contudo, fixar prazo ou levar a efeito sua decisão? A Suprema Corte brasileira, salvo melhor juízo, tem-se inclinado pela segunda opção, adotando, assim, a dita posição "não concretista", apesar de se ter notícia de decisões que foram um pouco além dela. Todavia, no que pese ao entendimento até então do Supremo Tribunal Federal sobre o tema, o que se busca arrostar – ou quebrar – é justamente esse paradigma.

Ora, a ação direta de inconstitucionalidade por omissão – instrumento cuja importância para o Estado democrático de direito não se discute – não deveria ser uma ação com resultados concretos, até mesmo

---

lei ou ato normativo federal ou estadual e a ação declaratória de constitucionalidade de lei ou ato normativo federal; (Redação dada pela Emenda Constitucional nº 3, de 1993). Art. 103 [...] §2º - Declarada a inconstitucionalidade por omissão de medida para tornar efetiva norma constitucional, será dada ciência ao Poder competente para a adoção das providências necessárias e, em se tratando de órgão administrativo, para fazê-lo em trinta dias.

por atuar no âmbito do controle concentrado, de forma *erga omnes*? Não se estaria inutilizando ou mantendo inócuo um poderoso instrumento capaz de efetivar, de uma só vez, diversos direitos? Manter a posição atual do Pretório Excelso não estaria contrariando a nova tendência constitucional e processual, qual seja, resolver conflitos de massa próprios de uma sociedade cujos litígios são, muitas das vezes, de natureza coletiva? Não seria o caso de evoluir, tal como o Supremo fez com relação ao mandado de injunção, em que, por alguns anos, adotou a posição não concretista e, nos últimos anos, vem adotando a posição concretista individual intermediária, valendo-se até mesmo no caso da greve para servidores públicos da posição concretista geral? E mais: como justificar a posição de uma corrente no mandado de injunção e de outra completamente oposta à ação direta de inconstitucionalidade por omissão?

Em face de tais considerações, entende-se que a temática ora enfrentada é de suma importância notadamente para fins de se buscar novos caminhos, por meio de instrumento já contemplado em nosso ordenamento jurídico (e, na prática, inócuo), para evitar o ajuizamento de inúmeras demandas, mesmo porque, conforme leciona Canotilho, "os direitos são do homem, devendo escolher como efetivá-los".[2]

Como veremos, há um debate acerca do direito de indenização em razão da omissão legislativa, o qual abordaremos neste trabalho. Porém, o que se busca no presente estudo não é salvaguardar eventual direito à indenização, mas, sim, garantir a efetivação de direitos constitucionalmente garantidos, mesmo porque, como afirma Piero Calamandrei, o Poder Judiciário é tido como meio e esperança para a célere e justa pacificação dos conflitos qualificados.[3] Dessa forma, vai-se de encontro, por vias transversas, às lições de Eurico Redenti, o qual afiança que as partes possuem o sagrado direito de obter uma decisão que, de fato, traga resultados práticos.[4] O que se quer garantir é justamente a pretensão daquele que vai a juízo fazer valer o seu direito, e não lançar mão de meios, como nos parece ser o caso da indenização, para atenuar o seu problema da vida.

Enfim, o ponto central do estudo gravita em torno do seguinte problema: por que o Pretório Excelso não dá efetividade às decisões proferidas em sede de ação direta de inconstitucionalidade por omissão, considerando que, ao menos em tese, tal instrumento possibilita a efetivação geral de direitos, evitando o ajuizamento de inúmeras demandas individuais e/ou coletivas para tal fim?

Dentre outros, os seguintes objetivos deverão ser observados ao longo do desenvolvimento desse trabalho: descrever a importância e

---

[2] CANOTILHO. *Estudos sobre direitos fundamentais*, p. 18.
[3] CALAMANDREI. *Direito processual civil*, p. 184-185.
[4] REDENTI. *Diritto processuale civile*, p. 25.

supremacia da Constituição, bem como a legitimidade das decisões do Tribunal Constitucional; analisar a linha das decisões proferidas pelo Supremo Tribunal Federal sobre o tema; estudar o controle de constitucionalidade, suas modalidades, espécies e momentos, bem como a jurisdição constitucional e a omissão inconstitucional.

Não é de hoje que a quantidade de ações propostas em todo o país preocupa os profissionais do Direito (juízes, promotores, procuradores, advogados, servidores públicos etc.), bem como o jurisdicionado. Esse último, aliás, é quem, ao final, acaba sofrendo com o longo decurso de tempo para obter a prestação jurisdicional, a qual, em algumas oportunidades, além de demorada, não atende aos anseios do processo, isto é, pacificação dos conflitos ou celebração da paz, o que se detém quando a decisão é justa, razoável e, sobretudo, efetiva. A fim de atender ao escopo do processo e de se garantir a máxima celeridade na prestação da atividade jurisdicional, as ações diretas são instrumentos tão importantes que propiciam, por intermédio de uma única decisão, a concretização de direitos que podem albergar inúmeras pessoas, evitando a propositura de diversas demandas para tal finalidade.

Assim, a ação direta de inconstitucionalidade por omissão surge como mecanismo que, se bem trabalhado, pode evitar considerável número de ações. Ou melhor, o instituto em questão poderia solucionar, de uma vez, vários problemas da vida, inclusive de forma isonômica para todos aqueles alcançados pela decisão. Por exemplo, ao invés de diversas pessoas no país inteiro ingressarem com mandados de injunção, ou com demandas para ver decidido determinado problema da vida de omissão legislativa inconstitucional, imagina-se o quanto se economizaria de tempo, custo etc. se tais conflitos fossem decididos em uma única demanda, no caso com a ação direta de inconstitucionalidade por omissão. Dessa forma, estar-se-ia, de fato, prestigiando as máximas da celeridade, efetividade e, por que não dizer, da razoabilidade, esta última por vezes reconhecida pelo Pretório Excelso como derivada da Constituição da República de 1988, mais precisamente do princípio do devido processo legal. No entanto, não tendo a decisão na ação direta de inconstitucionalidade por omissão o efeito que se deseja (qual seja, gerar efetividade), eis aí o grande desafio do exegeta, o que justifica a importância do desenvolvimento dessa pesquisa.

A base teórica da presente investigação contará, dentre outros doutrinadores de escol, com os trabalhos de José Joaquim Gomes Canotilho, Hans Kelsen e Luís Roberto Barroso. Além disso, convém frisar que o presente trabalho orientar-se-á por meio do método de pesquisa denominado dialético.

Apropriar-nos-emos de tal método, pois este confere a superação da tensão entre duas verdades existentes, porém, conflitantes entre si, resultando-se numa terceira proposta. Com isso, surge a noção de que nada está isolado, que tudo é mudança. Até mesmo as coisas que em relação às outras geram conflitos são criadoras da mudança e da transformação da sociedade. Em face das considerações outrora feitas, o desenvolvimento dessa pesquisa versará, num primeiro momento, em trazer uma visão geral dos institutos, firmando premissas, as teses, até então existentes, que serão contrapostas às suas antíteses, exsurgindo, de consequência, a síntese ou nova tese. O método dialético está exatamente centrado nessa tensão entre as tomadas de decisões do Supremo Tribunal Federal e a preservação da autonomia do Poder Legislativo. A resposta a essa crise entre uma tese e uma *antitese*, a antítese em questão, é que irá gerar um terceiro plano, a síntese. A utilização desse método, em princípio, propiciará um exame aprofundado da temática, de forma que haja o maior "diálogo" possível, prevalecendo, ao final, o "melhor" argumento.[5] O certo é que, mesmo cuidando-se de pesquisa dialética, também poderão ser utilizados, no decorrer da pesquisa, outros métodos, como bibliográfico, dedutivo, hipotético-dedutivo etc., tudo em prol de se fazer uma pesquisa mais ampla possível. No que pese não haver, salvo melhor juízo, análises percucientes acerca do tema, existe, destarte, tímida posição do STF sobre ele, a qual será de grande valia para servir de parâmetro a ser, possivelmente, contraposto.

Insta destacar que o presente estudo foi dividido em três capítulos. Prefacialmente, após realizar a apresentação do tema e introdução do trabalho, no primeiro capítulo, pretende-se consignar, dentre outros pontos relevantes, os aspectos introdutórios do controle de constitucionalidade, a sua importância, a jurisdição constitucional, a supremacia da Constituição, como ainda os tipos de inconstitucionalidades e o controle de constitucionalidade no Brasil.

No segundo capítulo, teceremos considerações acerca do fenômeno da inconstitucionalidade por omissão, abordando, dentre outros aspectos, as espécies de inações, bem como aquelas que são impugnáveis e o momento para a sua caracterização. Ademais, faremos um breve relato da experiência de outros povos acerca do instituto em estudo, tecendo considerações pertinentes sobre o mandado de injunção. Abordaremos o modelo abstrato de controle de constitucionalidade como um todo, dedicando capítulo para tratar apenas da ação direta de inconstitucionalidade por omissão.

Examinar-se-á a legislação de regência, objetivando firmar premissas para aprofundamento do tema, salientando, desde já, que a efetivação das decisões em ADO vai de encontro à nova tendência do processo civil, qual seja, solucionar os problemas da vida com o menor ajuizamento de demandas possível, tendência essa atualmente muito pensada no Brasil, incluída no anteprojeto do Código de Processo Civil e positivada em

---

[5] GÜNTHER. *Teoria da argumentação*, p. 76.

algumas normas, tal como no Código de Defesa do Consumidor, na Lei de Ação Civil Pública etc. Igualmente tecer-se-ão breves comentários acerca do mandado de injunção, especialmente quanto aos efeitos das decisões nele prolatadas. Na sequência, será examinada a posição adotada pela Suprema Corte frente a decisões em ações diretas de inconstitucionalidade por omissão.

No terceiro capítulo, discorreremos sobre a ADO, mais precisamente acerca de sua origem, competência, legitimidade, procedimento, medida de urgência, decisão e seus efeitos, examinando, por fim, se há direito de indenização em razão de omissão inconstitucional.

Diante da polêmica existente em torno das decisões em sede de ADO, empenhar-nos-emos, por fim, em confirmar ou rechaçar a hipótese outrora registrada, qual seja, aferir se persistem as razões para a ineficiência das decisões do STF em ADO frente ao papel constitucional dessa, propondo, se viável juridicamente, solução(ões) que, de fato, propicie(m) a concretização de direitos constitucionalmente assegurados por intermédio de dito instituto. Destaca-se que embora existam algumas decisões do Supremo Tribunal Federal sobre a corrente adotada com relação aos efeitos do decisório em ação direta de inconstitucionalidade por omissão, não se tem conhecimento de um estudo percuciente sobre o tema.

CAPÍTULO 1

O CONTROLE DE CONSTITUCIONALIDADE

O ordenamento jurídico, por ser um sistema único, deve guardar harmonia, a qual uma vez inobservada deve ser corrigida, sob pena de se instalar a insegurança jurídica. Nessa toada, Simone Goyard-Fabre ensina que a ordem jurídica "caracteriza-se por sua homogeneidade e sua unidade lógica", de sorte que as espécies normativas não podem ser definidas isoladamente, mas pertencentes "à organização institucional do espaço estatal".[6] Consoante às lições de Luís Roberto Barroso, o controle de constitucionalidade é um dos mecanismos (provavelmente o mais importante) aptos a levar a efeito tais corrigendas, na medida em que garante a compatibilidade entre os atos normativos infraconstitucionais e a Constituição.[7]

Na sequência, abordaremos, como não poderia ser diferente, temas atinentes ao controle de constitucionalidade e de suma importância para este trabalho, iniciando pelos aspectos introdutórios do instituto.

1.1 Aspectos introdutórios

Ao tratarmos do Direito Constitucional, a primeira questão que nos vem em mente é a Constituição, justamente por ser ela objeto de estudo daquele. Igualmente nos indagamos: o que vem a ser a Constituição?

De acordo com as lições de Michel Temer, em sua acepção comum, Constituição seria sinônimo de "corpo", "estrutura", ou ainda uma dada "conformação", em suma, o ser de determinada coisa. Em sentido estrito (e esse é o que nos interessa para fins da presente pesquisa) o referido vocábulo representa "o corpo, a estrutura de um ser que se convencionou

---

[6] GOYARD-FABRE. *Os fundamentos da ordem jurídica*, p. 115-116.
[7] BARROSO. *O controle de constitucionalidade no direito brasileiro*, p. 23.

denominar Estado".[8] Isso porque nela se podem encontrar as partes que compõem o Estado.[9]

Segundo o escólio do professor Celso Ribeiro Bastos, a Constituição, em linhas gerais, vem a ser a particular maneira de ser de um Estado.[10] A Constituição, portanto, representa um "corpo" e/ou "estrutura" de um Estado, cuja sociedade pressupõe, ainda, uma organização,[11] ou seja, é o conjunto de normas que regem a vida de indivíduos em dado local e tempo. Evocando novamente as palavras de Michel Temer, "a Constituição é o conjunto de preceitos imperativos fixadores de deveres e direitos e distribuidores de competências, que dão estrutura social, ligando pessoas que se encontram em dado território em certa época".[12]

Debateu-se profundamente durante um longo período se a Constituição é dotada de força normativa. Ferdinand Lassalle defendeu, em 16 de abril de 1862, em conferência realizada em Berlim que, em síntese, a Constituição de um país expressa apenas as questões ditas políticas, não passando, grosso modo, de um "pedaço de papel" (mero fato social).[13] No entanto, Konrad Hesse, em brilhante trabalho, buscou rechaçar a tese defendida por Lassale. Segundo Hesse, não é escorreito afiançar que a Constituição de um país se subsume a mero fato social, na medida em que "a ideia de um efeito determinante exclusivo da Constituição real não significa outra coisa senão a própria negação da Constituição jurídica". Noutras palavras, estar-se-ia negado ao direito constitucional a sua estatura de ciência jurídica e, como tal, normativa.[14]

Nessa linha, a norma de envergadura constitucional não possui existência autônoma diante da realidade, residindo a sua essência no fato positivado de que se pretende ver realizado. Logo, a Constituição não

---

[8] Conforme Michel Temer, a expressão "Estado" consiste na aplicação de dado ordenamento jurídico a certas pessoas (povo) que se encontram dentro de determinado território (*Elementos de direito constitucional*, p. 3). Para Celso Ribeiro Bastos, "Estado é a organização juridicamente soberana de um povo em um dado território" (*Curso de direito constitucional*, p. 8). De acordo com Hans Kelsen, o vocábulo "povo" pode ser compreendido como "o domínio pessoal de vigência da ordem jurídica estadual", ao passo que "território" seria "o domínio espacial de vigência de uma ordem jurídica estadual" (*Teoria pura do direito*, p. 319).

[9] TEMER. *Elementos de direito constitucional*, p. 3.

[10] BASTOS. *Curso de direito constitucional*, p. 38.

[11] "Como organização política, o Estado é uma ordem jurídica. Mas nem toda organização jurídica é um Estado. Nem a ordem jurídica pré-estadual da sociedade primitiva, nem a ordem jurídica internacional supra-estadual (ou interestadual) representam um Estado. Para ser um Estado, a ordem jurídica necessita de ter o caráter de uma organização no sentido estrito da palavra, quer dizer, tem de instituir órgãos funcionando segundo o princípio da divisão do trabalho para criação e aplicação das normas que a formam; tem de apresentar um certo grau de centralização. O Estado é uma ordem jurídica relativamente centralizada" (KELSEN. *Teoria pura do direito*, p. 319).

[12] TEMER. *Elementos de direito constitucional*, p. 5.

[13] HESSE. *A força normativa da Constituição*, p. 9.

[14] HESSE. *A força normativa da Constituição*, p. 10-11.

representa tão somente um ser, como também um dever ser, isto é, em razão de sua pretensão de eficácia. A eficácia, para fins desse trabalho, há de ser compreendida como "eficácia social",[15] ou seja, a aptidão para concretização dos comandos normativos, no caso, constitucionais, a fim de atingirem sua finalidade no mundo dos fatos. Assim, a Constituição expressa o reflexo das condições fáticas de determinado povo, sobretudo sociais e políticos, bem como a busca da concretização da própria realidade social.[16] A propósito,

> Essa pretensão de eficácia (*Geltungsanspruch*) não pode ser separada das condições históricas de sua realização, que estão, de diferentes formas, numa relação de interdependência, criando regras próprias que não podem ser desconsideradas. Devem ser contempladas aqui as condições naturais, técnicas, econômicas e sociais. A pretensão de eficácia da norma jurídica somente será realizada se levar em conta essas condições. Há de ser, igualmente, contemplado o substrato espiritual que se consubstancia num determinado povo, isto é, as concepções sociais concretas e o baldrame axiológico que influenciam decisivamente a conformação, o entendimento e a autoridade das proposições normativas.[17]

E continua Hesse em seus dizeres:

> Determinada pela realidade social e, ao mesmo tempo, determinante em relação a ela, não se pode definir como fundamental nem a pura normatividade, nem a simples eficácia das condições sócio-políticas e econômicas. A força condicionante da realidade e a normatividade da Constituição podem ser diferenciadas; elas não podem, todavia, ser definitivamente separadas ou confundidas.[18]

Nesse pormenor, apresenta-se oportuna a lição de Luís Roberto Barroso, ao deixar assente que as ciências naturais estudam a realidade sob o enfoque descritivo, ao passo que as sociais, estando aí incluído o Direito, vão além, debruçando-se, também, sob uma postura metodológica descritiva do dever-ser. Afiança, dessa forma, que as ciências sociais não se limitam a explicar os fenômenos sociais, investindo-se, primeiramente, de um caráter normativo, "ordenando princípios concebidos abstratamente na suposição de que, uma vez impostos à realidade, produzirão efeito benéfico e aperfeiçoador".[19] Portanto, a Constituição passa a ser dotada de força normativa quando consegue realizar a então pretensão de eficácia. Evocando

---

[15] De acordo com Luís Roberto Barroso a "eficácia social é a concretização do comando normativo, sua força operativa no mundo dos fatos" (*O direito constitucional e a efetividade de suas normas*: limites e possibilidades da Constituição brasileira, p. 82.

[16] Cf. HESSE. *A força normativa da Constituição*, p. 15.

[17] HESSE. *A força normativa da Constituição*, p. 14-15.

[18] HESSE. *A força normativa da Constituição*, p. 15.

[19] BARROSO. *O direito constitucional e a efetividade de suas normas*: limites e possibilidades da Constituição brasileira, p. 73.

as palavras de Hesse, "embora a Constituição não possa, por si só, realizar nada, ela pode impor tarefas. A Constituição transforma-se em força ativa se essas tarefas forem efetivamente realizadas", devendo-se haver disposição de realizar a conduta em conformidade com a sua previsão.[20]

Essa vontade de constituição possui três enfoques, quais sejam: i) compreensão de necessidade e valor de uma ordem normativa inabalável, apta a proteger o Estado do arbítrio excessivo; ii) compreensão de que a ordem instaurada é mais do que apenas a representação da realidade fática, e iii) haver vontade humana de torná-la eficaz.[21] Outrossim, a "força que constitui a essência e a eficácia da constituição reside na natureza das coisas, impulsionando-a, conduzindo-a e transformando-se, assim, em força ativa". Derivam daí os limites e pressupostos que possibilitam à Constituição desenvolver sua força normativa, pressupostos esses que se referem ao conteúdo e à práxis[22] do texto constitucional.[23]

No que concerne ao conteúdo de uma Constituição, quanto mais ele se aproximar da realidade, maior tende a ser a eficácia da ordem constitucional e, por via reflexa, haverá mais segurança no desempenhar da força normativa. Igualmente deve a Constituição, para a obtenção de sua imposição, levar em conta aspectos sociais, políticos e econômicos, como ainda incorporar "o estado espiritual (*geistige Situation*) de seu tempo".[24] Ademais, a Constituição deve ser dotada de capacidade de adaptar-se às mudanças das condicionantes alhures mencionadas e, também, fincar-se em estrutura bilateral. Isto é, para manter a força normativa de seus princípios, por exemplo, cabe-lhe prever deveres, como forma de contrapeso. Além do mais, para obter uma boa performance, a ordem constitucional depende do seu conteúdo e, de igual forma, de sua práxis.[25]

Preocupação que se tem com a força normativa da Constituição são as sucessivas reformas ao argumento de "necessidade política". Isso porque cada revisão traz o viés de que se atribui maior valor às exigências fáticas do que às de ordem normativa, abalando a sua confiança. Dessa forma, a estabilidade apresenta-se como condição imprescindível para

---

[20] HESSE. *A força normativa da Constituição*, p. 19.

[21] Cf. HESSE. *A força normativa da Constituição*, p. 19-20.

[22] Práxis. Com essa palavra (que é a transcrição da palavra grega que significa ação), a terminologia marxista designa o conjunto de relações de produção e trabalho que constituem a estrutura social, e a ação transformadora que a revolução deve exercer sobre tais relações. Marx dizia que é preciso explicar a formação das ideias a partir da "práxis material", e que, por conseguinte, formas e produtos da consciência só podem ser eliminados por meio da "inversão prática das relações sociais existentes", e não por meio da "crítica intelectual" (ABBAGNANO. *Dicionário de filosofia*, p. 922).

[23] HESSE. *A força normativa da Constituição*, p. 20.

[24] HESSE. *A força normativa da Constituição*, p. 20.

[25] Cf. HESSE. *A força normativa da Constituição*, p. 20.

eficácia da Constituição.[26] Assim, uma alteração de natureza fática pode ensejar modificação na interpretação da Constituição, desde que protegida a finalidade da proposição constitucional e sua nítida intenção normativa. Enfim, "a interpretação adequada é aquela que consegue concretizar, de forma excelente, o sentido (*Sinn*) da proposição normativa dentro das condições reais dominantes numa determinada situação".[27] De suma importância é, pois, a interpretação do significado do texto constitucional para a preservação de sua força normativa, estando ela submetida ao princípio da ótima concretização da norma.

A propósito, Lenio Luiz Streck nos ensina que para realizar a tarefa de desvelamento (desalienação) é fundamental conceber os textos ainda ineficazes como tal, abandonando as "ferramentas" inadequadas. Deve-se olhar o novo como tal, sendo, pois, necessária a desconstrução da denominada "*tradição jurídica inautêntica*, mergulhada numa crise de paradigmas".[28]

Em face de tais considerações, pode-se firmar a premissa de que a Constituição e a realidade histórica e concreta de seu tempo estão em permanente relação coordenada, cabendo ao exegeta levá-las em consideração ao interpretar as normas constitucionais, buscando ainda alcançar o seu "espírito" que, na maioria das vezes, é a efetividade. Nesse passo, quando, por exemplo, um magistrado ou um tribunal desenvolve raciocínio atinente à interpretação e aplicação de certa norma constitucional, este deve levar em conta dada realidade e os valores a seu tempo contemplados, haja vista que, da mesma forma que certamente determinada realidade motivou a sua positivação, existem valores que pretenderam-se levar a efeito.

Nessa esteira, confira-se breve trecho selecionado das lições de Hesse:

> Em síntese, pode-se afirmar: a Constituição jurídica está condicionada pela realidade histórica. Ela não pode ser separada da realidade concreta de seu tempo. A pretensão de eficácia da Constituição somente pode ser realizada se se levar em conta essa realidade. A Constituição jurídica não configura apenas a expressão de uma dada realidade. Graças ao elemento normativo, ela ordena e conforma a realidade política e social. As *possibilidades*, mas também os *limites* da força normativa da Constituição resultam da correlação entre ser (*Sein*) e dever ser (*Sollen*).[29]

Corroborando com tal posição, José Afonso da Silva diz que a Constituição deve ser compreendida em correlação com a realidade política

---

[26] Cf. HESSE. *A força normativa da Constituição*, p. 22.

[27] HESSE. *A força normativa da Constituição*, p. 22-23.

[28] STRECK. *Hermenêutica jurídica e(m) crise*: uma exploração hermenêutica da construção do direito, p. 303-304.

[29] HESSE. *A força normativa da Constituição*, p. 24.

e social, sendo, nessa ótica, concebida em sua forma normativa "como norma em sua conexão com a realidade social, que lhe dá o conteúdo fático e o sentido axiológico".[30] Desta forma, o Direito Constitucional deve manter sua posição como disciplina científica e, portanto, normativa, devendo, assim, preservar a consciência de seus limites, de sorte a atuar, através de sua força normativa, para influenciar na realidade do Estado. Logo, cabe ao Direito Constitucional preservar a "vontade de constituição" que, certamente, acaba por salvaguardar a sua força normativa.

Fortalecendo essa posição, Luís Roberto Barroso afirma que "A Constituição já se teve oportunidade de assinalar, é um sistema de normas jurídicas. Ela institui o Estado, organiza o exercício do poder político, define os direitos fundamentais das pessoas e traça fins públicos a serem alcançados".[31] Para o professor Clèmerson Merlin Clève, "as constituições, agora, são documentos normativos do Estado e da sociedade. A Constituição representa um momento de redefinição das relações políticas e sociais desenvolvidas no seio de determinada formação social".[32] Dirley da Cunha Júnior assinala que, para a Constituição preservar sua força normativa e obter êxito em sua pretensão de eficácia, ela deve ser concebida como um sistema aberto de normas que, ao mesmo tempo, influência e é influenciada pela realidade.[33]

Noutras palavras, a Constituição deve interagir com a realidade, sobretudo social. A título de exemplo, Dirley da Cunha cita a Constituição da República Federativa do Brasil de 1988, que expressa a realidade histórica de seu tempo, o que se justifica em razão da "transformação que ela implementou no Estado para atender aos reclamos da sociedade na área dos direitos fundamentais, notadamente os sociais, como resultado das já intoleráveis discriminações regionais e sociais que debilitavam a dignidade da pessoa humana".[34]

Hans Kelsen, por sua vez, possui uma concepção puramente normativa da Constituição. Para o referido jurista, a Constituição é puro "dever-ser", norma pura, possuindo fundamento tão somente na ciência jurídica, podendo ser compreendida sob duas óticas. A primeira é de caráter lógico-jurídico, em que o texto constitucional se apresenta como norma fundamental hipotética. Fundamental porque é ela que serve de fundamento para a Constituição, e hipotética porque não é uma regra colocada pelo Estado, mas pressuposta. Em suma, sua base não se

---

[30] SILVA. *Curso de direito constitucional positivo*, p. 39.
[31] BARROSO. *O direito constitucional e a efetividade de suas normas*: limites e possibilidades da Constituição brasileira, p. 75.
[32] CLÈVE. *A fiscalização abstrata da constitucionalidade*, p. 22.
[33] CUNHA JÚNIOR. *Controle de constitucionalidade*: teoria e prática, p. 51.
[34] CUNHA JÚNIOR. *Controle de constitucionalidade*: teoria e prática, p. 51.

CAPÍTULO 1
O CONTROLE DE CONSTITUCIONALIDADE | 29

localiza no direito positivo, na medida em que geometricamente falando a Constituição se encontra no ápice do ordenamento jurídico. A segunda é de caráter jurídico-positivo, em que é a Constituição elaborada pelo Constituinte, em forma escrita, responsável pelo fundamento de todo o ordenamento jurídico.[35] Noutras palavras, o direito não seria fato social, mas, sim, um sistema escalonado de normas estruturais e organizadas hierarquicamente, no qual a Constituição está localizada no topo mais alto, servindo de fundamento para as demais normas infraconstitucionais.

Já Carl Schmitt compreende a Constituição, em síntese, como uma teoria que forma o Estado, ou seja, seria uma unidade política de um povo. Logo, a validade do texto constitucional está na decisão política que concebeu o Estado. Rechaça, portanto, o caráter "puro" do Direito, isto é, unicamente normativo.[36]

Com fulcro no exposto, pensamos que a Constituição representa um ser e, também, um dever-ser, ou seja, a pretensão de sua eficácia. Nesse passo, a Constituição expressa as condições fáticas de um país, especialmente sociais e políticas, buscando, noutro ponto, realizar a própria realidade social; o que, uma vez efetivada, transforma-a em força ativa, o que se apresenta factível levando-se a efeito os três enfoques alhures registrados na visão de Konrad Hesse ao tratarmos da "vontade de constituição".

Em suma, no decorrer deste tópico, fixamos algumas premissas, as quais servirão de base para o presente trabalho, passando, em seguida, a discorrer brevemente acerca da importância do controle de constitucionalidade.

1.1.1 Importância do controle de constitucionalidade

Para a completude do Estado constitucional democrático é imprescindível um mínimo de garantia de estabilização e preservação das normas constitucionais e de sanções diante de atos que atentem contra a ordem constitucional. Essa ideia de defesa possui como antecedente a de proteção do Estado, que seria o conjunto de institutos, garantias e medidas para a defesa da existência jurídica e fática do Estado. É a partir do chamado Estado constitucional que se passa a falar em garantia da Constituição, que tem por objetivo a defesa do próprio Estado e também de sua forma, isto é, do Estado constitucional democrático.

Sendo o ordenamento jurídico um sistema – logo, pressupõe-se ordem e unidade – suas partes devem conviver em harmonia, o que quer dizer que, se quebrado, deve ser restaurado. A devida proteção da

---

[35] KELSEN. *Teoria pura do direito*, p. 246-249, 259-261.
[36] SCHMITT. Teoría de la Constitución. *Revista de Derecho Privado*, p. 11.

Constituição exige a existência de "garantias da constituição", ou seja, de instrumentos hábeis a garantir sua observância e conservação, as quais se diferem das ditas "garantias constitucionais", que seriam o direito dos cidadãos de exigirem do Estado a proteção de seus direitos, bem como mecanismos para tal realização.[37]

As garantias de existência da Constituição compreendem a vinculação dos Poderes Públicos a ela, por ser a mesma lei fundamental ao Estado, bem como a previsão de competências de controle, políticas e jurisdicionais, no cumprimento da Constituição.[38] Por meio de cláusulas de irreversibilidade e de um processo solene e dificultoso de alteração, a Constituição assegura a sua estabilidade contra alterações abusivas, isto é, contra as mudanças subversivas, objetivando até mesmo eliminar o próprio ordenamento constitucional. Essa ideia de garantia da Constituição, inclusive contra os Poderes Públicos, arrima a constitucionalização dos procedimentos e limites de revisão, e ainda "das situações de *necessidade constitucional*".[39]

Num Estado democrático de direito, a fiscalização da constitucionalidade dos atos normativos é um dos meios mais importantes para fins de cumprimento e obediência dos comandos constitucionais. Isso porque a garantia de observância da Constituição garante a dinamização de sua força normativa e reage por intermédio de sanções contra atos que atentem contra ela; sendo, outrossim, uma prevenção com o intuito de evitar a existência de atos írritos.[40]

A rigidez das leis fundamentais justifica-se ante a ideia de que a Constituição configura-se enquanto norma primária da produção jurídica, traduzindo-se em exigências formais e materiais para sua reforma. Deriva daí o princípio fundamental da constitucionalidade dos atos normativos, o qual exige, quando da produção dos atos, conformidade com os procedimentos formais preestabelecidos e com o conteúdo do texto constitucional.[41] O controle de constitucionalidade, além de exprimir a ideia de atuação como "legislador negativo" – na medida em que, quando se declara um ato inconstitucional, deixa-se de aplicá-lo –, possui também a tarefa de concretização e desenvolvimento do direito constitucional, decorrente da vinculação e das diretrizes traçadas a serem efetivadas pelos Poderes Públicos competentes.

Ao se tratar do valor normativo da Lei Magna, partimos do pressuposto de que ela é pensada e concebida como uma norma superior, sendo

---

[37] Cf. BARROSO. *O controle de constitucionalidade no direito brasileiro*, p. 23.
[38] Cf. CANOTILHO. *Direito constitucional e teoria da Constituição*, p. 782.
[39] Cf. CANOTILHO. *Direito constitucional e teoria da Constituição*, p. 782-783.
[40] CANOTILHO. *Direito constitucional e teoria da Constituição*, p. 783.
[41] Cf. CLÈVE. *A fiscalização abstrata da constitucionalidade*, p. 25-26.

fonte de produção e parâmetro de obediência de todas as demais espécies normativas, em razão de seu valor normativo superior. Havendo, portanto, colisão entre as normas infraconstitucionais com o texto constitucional, aquelas devem ser extirpadas do mundo jurídico.[42] Registre-se que a possibilidade de o controle de constitucionalidade ser exercido diretamente por qualquer juiz deu ensejo ao que os americanos chamaram de *judicial review*, que, em linhas gerais, seria a possibilidade de revisão do ato contrário ao texto constitucional.[43]

A justiça constitucional pode ser compreendida como o conjunto de atividades jurídicas desenvolvidas por um ou por vários órgãos jurisdicionais, que tem por escopo a fiscalização dos atos e cumprimento dos comandos constitucionais em vigor.[44] Ela alberga, nos dias atuais, a "justiça do Estado" dirigida à resolução jurisdicional de conflitos entres os poderes do Estado; a exemplo disso, pode-se pensar num conflito entre Estado e municípios.[45] A justiça constitucional, hodiernamente, também permite a defesa de direitos fundamentais, possibilitando aos jurisdicionados, em certas hipóteses, a utilização da via recursal para o Tribunal Constitucional, com o fito de obterem a proteção do direito fundamental afrontado. A garantia da via contenciosa para o cidadão como meio de defender seus direitos e interesses contra atos írritos dos Poderes Públicos chegou a ser, em dado momento da vida, um dos elementos constitutivos do Estado de direito democrático e de garantia da legalidade democrática.[46]

Para nós, a ideia de se atribuir o controle dos atos que colidem com a Constituição a um órgão jurisdicional advém, dentre outros motivos, da preocupação de conluio dos "órgãos" supremos do Estado. Canotilho leciona que a justiça constitucional foi enriquecida com a atribuição do controle da regularidade do "procedimento de formação dos órgãos constitucionais por sufrágio direto e universal e do procedimento de certas formas importantes de expressão política".[47]

Em suma, o controle de constitucionalidade se apresenta importante, na medida em que, dentre outros aspectos, busca salvaguardar: i) a "vontade de constituição", evitando, inclusive, eventuais excessos dos próprios Poderes Públicos; ii) a coerência, a harmonia e a clareza do ordenamento jurídico, gerando, assim, maior segurança jurídica; e, iii) a defesa de direitos fundamentais, além de também servir de meio de concretização e desenvolvimento do direito constitucional.

---

[42] Cf. CAVALCANTI. *Do controle da constitucionalidade*, p. 10.
[43] Cf. JEVEAUX. *Direito constitucional*: teoria da Constituição, p. 129.
[44] Cf. CANOTILHO. *Direito constitucional e teoria da Constituição*, p. 786.
[45] CANOTILHO. *Direito constitucional e teoria da Constituição*, p. 787.
[46] Cf. CANOTILHO. *Direito constitucional e teoria da Constituição*, p. 787.
[47] CANOTILHO. *Direito constitucional e teoria da Constituição*, p. 787.

Feita essa breve consideração sobre a "importância" do controle de constitucionalidade, passaremos, em sequência, a tratar da supremacia da Constituição, da rigidez e do constitucionalismo, dada a relevância destes para a presente pesquisa.

1.2 Supremacia da Constituição, rigidez e constitucionalismo

A Constituição, como documento escrito sob a égide de princípios norteadores de direitos e garantias fundamentais dos cidadãos, tende a ter primazia sob qualquer lei que vier a estabelecer direitos dela derivados. Neste sentido, ao se falar em controle de constitucionalidade, deve-se primeiramente entender a importância da Constituição para a sociedade, para em análise posterior compreender a necessidade e as razões de sua defesa.

A Constituição nasce dentro de um respectivo contexto histórico em que se encontra cada sociedade, contemplando, em sua essência, regras de organização, estrutura, princípios axiológicos e garantias, bem como limites a tais direitos e aos próprios poderes do Estado. Apenas o princípio da soberania popular que, em resumo, assegura que "todo o poder advém do povo", salvaguarda o direito de isonômica participação na formação democrática da vontade popular. Assim, o citado princípio, levado a efeito segundo procedimentos prefixados, serve de intermediário entre o "Estado de direito" e o "Estado democrático", criando-se, assim, o que se chama atualmente de Estado democrático de direito.[48]

Diz-se, então, que a Constituição é rígida em razão de que a sua modificação se dá por intermédio de processo solene e dificultoso. De acordo com Ronaldo Poletti, "a distinção entre Constituição rígida e flexível foi feita pela primeira vez por Lord Bryce", criticando a clássica classificação de constituições escritas e não escritas. Poletti diz que a consequência natural da Constituição escrita é a sua rigidez presumida, salientando que, nesse caso, sua elaboração e alteração exigem procedimento diferenciado daquele tido como "legislativo ordinário".[49] Nas palavras de José Afonso da Silva, "a rigidez constitucional decorre da maior dificuldade para sua modificação do que para a alteração das demais normas jurídicas da ordenação estatal".[50]

Na mesma linha de pensamento, Fredie Didier Júnior salienta que a "rigidez é porque, para a alteração de suas normas, exige-se processo legislativo peculiar, de normas infraconstitucionais (conforme art. 60, CF)".[51]

---

[48] Cf. CANOTILHO. *Direito constitucional e teoria da Constituição*, p. 93-94.
[49] POLETTI. *Controle da constitucionalidade das leis*, p. 2-3.
[50] SILVA. *Curso de direito constitucional positivo*, p. 45.
[51] DIDIER JÚNIOR (Org.). *Ações constitucionais*, p. 319.

CAPÍTULO 1
O CONTROLE DE CONSTITUCIONALIDADE | 33

Uadi Lammêgo Bulos, após ensinar que rígidas são as Constituições e que, para serem modificadas, devem ser submetidas a um processo solene e com exigências difíceis de serem atendidas, tendo-se, como parâmetro, o processo legislativo para a alteração de leis comuns; salienta que as vantagens da rigidez são clarividentes. Isto é, sob a ótica jurídico-formal, acaba por vedar alterações inoportunas, salvaguardando a estabilidade da Constituição, direitos e garantias fundamentais, bem como estruturas e competências, objetivando a defesa da ordem jurídica.[52] Dessa rigidez, leciona o professor José Afonso da Silva, decorre como principal efeito o princípio da supremacia da Constituição.[53] Segundo o escólio de Manoel Carlos de Almeida Neto, "a *rigidez* constitucional é *conditio sine qua non* para a eficácia e aplicabilidade do *princípio da supremacia da constituição*, sob o qual se erige a Teoria Geral do Controle de Constitucionalidade das Leis".[54]

Aliás, segundo a concepção de Hans Kelsen, à qual aderimos, compreendem-se as normas de um ordenamento jurídico no plano do escalonamento vertical, podendo-se, geometricamente falando, ter em mente a figura de uma pirâmide, figurando em seu topo a Constituição, a qual servirá de fundamento de validade para todas as normas infraconstitucionais.[55] Nesse sentido, Michel Temer afirma que "no Direito verifica-se uma estrutura escalonada de normas que, afinal, perfazem a unidade". E continua em seus dizeres, salientando que "no Direito uma norma indica a forma de produção de outra norma bem como o seu conteúdo. Daí o escalonamento normativo em que uma norma constitui o *fundamento de validade de outra*", concluindo, mais adiante, que "ao se fazer o percurso da verticalidade fundamentadora das normas, abica-se na Constituição. Esta é o fundamento de validade de todo o sistema normativo infraconstitucional".[56]

Luiz Pinto Ferreira, ao abordar o princípio da supremacia, deixa assente que ele "é reputado como uma pedra angular, em que assenta o edifício do moderno direito político".[57] A ideia de supremacia da Constituição ancora-se, conforme se pode extrair dos ensinamentos de Uadi Lammêgo Bulos, na "constatação de que a Constituição é soberana dentro

---

[52] BULOS. *Curso de direito constitucional*, p. 125.

[53] SILVA. *Curso de direito constitucional positivo*, p. 45.

[54] ALMEIDA NETO. *O novo controle de constitucionalidade municipal*, p. 31.

[55] "A ordem jurídica não é um sistema de normas ordenadas no mesmo plano, situadas umas ao lado das outras, mas é uma construção escalonada de diferentes camadas ou níveis de normas jurídicas. A unidade é produto da conexão de dependência que resulta do fato de a validade de uma norma, que foi produzida de acordo com outra norma, se apoiar sobre essa outra norma, cuja produção, por sua vez, é determinada por outra; e assim por diante, até abicar finalmente na norma fundamental. [...] Se começarmos levando em conta apenas a ordem jurídica estatal, a Constituição representa o escalão de Direito positivo mais elevado" (KELSEN. *Teoria pura do direito*, p. 247).

[56] TEMER. *Elementos de direito constitucional*, p. 8-9.

[57] PINTO. *Princípios gerais do direito constitucional moderno*, p. 90.

do ordenamento", sendo a *Lex legum* (lei das leis), de sorte que todos os atos estão subordinados a ela. Há, assim, segundo o professor Bulos, na linha de Hans Kelsen, um verdadeiro escalonamento de normas jurídicas, estando a Constituição, geometricamente falando, no topo da pirâmide.[58]

Nesse particular, Eduardo García de Enterría adverte que "la Constituición no solo es uma norma, sino precisamente la primeira da las normas del ordenemiento entero, la norma fundamental, lex superior".[59] Daí, pois, se pode chegar à sensata ilação de que, além de a Constituição ser a primeira norma do ordenamento jurídico, ela também é aquela que serve de parâmetro de validade para as demais, em razão de sua supremacia.

Regina Maria Macedo Nery Ferrari, por sua vez, afirma que a Constituição, sob a ótica da hierarquia, é a norma fundamental de um Estado e, como tal, serve de fundamento de validade para todas as outras espécies normativas infraconstitucionais.[60] Dirley da Cunha Júnior, após pontuar que todas as normas são imperativas, destaca que as normas constitucionais são dotadas da peculiaridade de serem supremas em face das demais normas do sistema jurídico.[61] Clèmerson Merlin Clève, apesar de reconhecer que foi Kelsen quem fez o discurso jurídico mais completo sobre o escalonamento hierárquico das normas jurídicas, diz que a compreensão de Constituição como norma fundamental impõe não apenas o reconhecimento de sua soberania (compatibilidade formal), mas, também, a existência de mecanismos aptos a manter a sua qualidade (dimensão material/conteúdo).[62]

Em boa hora são as sempre oportunas lições de Michel Temer, ao ensinar que a norma tida como substancialmente constitucional é aquela que indica o titular do poder e, no Brasil, a Constituição da República de 1988, em seu art. 1º, parágrafo único,[63] foi taxativa ao dizer que o poder emana do povo, o qual é exercido diretamente por ele ou em seu nome.[64] Adotou-se, assim, um sistema híbrido. Pois se de um lado o próprio povo exerce o poder, de outra banda optou-se, concomitantemente, pelo sistema representativo ao se dizer que o poder será também exercido em nome do povo. Impende ressaltar que "as Constituições rígidas, estabelecendo limites aos poderes governamentais, restringem a órbita dentro da qual

---

[58] BULOS. *Curso de direito constitucional*, p. 127.

[59] GARCÍA DE ENTERRÍA. *La Constitución como norma y el Tribunal Constitucional*, p. 48.

[60] FERRARI. *Controle da constitucionalidade das leis municipais*, p. 17-18.

[61] CUNHA JÚNIOR. *Controle de constitucionalidade*: teoria e prática, p. 31.

[62] CLÈVE. *A fiscalização abstrata da constitucionalidade*, p. 25-26.

[63] Art. 1º [...] Parágrafo único. Todo o poder emana do provo, que o exerce por meio de representantes eleitos ou diretamente, nos termos desta Constituição.

[64] TEMER. *Elementos de direito constitucional*, p. 9.

CAPÍTULO 1
O CONTROLE DE CONSTITUCIONALIDADE | 35

devem agir; reconhecem a superioridade dos dispositivos constitucionais sobre as leis ordinárias, as quais precisam lhes ser conforme".[65]

Por fim, recorremos às lições de Carlos Valder do Nascimento, o qual leciona que o

> pressuposto basilar do Estado de Direito é seu vínculo de subordinação ao princípio da supremacia da Constituição, posto que está ligada à vontade estatal estruturante na sua concepção orgânica e assentada nos valores sociais, econômicos, jurídicos e culturais que lhe dão conformidade.[66]

A norma constitucional, portanto, como ordenação normativa fundamental, é dotada de supremacia, e é dela que defluem outros elementos que constituem o princípio do Estado de direito.

A vinculação do legislador à Constituição impõe que as espécies normativas sejam elaboradas pelo órgão competente, observando a forma e os procedimentos previamente fixados, sob a ótica orgânica formal ou procedimental, bem como em adstringência ao conteúdo do texto constitucional. Ademais, proíbe-se que leis alterem a Constituição, a qual somente pode ser modificada por meio de procedimento solene e dificultoso.[67] Daí falar-se em princípio da conformidade dos atos do Estado com a Constituição – derivado da supremacia –, o qual exige a conformidade intrínseca e formal de todos os atos com a "lei fundamental", destacando-se que ele não exige somente que os atos não violem o texto constitucional, mas "também a *omissão* inconstitucional, por falta de cumprimento de um dever de legislar contido em normas constitucionais, constitui uma violação do princípio da constitucionalidade".[68]

Ainda sobre a supremacia da Constituição, pode essa ser vista sob o aspecto endógeno (ou interno) e exógeno (ou externo). Respectivamente, no sentido ontológico, a supremacia da Constituição nasce ao conformar os valores da sociedade à sua própria atuação e também pela exequibilidade de suas normas; no sentido formal, pelo modo como se processa e prevalece sobre os demais atos normativos, englobando a jurisdição constitucional e, consequentemente, o sistema de controle de constitucionalidade dos atos normativos,[69] realizado pelo Tribunal Constitucional. Esses fatores colocam as normas constitucionais acima das demais, além de relacioná-las com a rigidez constitucional, colocando a Constituição no patamar mais alto da supremacia das normas de um ordenamento jurídico.

Em face de tais considerações, pode-se firmar as seguintes premissas: i) rígida é a Constituição que somente pode ser alterada por intermédio

---

[65] BANDEIRA DE MELLO. *A teoria das Constituições rígidas*, p. 63.
[66] NASCIMENTO (Coord.). *Coisa julgada inconstiucional*, p. 10.
[67] Cf. CANOTILHO. *Direito constitucional e teoria da Constituição*, p. 240.
[68] CANOTILHO. *Direito constitucional e teoria da Constituição*, p. 240.
[69] Cf. PALU. *A supremacia da Constituição*, p. 8-11.

de um processo solene e dificultoso, muito mais complexo do que aquele utilizado para alterar leis comuns; ii) a Constituição da República Federativa do Brasil de 1988 é rígida, consoante se pode extrair da inteligência do seu art. 60,[70] e, iii) da rigidez constitucional deflui o princípio da supremacia da Constituição, o qual compreende as normas no plano escalonado, isto é, a Constituição é a norma suprema ou máxima dentro do ordenamento jurídico, servindo como parâmetro formal e material de validade para as demais.

A teoria que limita os poderes do Estado e garante direitos ao povo com fulcro no conceito e atuação da Lei Magna sobre as pessoas denomina-se constitucionalismo. Este já estava claro no século XVIII, na Declaração dos Direitos do Homem, de 1789, ao garantir os direitos das pessoas por meio dos princípios nela estabelecidos. Mas, antes mesmo de acrescer ao documento acima, a concepção central do texto constitucional surge definitivamente a partir de outro fato histórico, propondo a supremacia constitucional, considerando que as leis são somente válidas e aplicáveis quando em conformidade com a Constituição, como se segue:

> La idea básica de la judicial review no surge definitivamente diseñada de la Constituición de 1787. Em The Federalist Alexander Hamilton propondrá ya diretamente el tratamento de la Constituición como fundamental law, que impone a los juices una 'vinculación más fuerte' que la debida pelas leyes (superior obligation and validity), con la consecuencia de tener que reconocer a los Tribunales la facultad (y el deber) de inaplicar las leyes del Congreso em contradicción com ella.[71]

Liberdade, igualdade e fraternidade oriundas da Revolução Francesa, que deu ensejo à citada declaração, restaram por firmar um movimento garantidor dos direitos do homem impondo limites ao Estado, que apesar de ter que estar a serviço do povo, agia com absolutismo sem limites às suas imposições, violando os direitos que se encontravam sublimes dentro dos princípios, que eram de maior interesse e virtude da sociedade, e escondidos por não haver nada declarado oficialmente. As desigualdades entre as pessoas foram enfraquecendo-se e o poder absoluto

---

[70] Art. 60. A Constituição poderá ser emendada mediante proposta: I - de um terço, no mínimo, dos membros da Câmara dos Deputados ou do Senado Federal; II - do Presidente da República; III - de mais da metade das Assembléias Legislativas das unidades da Federação, manifestando-se, cada uma delas, pela maioria relativa de seus membros. §1º - A Constituição não poderá ser emendada na vigência de intervenção federal, de estado de defesa ou de estado de sítio. §2º - A proposta será discutida e votada em cada Casa do Congresso Nacional, em dois turnos, considerando-se aprovada se obtiver, em ambos, três quintos dos votos dos respectivos membros. §3º - A emenda à Constituição será promulgada pelas Mesas da Câmara dos Deputados e do Senado Federal, com o respectivo número de ordem. §4º - Não será objeto de deliberação a proposta de emenda tendente a abolir: I - a forma federativa de Estado; II - o voto direto, secreto, universal e periódico; III - a separação dos Poderes; IV - os direitos e garantias individuais. §5º - A matéria constante de proposta de emenda rejeitada ou havida por prejudicada não pode ser objeto de nova proposta na mesma sessão legislativa.

[71] GARCÍA DE ENTERRÍA. *La constitución como norma y el tribunal constitucional*, p. 54.

do monarca também, o que gerou o "atestado de óbito do *Ancien Régime*",[72] fazendo com que houvesse uma ascensão do instrumento legal na defesa dos direitos, apesar de desnecessária a manifestação do instrumento para a compreensão dos direitos subjetivos do homem, como bem se aclara:

> É preciso não esquecer, no entanto, que o Direito vive, em última análise, na consciência humana. Não é porque certos direitos subjetivos estão desacompanhados de instrumentos asseguratórios próprios que eles deixam de ser sentidos no meio social como exigências impostergáveis. Aliás, ninguém mais nega hoje, que a vigência dos direitos humanos independe do seu reconhecimento constitucional, ou seja, de sua consagração no direito positivo estatal como direitos fundamentais.[73]

Esse movimento de constitucionalismo rompeu com o antigo legalismo positivado, dando uma nova roupagem ao sistema jurídico ao aclarar a força e supremacia dos princípios que orientam e conduzem a sociedade. Assim, os extremismos, desde o absoluto poder do representante do povo à liberdade exacerbada dos cidadãos, em especial da burguesia, foram sendo tolhidos, fazendo essa justiça constitucional conformar a supremacia dos princípios implícitos na sociedade aos direitos pertencentes a elas, bem como suas garantias. O constitucionalismo restou por ser concebido como "el conjunto de doctrinas que aproximadamente a partir de la mitad del siglo XVII se han dedicado a recuperar em el horizonte de la constituición de los modernos el aspecto del limite y de la garantia".[74]

Dessa forma, a Constituição passou a ter supremacia no Estado de direito, tornando-se

> primeira fonte de defesa e garantia dos direitos fundamentais, na medida em que passou a ser dela – e não das leis – que nasciam as competências e regras de conduta ao legislador, ao gestor da *res publica*, aos julgadores e, por fim, à medida da liberdade e do exercício dos direitos dos cidadãos.[75]

A Constituição passou a ter força própria, vinculando todas as esferas do poder e os cidadãos na defesa de seus direitos e garantias fundamentais com o Estado do bem-estar, conformando a lei ao texto constitucional, limitando, assim, o legislador. Essa força normativa ocorreu na medida em que a eficácia de suas pretensões foi sendo adquirida, mantendo e preservando essa "vontade de constituição".[76]

---

[72] COMPARATO. *A afirmação histórica dos direitos humanos*, p. 151.

[73] COMPARATO. *A afirmação histórica dos direitos humanos*, p. 140.

[74] FIORAVANTI. *Constitución: de la antiguidade a nuestros días*, p. 85.

[75] VIEIRA. *Jurisdição constitucional brasileira e os limites de sua legitimidade democrática*, p. 50.

[76] HESSE. *A força normativa da Constituição*, p. 27. Este é o liame entre direito e efetividade da mesma, por ser o que gera a força normativa da Constituição para o referido autor.

Destaca-se que o princípio da constitucionalidade postula a força normativa da Constituição a fim de impedir a dissolução político-jurídica eventualmente decorrente da pretensão de prevalência de "fundamentos políticos" ou "interesses da nação", como ainda da pretensão de elidir a sua função normativa. A estrutura do Estado democrático de direito não sobrevive sem a denominada "base antropológica", a qual contém a garantia de efetivação dos direitos e liberdades individuais.[77] Essa efetivação que sobrevive por meio da dignidade social (livre desenvolvimento humano e autonomia individual) e na igualdade de tratamento normativo, indica que deve existir uma igualdade entre os homens perante a lei e através da lei, isto é, que esta, para então produzir tais efeitos, tenha, no mínimo, existência. É dizer que o legislador não seja omisso no cumprimento de suas funções normativas para assegurar os direitos dos cidadãos e a garantia fundamental de proteção e gozo constitucional. Sendo o povo o detentor dos direitos, tratou a Constituição de contemplar um tribunal que ficasse responsável pela sua guarda, garantindo a ordem democrática e a eficácia dos direitos, órgão este comumente denominado Tribunal Constitucional.

O hodierno constitucionalismo legitimou a chamada "Constituição moderna", a qual pode ser compreendida como a ordenação sistemática e racional da comunidade política por intermédio de um documento escrito em que se contemplam direitos, deveres, liberdades, limites do poder político, dentre outros.[78]

Feitas tais considerações, discorreremos no próximo tópico sobre a jurisdição constitucional, em razão de sua relevância para a pesquisa ora desenvolvida.

1.3 Jurisdição constitucional

A jurisdição constitucional inserida na supremacia da Constituição sob o aspecto exógeno tem por fim garantir "o exercício regular das funções estatais"[79] que criam, estabelecem e aplicam os direitos, garantindo, por conseguinte, a constitucionalidade das leis por serem derivadas da Constituição. A noção de Constituição advém desse poder de garantia de que as normas dela emanadas estejam em pleno acordo com o que aquela estabelece. É a regularidade das normas em conformidade com a Constituição. Isso faz, portanto, da Constituição norma fundamental e indispensável ao Estado e aos cidadãos. A própria existência de processo solene e dificultoso para a modificação das normas constitucionais – isto se

---

[77] CANOTILHO. *Direito constitucional e teoria da Constituição*, p. 242.

[78] CANOTILHO. *Direito constitucional e teoria da Constituição*, p. 46.

[79] KELSEN. *Jurisdição constitucional*, p. 124.

CAPÍTULO 1
O CONTROLE DE CONSTITUCIONALIDADE | 39

levando em consideração a forma de alteração das leis em geral – expressa o deslocamento decisivo do poder para ela.[80]

Nessa linha, a Constituição sempre será o fundamento do Estado, sendo, pois, a base da ordem jurídica que se pretende levar a efeito. Em suma, ela exprime, sob a ótica jurídica, o equilíbrio das forças políticas no momento em que é elaborada, regendo a elaboração das leis, das normas gerais que possibilitem a execução da atividade dos organismos estatais, tribunais e autoridades administrativas.[81]

A criação de normas essenciais do Estado e a determinação dos órgãos e do procedimento da legislação traduzem a ideia de Constituição em "sentido estrito", sendo a ela dispensado tratamento diferenciado quanto a sua reforma. Esta possui uma forma especial de alteração, a qual também pode ser utilizada para as normas que não integram esse núcleo que compõem a ideia de Constituição em sentido estrito. O dito "tratamento especial" alcança também o que Kelsen denomina Constituição em sentido lato (exemplo: normas que traçam limites, contemplam princípios etc.), tudo isso em prol de se conseguir uma maior estabilidade ao sistema.[82]

A Constituição preceitua não apenas a forma e os procedimentos de elaboração de uma lei, no que tange ao aspecto formal, mas também impõe diretrizes quanto ao conteúdo da espécie normativa que se pretende editar, ou seja, no seu aspecto material, não podendo uma lei ordinária atentar, por exemplo, contra o princípio da igualdade. A Constituição, em sentido material, compreende, além das regras relativas aos órgãos e ao procedimento legislativo, aquelas referentes a órgãos executivos superiores (exemplo: nomeação de ministro do Supremo Tribunal Federal, que é feita pelo Presidente da República), bem como princípios atinentes ao conteúdo das leis.[83] Daí surge a distinção de inconstitucionalidade formal e material.[84]

Extrai-se das disposições contidas na Constituição que o processo legislativo e o conteúdo das leis apenas por leis podem ser definidos. Entrementes, quando se expande a noção de Constituição, é viável que ela se efetive em outras formas jurídicas que não leis, como exemplo, os decretos. Em regra, as leis são os meios de concretização de direitos, liberdades e garantias assegurados pela Constituição e os decretos acabam regulamentando a lei, a fim de permitir a sua execução ou ao menos que tal execução se dê com maior grau de eficiência.

Nesse passo, pode-se chegar à sensata ilação de que todos os atos subordinados à Constituição, inclusive os individuais, devem ser editados

---

[80] Cf. KELSEN. *Jurisdição constitucional*, p. 128.
[81] Cf. KELSEN. *Jurisdição constitucional*, p. 130.
[82] KELSEN. *Jurisdição constitucional*, p. 131.
[83] KELSEN. *Jurisdição constitucional*, p. 134.
[84] CANOTILHO. *Direito constitucional e teoria da Constituição*, p. 1274-1277.

em consonância com ela (em defesa da Constituição), assegurando-se, assim, segurança jurídica.[85] Há, todavia, atos que não são diretamente subordinados ao texto constitucional e que seriam indiretamente inconstitucionais.[86] A exemplo disso, cita-se o caso de a Constituição prever que, no caso de desapropriação, a indenização será prévia, justa e em dinheiro, e se procede ao ato expropriatório com base num dispositivo de uma lei que, apesar de constitucional e dizer a mesma coisa, disponha também em sentido contrário, isto é, que há casos tais em que não haverá indenização.

Os tratados internacionais, por seu turno, devem observar, igualmente as normas em geral, o texto constitucional sob a ótica formal e material, isto partindo-se da premissa de que a Constituição seja o ápice do ordenamento jurídico.[87] Contudo, se se partir da ideia de superioridade do direito internacional em relação a todas as ordens jurídicas, o tratado internacional ocupará o grau máximo, superior às ordens estatais. Logo, nesse caso, ele poderia extirpar do mundo jurídico leis ou normas constitucionais com ele colidentes.[88] Assim, o tratado internacional, nesses casos, somente poderia ser derrogado por outro, ou por certos fatos determinados por ele.

As garantias necessárias da regularidade dos atos normativos podem ser preventivas ou repressivas, pessoais ou objetivas. As preventivas atuam objetivando impedir a produção de ato defeituoso, ao passo que as repressivas atuam contra o ato irregular em vigor, retirando-o do mundo jurídico, buscando, assim, impedir sua reprodução e reparar eventuais danos causados.[89] Abandonou-se a ideia de que somente a regularidade jurisdicional pode assegurar a garantia preventiva, na medida em que não há diferença de natureza entre jurisdição e administração, persistindo tal distinção no modo de organização dos tribunais. Isso se justifica, por exemplo, com o fato de que atos administrativos são emanados também por tribunais, seja ainda porque os atos administrativos são controlados pelas "cortes de julgamento". Em suma, a organização em "tribunal do órgão de criação do direito" é garantia preventiva e ainda a primeira do grupo que Kelsen chama de "pessoais".[90]

Esse controle, no Brasil, em regra, ocorre preventivamente nos poderes Legislativo e Executivo. Este o faz quando realiza o veto jurídico ou político e aquele atua no âmbito das comissões, especialmente da Comissão de Constituição e Justiça, podendo, excepcionalmente, ser exercido pelo

---

[85] Cf. MENDES. *Jurisdição constitucional*: o controle abstrato de normas no Brasil e na Alemanha, p. 53.

[86] Cf. KELSEN. *Jurisdição constitucional*, p. 135-136.

[87] Cf. BARROSO. *O controle de constitucionalidade no direito brasileiro*, p. 201-202.

[88] KELSEN. *Jurisdição constitucional*, p. 138.

[89] Cf. KELSEN. *Jurisdição constitucional*, p. 139.

[90] KELSEN. *Jurisdição constitucional*, p. 139-140.

Judiciário.[91] De outra banda, o repressivo é realizado sobretudo pelo Poder Judiciário, admitindo-se, pontualmente, que o mesmo seja feito pelo Legislativo[92] e Executivo.[93]

As chamadas garantias objetivas, que possuem considerável caráter preventivo, seriam a nulidade ou anulabilidade do ato irregular. Ato nulo, aliás, seria aquele que não preenche dado requisito legal, não sendo sequer necessário outro ato para retirá-lo do mundo jurídico, o que lhe diferencia da anulabilidade, que necessita de um ato.[94] Há, todavia, uma forte tendência em tratar todos os atos válidos e obrigatórios enquanto outro ato não os extirpa do mundo jurídico, cabendo à própria autoridade que o editou cuidar dessa questão da regularidade ou não (ou a outra autoridade que tenha competência para tal), observando-se, é claro, o procedimento adequado. Aliás, o próprio direito positivo deveria tratar do problema dos atos írritos, mas, em regra, não o faz, restando tal incumbência à autoridade pública.

---

[91] Por maioria de votos, o Tribunal conheceu em parte de mandado de segurança impetrado por Deputados Federais contra ato do Presidente da Câmara dos Deputados que determinara o processamento de proposta de emenda constitucional em alegada violação a normas do Regimento Interno daquela casa legislativa e ao art. 60, §5º, da CF ("A matéria constante de proposta de emenda rejeitada ou havida por prejudicada não pode ser objeto de nova proposta na mesma sessão legislativa."). Reconhecendo a existência, em tese, de direito subjetivo dos impetrantes-parlamentares a não serem compelidos a participar de processo legislativo que se tenha por contrário à Constituição, o Tribunal afastou a preliminar de carência de ação suscitada nas informações da autoridade apontada como coatora. Prevaleceu, de outra parte, o entendimento de que as questões regimentais levantadas pelos impetrantes estariam imunes ao controle judicial, por estarem compreendidas, em princípio, no conceito de interna corporis. Contra os votos dos Ministros Marco Aurélio, Ilmar Galvão e Celso de Mello – que dele conheciam integralmente -, e dos Ministros Carlos Velloso e Octavio Gallotti – que dele não conheciam –, o mandado de segurança foi conhecido em parte, nos limites do fundamento constitucional. Precedentes citados: MS 20257 (RTJ 99/1031); MS 21754 (AgRg) (Pleno, 07.10.93); MS 21648 (Pleno, 05.05.93); MS 22183 (Pleno, 05.04.95). MS 22.503-DF, rel. orig. Min. Marco Aurélio; rel. p/ ac. Min. Maurício Corrêa, 08.05.96).

[92] No caso do Legislativo, citam-se as hipóteses previstas no art. 84, IV, da Constituição de 1988, isto é, compete-lhe sustar os atos normativos do Poder Executivo que exorbitem do poder regulamentar, ou extrapolem os limites de delegação legislativa. Igualmente exercerá o controle repressivo no caso do art. 62 do texto constitucional, quando entende que a medida provisória é inconstitucional.

[93] "[...] O controle de constitucionalidade da lei ou dos atos normativos é da competência exclusiva do poder judiciário. Os poderes executivo e legislativo, por sua chefia – e isso mesmo tem sido questionado com o alargamento da legitimação ativa na ação direta de inconstitucionalidade –, podem tão-só determinar aos seus órgãos subordinados que deixem de aplicar administrativamente as leis ou atos com força de lei que considerem inconstitucionais (STF, ADIMC nº 221/DF, rel. Min. Moreira Alves, *DJ*, 22 out. 1993)".
Nesse sentido, já decidiu o Colendo Superior Tribunal de Justiça: "Lei inconstitucional – Poder executivo – Negativa de eficácia. O poder executivo deve negar execução a ato normativo que lhe pareça inconstitucional (STJ, REsp nº 23121/GO, rel. Min. Humberto Gomes de Barros, 1ª Turma, julgado em 06.10.1993".

[94] Cf. MENDES. *Jurisdição constitucional*: o controle abstrato de normas no Brasil e na Alemanha, p. 201-202.

Do ponto de vista da autoridade que decide sobre a nulidade, em verdade haverá uma anulabilidade, ainda que com efeitos retro-operantes. A anulabilidade significa, em singelas palavras, a possibilidade de fulminar o ato com suas respectivas consequências, em que ela comporte vários níveis, isto é, quanto ao alcance, ou os efeitos no tempo.[95] O alcance pode, por exemplo, limitar-se a um caso concreto, quando se atinge um ato individual. Situação bem diferente ocorre no caso de uma norma geral, a qual fica limitada ao caso concreto quando as autoridades competentes podem ou devem recusar a sua aplicação nos casos que lhe são levados à análise, por considerarem defeituosa, e decidir como se a norma não estivesse vigente. Nesse caso, a anulação é parcial, limitada à concretude do caso. Esta primeira situação acaba por gerar certo grau de insegurança do direito, na medida em que permite a existência de decisões conflitantes. Daí se justificar, dentre outros aspectos, a centralização do poder de examinar a regularidade das normas, no caso a uma instância suprema.

A anulação do ato poderá ser feita pelo próprio órgão que o editou ou por outro a que seja deferida tal competência. Na primeira hipótese preserva-se a "soberania" do órgão que produziu o ato írrito, como ainda o dogma da separação dos poderes, do qual é lançado mão para evitar a anulação de um ato por outro órgão. Esses argumentos, segundo Kelsen, teriam pouco valor se se considerasse o "caráter problemático da distinção entre judiciário e administração", podendo ficar a anulação do ato à discrição do mesmo órgão.[96]

Enfim, um terceiro sistema seria o que mais atenderia. Nele, a anulação do ato ficaria a cargo do mesmo órgão, ao passo que a análise de sua regularidade a outro, podendo, inclusive, a anulação ser imposta por intermédio de comando jurisdicional. A anulação do ato poderia dar ensejo a duas possibilidades: i) a autoridade competente também teria o poder de substituir o ato anulado por um regular e ii) a confecção do ato regular ficaria a cargo da autoridade que editou o ato irregular. Se, todavia, essa última possibilidade ficar vinculada à decisão que extirpou o ato do mundo jurídico, sua independência sofre uma limitação, o que não se deve menosprezar em razão da dos magistrados como garantia da regularidade da execução.[97]

Sob a ótica preventiva, a anulação do ato inconstitucional – que tem por escopo preservar a regularidade das funções estatais – é o principal e mais eficaz instrumento para garantia da Constituição. No que concerne às garantias repressivas, a responsabilização dos órgãos por editar atos defeituosos é viável apenas no que tange à legislação, e não em relação ao Parlamento ou seus membros. Já as pessoas associadas ao ato – Chefe

---

[95] Cf. KELSEN. *Jurisdição constitucional*, p. 144.

[96] KELSEN. *Jurisdição constitucional*, p. 146.

[97] Cf. KELSEN. *Jurisdição constitucional*, p. 148.

de Estado, Ministros etc. – podem responder pelo ato inconstitucional, sobretudo se o próprio texto constitucional dispor que essas pessoas devem "garantir" a constitucionalidade do procedimento legislativo.[98] Igual raciocínio pode ser desenvolvido para se assegurar a legalidade dos regulamentos e dos atos individuais subordinados à Constituição, podendo, inclusive, a sanção ser pecuniária. Todavia, a história mostra não ser esse o meio mais eficaz, por não atingir a força obrigatória do ato defeituoso. Ou seja, a Constituição só é uma verdadeira garantia quando a anulação dos atos incompatíveis com ela é factível.

A forma mais indicada e eficiente para controlar os atos é por meio de outro órgão – o Tribunal constitucional – que não aquele que cria as normas – o Parlamento. Isso porque este último se considera, em verdade, um criador de espécies normativas e, não, um aplicador de direito vinculado ao texto constitucional, quando tecnicamente o é. A objeção que se pode fazer a tal controle por outro órgão é que se estaria violando a "soberania" do Parlamento. Entrementes, a soberania pertence, no máximo, à própria ordem estatal, e, não, ao Parlamento; salientando-se, ainda, que a Constituição regula o próprio processo legislativo, havendo, portanto, uma relação de subordinação. Nesse passo, pode-se se fazer a seguinte indagação: qual a principal diferença da função jurisdicional e legislativa?

A resposta a essa pergunta, para nós, está no fato de que enquanto o Parlamento cria normas gerais, o Judiciário cria, em regra, normas individuais. Dizemos "em regra" porque ao anular uma lei, por exemplo, fixa-se uma norma geral sob a ótica negativa, isto é, haverá uma atuação como "legislador negativo".

Outra objeção normalmente feita é quanto à intromissão de um órgão em outro ao se realizar o controle de constitucionalidade. Dever-se-ia tratar do tema como "divisão de poderes" e não como princípio da "separação dos poderes", de sorte a permitir o controle recíproco entre os poderes, garantindo um equilíbrio constitucional, na medida em que não se permitiria a concentração excessiva de poderes em um único órgão e se preservaria a regularidade do funcionamento dos diferentes órgãos.[99] Nessa ótica, a instituição da jurisdição constitucional seria uma própria afirmação do princípio da divisão de poderes.

E qual seria a diferença entre elaboração e anulação das leis? Ora, se por um lado o Parlamento está vinculado à Constituição quanto ao procedimento legislativo e, eventualmente, ao seu próprio conteúdo – princípios, diretrizes gerais etc. –, de outro, a anulação do ato irregular impõe a aplicação do texto constitucional e, em pequena escala, a "criação de direitos", ensejando,

---

[98] Cf. KELSEN. *Jurisdição constitucional*, p. 148-149.
[99] KELSEN. *Jurisdição constitucional*, p. 151-152.

portanto, uma atividade determinada pela Constituição. O objeto principal do controle de constitucionalidade são as leis cuja inconstitucionalidade é arguida, devendo-se se entender por "leis" todos os atos que revestem a forma de lei, inclusive normas individuais. Deve-se, ainda, incluir aí os decretos com força de lei subordinados diretamente à Constituição. Já quanto aos decretos regulamentares, sua irregularidade consistiria imediatamente uma ilegalidade e, mediatamente, uma inconstitucionalidade.[100]

A determinação da competência da jurisdição constitucional é delimitá-la adequadamente em relação à atribuição da jurisdição administrativa. Surgem aqui duas óticas. A primeira concernente à noção pura de garantia da Constituição, que implicaria controle apenas dos atos diretamente subordinados a ela. A segunda decorreria da oposição entre atos gerais e individuais, o que levaria a inserir o controle das leis e decretos. Kelsen, partindo da premissa da dificuldade em se delimitar exatamente os decretos para fins de controle de constitucionalidade (até mesmo porque os regulamentos, por exemplo, não guardam maior distinção daqueles), recomenda que tal controle seja exercido somente das normas gerais editadas por autoridades públicas (regionais, municipais, centrais etc.).[101]

Tratados internacionais, sob a ótica do primado da ordem estatal, devem ter força de lei e, por isso, estariam sujeitos ao domínio da jurisdição constitucional. Justifica-se isso, dentre outras razões, pelo fato de que é do interesse político que ele guarde consonância com a Constituição e, também, por não haver regra – ao menos expressa – de direito internacional que vede o seu controle.[102] Sem querer aprofundar o tema, registre-se que no Brasil os tratados internacionais possuem, em regra, força de lei ordinária,[103] podendo, todavia, terem estatura supralegal[104] – no caso de

---

[100] MORAES. *Justiça constitucional*, p. 171-172

[101] KELSEN. *Jurisdição constitucional*, p. 158-159.

[102] Cf. BARROSO. *O controle de constitucionalidade no direito brasileiro*, p. 201-202.

[103] [...] À míngua de definição constitucional para o que seja valor aduaneiro, não viola o art. 110 do CTN a fixação, pela Lei nº 10.865/04, de conceito diverso do assentado no GATT, mormente considerando que os tratados internacionais incorporam-se ao ordenamento jurídico pátrio com status de lei ordinária. [...] (STF, AI nº 795.941, Rel. Min. Cármen Lúcia, julgamento em 05.11.2010).

[104] PRISÃO CIVIL DO DEPOSITÁRIO INFIEL EM FACE DOS TRATADOS INTERNACIONAIS DE DIREITOS HUMANOS. INTERPRETAÇÃO DA PARTE FINAL DO INCISO LXVII DO ART. 5º DA CONSTITUIÇÃO BRASILEIRA DE 1988. POSIÇÃO HIERÁRQUICO-NORMATIVA DOS TRATADOS INTERNACIONAIS DE DIREITOS HUMANOS NO ORDENAMENTO JURÍDICO BRASILEIRO. Desde a adesão do Brasil, sem qualquer reserva, ao Pacto Internacional dos Direitos Civis e Políticos (art. 11) e à Convenção Americana sobre Direitos Humanos – Pacto de San José da Costa Rica (art. 7º, 7), ambos no ano de 1992, não há mais base legal para prisão civil do depositário infiel, pois o caráter especial desses diplomas internacionais sobre direitos humanos lhes reserva lugar específico no ordenamento jurídico, estando abaixo da Constituição, porém acima da legislação interna. O status normativo supralegal dos tratados internacionais de direitos humanos subscritos pelo Brasil torna inaplicável a legislação infraconstitucional com ele conflitante, seja ela anterior ou posterior ao

tratados atinentes a direitos humanos – e até mesmo serem inseridos excepcionalmente no texto constitucional, conforme dispõe o art. 5º, §3º,[105] da Constituição de 1988.

Os atos jurídicos individuais, de seu turno, devem ser controlados pelo tribunal administrativo e não pelo Tribunal Constitucional, evitando-se, de logo, conflito de competência, restando para a jurisdição constitucional os atos jurídicos individuais derivados do parlamento, quer revistam a forma de lei ou tratado.[106]

É tranquilo o entendimento de que as normas em vigor poderão ser questionadas quanto à constitucionalidade. A questão é: poderiam as normas já revogadas serem objeto de controle de constitucionalidade?

Em princípio, a resposta à indagação acima seria negativa, na medida em que não mais subsistindo norma, não haveria o que se controlar. Todavia, pensamos que é, sim, possível tal controle. Isso se justificaria para se afastar a aplicação das normas "irregulares" ao período em que vigorou. Do contrário, "se o tempo rege o ato", dever-se-ia aplicar a norma então revogada àquelas situações ocorridas quando de sua vigência, ainda que ela ofendesse a Constituição. Fortifica-se, assim, a "vontade de constituição". Imagine-se, por hipótese, uma norma promulgada que prevê que quem ocupar o cargo de Ministro de Estado receberá pelo resto da vida a remuneração do cargo. No dia seguinte alguns ocupantes do cargo pedem exoneração para obter tal benefício e no outro dia essa espécie normativa é revogada. Enfim, produzindo seus efeitos, ainda que ela violasse frontalmente o texto constitucional, ela não poderia mais ser controlada? Pensemos ainda numa norma que vigore por apenas um dia e crie benefícios inconstitucionais.

Então, qual critério a jurisdição constitucional deve utilizar para desempenhar seu papel? Sem mais delongas, parece a nós que nos casos dos atos diretamente subordinados à Constituição, é sua constitucionalidade que deve ser controlada e, nos atos que lhe são mediatamente subordinados, é sua legalidade.

Nessa senda, seria o direito internacional parâmetro para o controle de constitucionalidade? Indiretamente, pode-se dizer que sim. Ora, se por exemplo uma lei ordinária colide com um tratado internacional, ela acaba afrontado a Constituição na medida em que esta, ao autorizar a celebração do tratado, exprime a vontade estatal. O tratado, nesse caso e para Kelsen, deve ser visto sob uma ótica superior ao da Constituição,

---

ato de adesão. [...] (RE nº 349.703, Relator(a): Min. Carlos Britto, Tribunal Pleno, julgado em 03.12.2008, DJe-104 DIVULG 04-06-2009 PUBLIC 05-06-2009 EMENT VOL-02363-04 PP-00675).

[105] Art. 5º [...]. §3º Os tratados e convenções internacionais sobre direitos humanos que forem aprovados, em cada Casa do Congresso Nacional, em dois turnos, por três quintos dos votos dos respectivos membros, serão equivalentes às emendas constitucionais.

[106] Cf. KELSEN. *Jurisdição constitucional*, p. 161.

isto é, do ponto de vista do primado da ordem jurídica internacional.[107] O que não se autoriza – podendo-se citar como exceção e a título de exemplo as Constituições alemã e austríaca, por terem previsão expressa – é a utilização das regras de direito internacional geral como parâmetro para o exercício da jurisdição constitucional.[108]

Para assegurar uma Constituição eficiente, impõe-se que o ato objeto de controle do Tribunal Constitucional seja diretamente extirpado por decisão própria, a qual deve ter força anulatória. Consigna-se, por oportuno, que é possível que a norma declarada inconstitucional tenha efeitos para o futuro, retro-operante limitada, ou ainda que alcance desde o nascedouro da norma, analisando-se, para tal modulação, a concretude do caso.[109] A exemplo disso, basta pensar em uma lei que consagre importante direito à saúde, porém anulada apenas por vício de forma, apesar de plenamente compatível com a Constituição quanto ao conteúdo. Nessa hipótese, em princípio, seria razoável permitir que, enquanto ela vigorou, propagasse seus efeitos. O mesmo não se poderia afirmar em relação a uma lei criada – em tese – sob forte influência do poder econômico, apenas para beneficiar de forma abusiva dada categoria econômica. Poderia também, em tese, o próprio Tribunal Constitucional, ao anular uma norma, valer-se do fenômeno da repristinação, sendo exceção a essa possibilidade a norma que tão somente revogue outra. Para isso, a Constituição deveria prever um prazo para a anulação da espécie normativa, a fim de impedir o retorno ao ordenamento jurídico de normas muito antigas. Apenas a título de registro, no Brasil, o fenômeno da repristinação foi contemplado, porém direcionado à atividade do legislador, conforme, aliás, pode-se conferir da inteligência do art. 2º, §3º,[110] da Lei de Introdução às Normas do Direito Brasileiro (Decreto-Lei nº 4.657, de 1942). Acentua-se, nesse caso, a função legiferante do judiciário, apesar de restaurar norma a seu tempo regularmente aprovada.

A questão colocada inicialmente é: quais devem ser os "princípios" essenciais do processo de controle de constitucionalidade? Isso nos permitiria saber em que medida o Tribunal Constitucional poderia garantir a "vontade de constituição". A maior garantia, em tese, seria a ação popular, de sorte a permitir que qualquer um do povo possa questionar a constitucionalidade de uma lei ou ato. Todavia, tal solução não é recomendável ante o risco de inúmeras ações temerárias ou mesmo de um congestionamento do judiciário.

---

[107] Cf. KELSEN. *Jurisdição constitucional*, p. 164-166.

[108] Cf. KELSEN. *Jurisdição constitucional*, p. 166.

[109] MENDES. *Curso de direito constitucional*, p. 1386-1387.

[110] Art. 2º [...] §3º Salvo disposição em contrário, a lei revogada não se restaura por ter a lei revogadora perdido a vigência.

Outras opções seriam: i) permitir às autoridades públicas incumbidas de aplicar a norma questionar sua constitucionalidade, e, ii) autorizar apenas que certas autoridades supremas – Ministros, tribunais etc. – ou só mesmo os tribunais provoquem tal expediente. No entanto, não é recomendável a exclusão da administração, em razão da aproximação entre seu procedimento e o da justiça.[111]

Solução interessante, ao que parece, seria possibilitar que as partes de um processo judicial ou administrativo fizessem o pedido contra o ato da autoridade pública – sentença ou ato administrativo –, por serem írritos ou inconstitucionais, apesar de imediatamente regulares. Nesse caso, haveria uma indireta possibilidade de o cidadão provocar o Tribunal Constitucional. Eis que suporia que a autoridade pública chamada a tomar uma decisão pudesse considerar o ponto de vista da parte e, assim entendendo, apresentar o pedido de anulação. De suma importância seria a figura de um defensor da Constituição junto ao Tribunal Constitucional, o qual deveria gozar de independência funcional. Igualmente importante seria assegurar a legitimação a uma minoria qualificada do parlamento.[112] Isso se justifica, para nós, como forma de se garantir o direito das minorias e, por via reflexa, realizar um "freio" a eventuais excessos da maioria.

Examinando um conflito qualificado de interesses, o Tribunal Constitucional poderia, verificando que há dúvida quanto à constitucionalidade de uma norma a ser aplicada no caso concreto ou, por exemplo, de um decreto que tenha por base essa norma, sobrestar o feito e, de ofício, decidir se ela é ou não constitucional. Se entender que é inconstitucional, ao julgar o pedido deduzido no processo entre as partes, não consideraria a norma defeituosa.[113] A decisão do Tribunal Constitucional será, quando acolhido o petitório, de declaração de (in)constitucionalidade da norma, devendo-se publicar a parte dispositiva do acórdão. A decisão terá, em regra, eficácia retroativa, ou ainda, eventualmente, a partir de certo prazo assinalado pelo tribunal, a fim de possibilitar que o parlamento substitua o ato normativo defeituoso.[114]

Todavia, parece-nos que o ideal, salvo casos excepcionais, será anular imediatamente a lei. Isso porque, ao postergar a sua anulação, a lei írrita seria aplicada ao caso concreto e a tantos outros mais, diminuindo o interesse de se questionar a sua constitucionalidade. Isso ocorre pelo fato de que uma Constituição que não garanta a anulabilidade dos atos irregulares, tecnicamente, não tem força obrigatória. Eis que acaba admitindo que se apliquem leis e atos inconstitucionais. Ao se admitir que as

---

[111] Cf. KELSEN. *Jurisdição constitucional*, p. 174.
[112] Cf. KELSEN. *Jurisdição constitucional*, p. 175-176.
[113] Cf. KELSEN. *Jurisdição constitucional*, p. 176.
[114] Cf. BARROSO. *O controle de constitucionalidade no direito brasileiro*, p. 216-217.

leis inconstitucionais também são válidas, a própria Constituição quer dizer que elas podem ser elaboradas de outro modo e que seu conteúdo pode colidir com as premissas e limites assinalados no texto constitucional, sendo, dessa forma, o processo legislativo apenas dotado de disposições alternativas, e não exclusivas.[115]

Deve-se, ademais, garantir os princípios da publicidade e oralidade, na medida em que é de interesse geral o julgamento da espécie normativa, sendo a audiência pública o meio idôneo a garanti-los.[116] De igual forma, entendemos que devem participar do procedimento a autoridade cujo ato é atacado para que possa, se for o caso, defendê-lo, e a instância de que advém o pleito, eventualmente o particular, representado por advogado, já que a questão é de cunho exclusivamente jurídico.

A jurisdição constitucional[117] possui, outrossim, especial importância na ordem para a República Democrática, sendo as instituições de controle fundamentais para a sua existência. Ela garante, portanto, a elaboração constitucional das leis, notadamente material, sendo também meio de proteção eficaz da minoria contra a "ditadura" da maioria.[118] A forma de alteração, por exemplo, da Constituição, que exige quórum qualificado, significa que determinadas questões fundamentais só serão resolvidas em acordo com a minoria.

A ideia de um Estado Federativo para ser plenamente realizada demanda a instituição de um Tribunal Constitucional, posto que a essência daquele está na divisão das funções (Legislativo, Executivo, pluralidade de órgãos locais, órgãos centrais etc.). É um estado de descentralização. A repartição de competência (exemplos: matérias de competência exclusiva da União, de interesse locais etc.) é o ponto central da ideia de federalismo.[119] Assim, além de regular o processo legislativo e fixar princípios que devem ser observados quando da elaboração das leis, fixa também as matérias atribuídas à legislação federal, estadual e local. O verdadeiro federalismo impõe respeito recíproco entre as normas federais e estaduais, e não uma prevalência daquelas sobre estas. Ambas, portanto, devem ser julgadas por um Tribunal Constitucional que se apresente como órgão da

---

[115] Cf. KELSEN. *Jurisdição constitucional*, p. 180.

[116] Cf. ABBOUD. *Jurisdição constitucional e direitos fundamentais*, p. 103-105.

[117] Giuseppe de Vergottini ensina que "La funzione giurisdizionale prò definirsi come l'attività svolta da un soggetto pubblico in condizioni di terzietà per accertare la vontolà normativa da far valere in un caso concreto oggetto di uma controvérsia tra due il piú parti, pubbliche e/ou private, allo scopo di eliminar ele incertezze sorte in sede di applicazione delle norme o de irrogar ele sanzioni previste per la comissione di illeciti, così da assicurare la certezza del diritto e la reintegrazione dell'ordine giuridico violato" (*Diritto costituzionale comparado*, p. 279-280).

[118] Cf. HABERLE. La jurisdicción em la fase actual de desarrollo del estado constitucional. *In*: HABERLE. *Estudios sobre la jurisdicción constitucional*, p. 142.

[119] Cf. KELSEN. *Jurisdição constitucional*, p. 183.

coletividade, o qual irá controlá-las de acordo com os limites e disposições da Constituição.[120]

Passemos, na sequência, a falar sobre a legitimidade da jurisdição constitucional.

1.3.1 Legitimidade da jurisdição constitucional

É exatamente a partir da supremacia da Constituição que se pode dizer que as disposições contrárias aos princípios constitucionais são normas inconstitucionais, seja por ação do legislador, seja pela sua inércia na elaboração das leis por não estar desempenhando sua função de garantidor dos direitos fundamentais assegurados. Assim,

> a função da jurisdição constitucional consiste em um primeiro momento na limitação do Poder Público, sendo a última sede em que ocorre o controle do Poder Executivo. Ocorre que em razão do controle de constitucionalidade, e principalmente em virtude das decisões manipulativas, a jurisdição constitucional também possui como característica controlar os erros provenientes do Poder Legislativo. Juntamente com essa função de controle, essa atividade jurisdicional tem por escopo garantir a preservação das minorias e assegurar a concretização e o respeito ao catálogo de direitos previstos no texto constitucional.[121]

Com a atuação do Tribunal Constitucional,[122] constituído de forma democrática, é que a jurisdição constitucional passa a ter efetividade, fazendo o controle de constitucionalidade das leis face à Constituição, construída pelo povo em razão de seus maiores interesses. Como o Tribunal Constitucional deverá ser escolhido de forma democrática, e em virtude dessa atuação do povo é que ele faz o controle de constitucionalidade das leis, pode-se induzir que a Constituição, portanto, também deve ser constituída da mesma maneira. Por derradeiro, a Lei Magna pode ser explicada sob dois ângulos: como uma Constituição dirigente e sob a forma de Constituição democrática deliberativa. Ambas as características ensejam um Tribunal Constitucional democraticamente escolhido pelo povo, e que o representa, tendo legitimidade para fazer uso da função de controlador e fiscalizador da atuação

---

[120] Cf. KELSEN. *Jurisdição constitucional*, p. 185.

[121] ABBOUD. *Jurisdição constitucional e direitos fundamentais*, p. 102.

[122] Javier Pérez Royo, tecendo considerações acerca do Tribunal Constitucional, afirma que ele "se trata, pues, de un producto de la falta de respeto a la Constitución por los poderes clásicos del Estado. Donde la Constitución se há respetado, no há hecho falta un Tribunal Constitucional. Donde no se há respetado, há habido que introducirlo. Los constituyentes democráticos de los países en los que há ocorrido esto último han tenido que hacer de necesidad virtude y diseñar um instrumento, a fin de imponer a los poderes del Estado desde el exterior, por así decirlo, el respeto a la vontad del constituyente" (*Curso de derecho constitucional*, p. 941).

do Poder Legislativo, visando a compatibilidade das leis a ela por meio do controle de constitucionalidade ora mencionado.

É digno de registro que Roberto Gargarella, por sua vez, busca demonstrar a dificuldade de se defender o controle judicial das leis, existindo, em sua visão, pelo menos três razões para isso. O primeiro argumento, segundo o autor

> podria llamar el argumento histórico... Se afirma, en este caso, que no es verdad que la Constitución refleje la 'voluntad del pueblo'. En el caso particular de los Estados Unidos, ello quedaria demonstrado con uma simple investigación histórica, que ratifique lo que ya se sabe: que al tempo de redactarse la constitución, bune parte del 'pueblo' de los Estados Unidos resultaba diretamente ignorado o excluído. Los esclavos, las personas de color, las mujeres, los que no tenían uma posición económica decente, no participaron ni directa ni indirectamente del proceso constitucional.[123]

Destaca-se que o próprio doutrinador afasta esse primeiro argumento, afirmando que:

> Sin embargo, el argumento histórico no ayuda suficientemente a mi propósito, que es el de mostrar la implausibilidad – la falta de justificación – del control judicial. En efecto, bastaria con que nos encontremos con um proceso constituyente impecable – un proceso en el cual participen activamente todos los sectores relevantes de la comunidad – para que el argumento histórico enunciado pierda todo su peso.[124]

O segundo argumento lançado pelo referido jurista é o intertemporal. Para o autor,

> En este caso, se concebe lo que diretamente negábamos en el argumento anterior: la peculiaridad, el carácter especial y distintivo, del proceso de creación constitucional. Se reconoce, entonces, que en dicho momento la sociedad se autoconvoco para reflexionar acerca del mejor modo de organizarse. Se reconoce, además, que tal acontecimento merece una Constitución diferente: no pueden evaluarse como equilvalentes una Constitución surgida de la deliberación pública reposada, y una ley surgida al calor de pressiones circunstanciales. En última instancia, este argumento parte de la legítima admisión de la supremacia constitucional. Sin embargo – y aqui es donde comienza a desplegarse el argumento intertemporal – se afirma o seguiente: Si se valora especialmente ese 'primer' momento constitucional, ello se debe a que se valora el consenso popular, profundo y meditado, que distinguió al mismo.[125]

---

[123] GARGARELLA. La dificultad de defender el control judicial de las leyes, p. 57.

[124] GARGARELLA. La dificultad de defender el control judicial de las leyes, p. 57.

[125] GARGARELLA. La dificultad de defender el control judicial de las leyes, p. 57-58.

Todavia, o próprio Gargarella admite a fragilidade de tal argumento para infirmar o controle judicial das normas. Confira-se a seguinte passagem de suas palavras:

> El hecho de que admitamos la posibilidad de que surjam nuevos consensos amplios y profundos, tan relevantes como el consenso constitucional original, no nos lleva necesariamente a descartar el valor del control judicial: Por qué, en definitiva, no mantener el control constitucional pero extendido, también, a estos nuevos acuerdos, amplios y profundos? Así, y de acuerdo con esta sugerencia, los jueces deberían declarar inválidas todas aquellas leyes que fueran contrarias a la Constitución... Aunque esta salida frente a la objeción intertemporal está sujeta a infinidad de inconvinentes, lo certo es que, en principio al menos, permite seguir defendendo el control judicial de las leyes...[126]

O terceiro argumento de que se vale Gargarella é sobre a interpretação, consignando que

> Cuando el defensor del control de constitucionalidad se refiere a la tarea judicial, lo hace presuponiendo el carácter nada problemático de la interpretación. Quiero decir, asume que la tarea de los jueces frente a la Constitución es una tarea más bien automática. Al parecer, para conocer qué es lo que dice la Constitución bastaría con tomar el texto fundamental y leerlo. Luergo, y dada la aparente transparencia de este proceso, podría afirmarse que los jueces no hacen nada más que 'leer la carta magna a viva voz. [...] Ocurre, sin embargo, que los jueces hacen mucho más que llevar adelante una 'mera lectura' de la Constitución. En efecto, em algunos casos, los jueces 'incorporan' al texto soluciones normativas que no estaban – al menos, explicitamente – incorporadas en el mismo.[127]

Entrementes, para nós, a organização da sociedade política é realizada pelo Tribunal Constitucional estabelecido exatamente para fazer o controle de constitucionalidade das leis. Sendo este escolhido pelo povo democraticamente e representando-o, estará fazendo o controle das leis, sejam elas inconstitucionais por ação do legislador, sejam por omissão deste, devendo tal inércia ser superada. Quadra registrar que, enquanto na Constituição dirigente o Poder Judiciário fiscaliza se o Estado está efetivando os direitos, na deliberativa cabe ao mesmo "controlar a violação de direitos fundamentais pelas maiorias eventuais"[128] objetivando rechaçar eventuais afrontas a eles.

Para se falar em legitimidade da jurisdição constitucional há que se entender um pouco do processo de democracia que se formou nos anos seguintes ao absolutismo estatal, tendo por base o fato de a democracia

---

[126] GARGARELLA. *La dificultad de defender el control judicial de las leyes*, p. 58-59.
[127] GARGARELLA. *La dificultad de defender el control judicial de las leyes*, p. 59.
[128] SOUZA NETO. *Teoria da Constituição, democracia e igualdade*, p. 22.

limitar o poder do Estado absolutista, conferindo mais efetividade aos direitos dos cidadãos. Conforme os fundamentos da democracia, a jurisdição constitucional do Poder Judiciário atua como protetora dos direitos fundamentais, isto é, contra violações desses direitos. Nessa seara, há quem afirme ser o Judiciário concretizador dos direitos sociais, pois

> se o Judiciário tem legitimidade para invalidar normas produzidas pelo Poder Legislativo, mais facilmente pode-se afirmar que é igualmente legítimo para agir diante da inércia dos Poderes, quando essa inércia implica um óbice ao funcionamento regular da vida democrática.[129]

Dessa forma, "o texto normativo genérico previamente dado, elaborado pelo poder legiferante, não constitui a norma jurídica, mas apenas fornece um ponto de partida para a sua construção diante do caso".[130]

Isso ocorre pelo fato de a norma jurídica ser construída a partir da vontade geral do povo numa sociedade democrática de direito e, havendo vários envolvidos em sua elaboração e vários casos concretos complexos a serem resolvidos pela norma, aplicar-se-á esta, adequando seu conteúdo àqueles. É por essa razão que a norma jurídica é apenas um ponto de partida, mas quem irá aplicar a essência do direito que a constitui é o Poder Judiciário, por intermédio do exegeta.

A jurisdição constitucional é, portanto, o "conjunto de interpretações, argumentações e decisões apreciadas pelo judiciário, em questões que envolvem os textos constitucionais"[131] e a sua importância reside no fato de por meio dela dirimir lides que divergem sobre o próprio texto constitucional. Num país onde imperam as desigualdades sociais, mesmo sendo um Estado democrático de direito, a efetivação das normas constitucionais torna-se empiricamente impossível, dado o respectivo caso em concreto. Dessa forma, é inexequível um Estado social e democrático no qual os textos constitucionais trazem ordens e soluções apenas teoricamente, pois a sua efetividade resta, em grande parte dos casos, prejudicada. Daí a necessidade e importância de uma jurisdição constitucional por tribunal democraticamente constituído e representante do povo, o qual fará o controle dessas normas e trabalhará por sua real aplicação.

A legitimidade do Tribunal Constitucional, portanto, advém da escolha do povo soberano de seus componentes para salvaguardar a Constituição. Assim funciona o sistema constitucional americano:

---

[129] SOUZA NETO. *Teoria da Constituição, democracia e igualdade*, p. 26.

[130] ADEODATO. Jurisdição constitucional à brasileira: situação e limites. *In*: SCAFF (Org.). *Constitucionalizando direitos*: 15 anos da Constituição brasileira de 1988, p. 76.

[131] ADEODATO. Jurisdição constitucional à brasileira: situação e limites. *In*: SCAFF (Org.). *Constitucionalizando direitos*: 15 anos da Constituição brasileira de 1988, p. 77.

En el sistema americano, donde la jurisprudência constitucional ha alcanzado a hacer de la Constituición uma *living Constituicion*, un documento vivo y vigente, que cada generación reinterpreta en función de sus necesidades y de sus valores, esa es la explicación final, la fórmula está 'legitimada por la aquiescencia popular y, por tanto, por la aprobación popular a lo largo de toda la historia americana'[...], no es menos certo que las Constituiciones no son reglas abstractas y descartanadas, sino derecho vivo, incardinado en la sangre, en las creencias y en los intereses del pueblo, instrumentos por ello vivientes y evolutivos.[132]

Mas o problema da jurisdição constitucional no Brasil parece ser maior do que se imagina, pois, além de ainda se discutir se realmente estamos num Estado democrático de direito, no qual a vontade geral realmente é satisfeita ou minorias esmagadoras escolhem e decidem o direito, ainda existem os defeitos da própria jurisdição por parte do Judiciário.

O problema surge porque o Judiciário, na atualidade, profere decisões baseadas numa racionalidade fixa, numa interpretação fixa, sem qualquer cunho ontológico, ou não concretiza suas decisões por meio de procedimentos hermenêuticos específicos, utilizando-se do casuísmo irracionalista.[133] Fornecendo a Constituição competência para um Tribunal Constitucional concretizar o direito, caberá a ele fazer a devida aplicação sem que extrapole sua esfera de atuação nos limites de uma jurisdição constitucional não interpretativa, mas, sim, ontologicamente aplicável, o que significa conferir legitimidade ao órgão para a aplicação do direito sem que invada a esfera de competência do legislador e demais poderes. Daí a necessidade também de se trabalhar a hermenêutica jurídica no âmbito da jurisdição constitucional.

A Constituição, bem esclarecida, de pleno conhecimento do legislador e do aplicador do direito e democraticamente formalizada, possui o que já dissemos ser superior às demais normas do ordenamento jurídico. A partir desse ponto, surge a necessidade de se criar um órgão que irá conferir normatividade e efetividade à Constituição e fazer o seu controle por meio da averiguação de compatibilidade entre as leis e os dispositivos do texto constitucional. A baixa compreensão da Constituição acarreta a baixa aplicabilidade de seus efeitos, pois esta é um produto construído historicamente e, dentro de vários paradigmas, foi-se transformando, exigindo da hermenêutica uma solução para a adequação do direito às necessidades da sociedade. Essa efetividade e controle muitas vezes necessitam da aplicação de uma hermenêutica jurídica, haja vista que a jurisdição constitucional ainda se encontra em desenvolvimento e há

---

[132] GARCÍA DE ENTERRÍA. *La constitución como norma y el tribunal constitucional*, p. 203.

[133] ADEODATO. Jurisdição constitucional à brasileira: situação e limites. *In*: SCAFF (Org.). *Constitucionalizando direitos*: 15 anos da Constituição brasileira de 1988, p. 96.

algumas dificuldades no modelo jurídico brasileiro. Além disso, o baixo grau de aplicação ou interpretação da Constituição, por esta ser fundamento de validade de todo o ordenamento jurídico, gera um baixo grau de efetividade da mesma.

Impende lembrar que os vários paradigmas pelos quais passou o direito fez exsurgir na atualidade um direito transformador, o qual se adaptou às mudanças da sociedade ao longo dos anos. A aplicação do direito já não é mais a mesma que a de muitos anos, mas o intérprete carece dessa informação não trabalhando a norma em seu sentido ontológico, e, sim, no plano epistemológico, como se tivesse "extraído" da própria norma o seu sentido.[134]

Em seu sentido ontológico, a norma não está a ser interpretada, pois tal atividade intelectiva dá sentido às normas e o aplicador do direito lhe dá um cunho subjetivo, mas a norma está a ser aplicada, pois está claramente baseada num valor fundamentado na necessidade da sociedade e na adequação da norma a esta.[135] O método interpretativo engessa as normas jurídicas, dando-lhes alto grau de objetividade. Isso não quer dizer que deverá haver subjetividade durante sua interpretação, entrementes deverá ser respeitada a função social do direito, adequando-o às pretensões sociais, que é a vontade geral do povo, a qual imprime supremacia ao texto constitucional. O esquecimento de um direito ontologicamente estudado

> torna possível separar o Direito da sociedade, enfim, de sua função social. Dito de outro modo, o formalismo tecnicista que foi sendo construído ao longo de décadas 'esqueceu-se' do substrato social do Direito e do Estado. Transformado em uma mera instrumentalidade formal, o Direito deixou de representar uma possibilidade de transformação da realidade. A toda evidência, esta circunstancia produzirá reflexos funestos no processo de compreensão que o jurista terá acerca do papel da Constituição, que perde, assim, a sua substancialidade. Veja-se, a propósito, a dificuldade que os juristas tem em lançar mão da jurisdição constitucional; veja-se, por tudo a inefetividade da Constituição, passados quinze anos de sua promulgação.[136]

Nessa esteira, segue a dificuldade de o Tribunal Constitucional, no âmbito da jurisdição constitucional, pautar-se de acordo com a hermenêutica de um direito transformador não extrapolando seus limites de atuação com

---

[134] STRECK. Análise crítica da jurisdição constitucional e das possibilidades hermenêuticas de concretização dos direitos fundamentais. *In*: SCAFF (Org.). *Constitucionalizando direitos*: 15 anos da Constituição brasileira de 1988, p. 128.

[135] STRECK. Análise crítica da jurisdição constitucional e das possibilidades hermenêuticas de concretização dos direitos fundamentais. *In*: SCAFF (Org.). *Constitucionalizando direitos*: 15 anos da Constituição brasileira de 1988, p. 129.

[136] STRECK. Análise crítica da jurisdição constitucional e das possibilidades hermenêuticas de concretização dos direitos fundamentais. *In*: SCAFF (Org.). *Constitucionalizando direitos*: 15 anos da Constituição brasileira de 1988, p. 134.

subjetividades, e, também, evitando o calculismo e a frieza do positivismo das normas erigidas pelo legislador. Essa é a grande questão que envolve o problema da legitimidade da jurisdição constitucional na atualidade do Brasil. A sua função vai além de simplesmente aplicar a norma, mas levá-la a efeito dentro de um contexto social transformado com valores já esclarecidos e demandados pela sociedade. É por esse motivo que para se entender a norma e saber aplicá-la deve-se entender a Constituição e conhecer a sua aplicação por meio de sua teoria. Não é somente a democracia que se encontra entrelaçada à legitimidade da jurisdição constitucional mas, também, o "tipo de interpretação que se dê as normas constitucionais, com atenção à proteção dos direitos constitucionais",[137] para tratar o que parece ser insuficiência da jurisdição e/ou excesso desta.

Atentar-se para a legitimidade da jurisdição constitucional vai além de dizer quem é ou deveria ser o guardião da Constituição para dizer e aplicar o direito, mas tentar compatibilizar com o momento social e valores axiológicos em que vivemos, respaldado pela atual Constituição com o que pode e o que deve ser feito pelo Poder Judiciário. Isso é necessário para que estes valores sejam protegidos e efetivados, sem que se extrapole o exercício da função jurisdicional para além de seus limites, usurpando a função dos demais poderes.

Esse respeito advindo da própria essência de jurisdição constitucional, que é tanto jurídica quanto política, em relação aos seus limites de sua atuação, procede ao que o texto constitucional preza que é o ideal democrático de Estado de direito em que vivemos. Observa-se, portanto, que

> No caso brasileiro, com vistas à finalidade hoje consagrada de proteção dos direitos fundamentais, que sobrepaira sobre as também importantes funções de árbitro entre os poderes, resolução de conflitos federativos, contencioso eleitoral, e até de controle de constitucionalidade de atos públicos, é essa a função que deve prevalecer, a partir de argumentos jurídicos baseados em princípios constitucionais, e com a tônica de obediência ao princípio constitucional fundamental da dignidade da pessoa humana.[138]

De acordo com o critério de interpretação dos direitos fundamentais calcados na dignidade da pessoa humana, a Constituição da República Federativa do Brasil de 1988 traz a concepção de que "a respeitabilidade das decisões proferidas em Jurisdição Constitucional depende de atenção à realidade brasileira e, com isso, a melhor possibilidade de efetivação dos direitos *sub judice*".[139] Em seguida, trataremos da origem do controle de constitucionalidade.

---

[137] VIEIRA. *Jurisdição constitucional brasileira e os limites de sua legitimidade democrática*, p. 273.
[138] VIEIRA. *Jurisdição constitucional brasileira e os limites de sua legitimidade democrática*, p. 281.
[139] VIEIRA. *Jurisdição constitucional brasileira e os limites de sua legitimidade democrática*, p. 281.

1.4 Origem do controle de constitucionalidade

É cediço que os primeiros casos de controle de constitucionalidade antecederam ao marcante julgamento do "caso Marbury *versus* Madison", com o reconhecimento de incompatibilidade de norma infraconstitucional com as "leis superiores".[140] Tem-se, como exemplo, o caso Bonham, em 1610, em que Sir. Edmund Coke afirmou a supremacia da lei comum aos atos do Parlamento por meio de reserva judicial e ainda o reconhecimento de inconstitucionalidade da lei inglesa (*Stamp Act*) que instituiu imposto sobre materiais impressos, jornais etc., dirigido aos colonos americanos, sem a aprovação parlamentar americana.[141]

Segundo Mauro Cappelletti, o Sir. Edmund Coke, ao proferir tal decisão, acabou por afirmar que somente os juízes poderiam exercer o controle dos atos, e não o rei, porque ainda prevalecia a tradição da supremacia da *common law* sobre os atos do Parlamento.[142] Entretanto, a decisão de Edmund Coke não teve maior sucesso, na medida em que a *common law* era tida como um direito natural integrante da Constituição costumeira, sendo anterior ao Estado. A ideia de supremacia do direito e da Constituição somente ganhou força na França e nos EUA, salientando-se que no *Stamp Act* o decisório foi muito restrito para servir de base histórica do controle de constitucionalidade.[143] Dessa forma, compreende-se que "a ideia de *judicial review of legislaticion*, precedeu, em certa forma, ao julgamento Marbury X Madison, de 1803", haja vista que era viável o controle de constitucionalidade das normas confeccionadas pela metrópole, quando eram editadas sem passar pelo crivo dos colonos e a eles se dirigissem.[144]

Além desse precedente, outros casos surgiram, como "as convenções de ratificação da Constituição de 1787", observando que os americanos, no final do século XVIII, já reuniam condições antecedentes para o controle de constitucionalidade, quais sejam: i) distinção entre poder constituinte e constituído, supremacia formal e material da Constituição e ii) separação dos poderes, com autonomia do Judiciário, como forma de controlar os abusos do Legislativo.[145]

Como relatado, o marco histórico do controle de constitucionalidade deu-se na Inglaterra, porém, como lá a supremacia do Parlamento foi maior do que a noção de supremacia constitucional, o controle não teve grande avanço, o que acabou acontecendo nos EUA, consoante passaremos a registrar no marcante julgamento do caso "Marbury *versus* Madison".

---

[140] JEVEAUX. *Direito constitucional*: teoria da Constituição, p. 125.

[141] JEVEAUX. *Direito constitucional*: teoria da Constituição, p. 125.

[142] CAPPELLETTI. *O controle judicial de constitucionalidade das leis no direito comparado*, p. 58-59.

[143] JEVEAUX. *Direito constitucional*: teoria da Constituição, p. 126.

[144] VIEIRA. *Jurisdição constitucional brasileira e os limites de sua legitimidade democrática*, p. 60.

[145] JEVEAUX. *Direito constitucional*: teoria da Constituição, p. 126.

CAPÍTULO 1
O CONTROLE DE CONSTITUCIONALIDADE | 57

Em 1800, John Adams, Presidente dos EUA, perdeu a eleição para Thomas Jefferson e, no "apagar das luzes", conseguiu aprovar uma lei de reorganização do Judiciário na esfera federal, reduzindo o número de Ministros da Suprema Corte e criando dezesseis cargos de juiz federal, todos preenchidos com seus aliados. Conseguiu, ainda, a aprovação de outra lei que autorizava o Presidente a nomear quarenta e dois juízes de paz, sendo os nomes indicados confirmados pelo Senado, em que possuía maioria.[146] Próximo à posse de Thomas Jefferson, Adams assinou os atos de investidura (comissão), dentre eles o da nomeação de William Marbury para "juiz de paz", cabendo a seu Secretário de Estado, John Marshall, entregá-los aos nomeados.[147]

Todavia, em razão do curto espaço de tempo, Marshall não conseguiu entregar a "comissão" a Marbury antes da posse do novo Presidente Thomas Jefferson, o qual, por sua vez, nomeou como seu Secretário de Estado James Madison e, por entender que a nomeação de Marbury era incompleta, já que ele não havia recebido a "comissão", ordenou a Madison que não efetivasse a tal nomeação.[148] Inconformado, Marbury acionou Madison através do Judiciário, impetrando *mandamus* junto à Suprema Corte, com espeque em lei federal (Seção 13 da Lei Orgânica da Magistratura, o *Judiciary Act* de 24 de setembro de 1789), pleiteando a posse e exercício no cargo de "juiz de paz". Surgiu, no decurso da ação, um incidente em que se discutia a possibilidade de uma lei federal de 1789, denominada *Judiciary Act,* ampliar o rol de competência da Suprema Corte para processar e julgar tal demanda, já que não havia sido contemplada pela Constituição.[149]

No julgamento, a Suprema Corte americana, exercendo seu poder de controlar a constitucionalidade, negou vigência à lei federal, por considerá-la inconstitucional,[150] fazendo valer a "vontade de constituição", expressando ainda, dessa forma, que todos estavam vinculados ao texto constitucional.[151] Saliente-se que "antes de chegar ao resultado (inconstitucionalidade da

---

[146] BARROSO. *O controle de constitucionalidade no direito brasileiro*: exposição sistemática da doutrina e análise crítica da jurisprudência, p. 25-26.

[147] BARROSO. *O controle de constitucionalidade no direito brasileiro*: exposição sistemática da doutrina e análise crítica da jurisprudência, p. 26.

[148] BARROSO. *O controle de constitucionalidade no direito brasileiro*: exposição sistemática da doutrina e análise crítica da jurisprudência, p. 26.

[149] JEVEAUX. *Direito constitucional*: teoria da Constituição, p. 129.

[150] BARROSO. *O controle de constitucionalidade no direito brasileiro*: exposição sistemática da doutrina e análise crítica da jurisprudência, p. 27.

[151] MACIEL. O acaso, John Marshall e o controle de constitucionalidade, p. 40.
Ainda de acordo com Adhemar Ferreira Maciel, "lendo-se hoje a decisão depreende-se com clareza que ficou dito que acima do Congresso (que havia editado a Lei Orgânica) estava a Constituição e, mais, que cabia ao Judiciário fazer o confronto entre a lei ordinária, ainda que elaborada pelo Congresso, com a Constituição" (O acaso, John Marshall e o controle de constitucionalidade, p. 40).

Seção 13), Marshall, manhosamente, antecipou *obter dictum* o mérito da questão, afirmando que William Marbury e seus companheiros tinham, sim, direito de receber os títulos de nomeação", dizendo, ainda, que "a nomeação dos *justices of the peace* havia sido válida, já que precedida do assentimento do Senado.[152] Eis que nasce, em 1803, o *judicial review* americano, ao concluir a Suprema Corte pela impossibilidade de uma lei federal ampliar suas competências, declarando-a inconstitucional, abrindo-se, "na prática, a possibilidade de o judiciário rever atos do executivo e do legislativo federais".[153]

A propósito, Dalmo de Abreu Dallari aduz que o resultado no caso "Marbury *versus* Madison" foi a primeira decisão "que afirmou expressa e solenemente a competência da Suprema Corte para decidir sobre a constitucionalidade dos atos das autoridades supremas da República", atribuindo-se a ela "efeitos práticos de caráter geral e incorporando esse poder de controle às peculiaridades do modelo americano de Constituição".[154] Evocando os ensinamentos de Mauro Cappelletti, nos parece escorreito afirmar que, com o julgamento do caso "Marbury *versus* Madison", no qual se reconheceu a supremacia da Constituição e, por via reflexa, o poder de os juízes não aplicarem leis inconstitucionais, o controle de constitucionalidade efetivamente ganhou envergadura pela Constituição americana de 1787 e, sobretudo, pela jurisprudência, cuja coragem não se pode deixar de consignar.[155]

Enfim, "com Marbury, ficou firmada, para sempre, a atribuição de o Poder Judiciário confrontar atos dos dois outros poderes em face da Constituição".[156]

Com efeito, Luís Roberto Barroso ensina que três foram os fundamentos para se realizar o controle de constitucionalidade: i) supremacia da Constituição; ii) nulidade da norma que afronta o texto constitucional, e iii) ser o Poder Judiciário o intérprete final da Constituição.[157]

Realizada tal digressão, dissertaremos agora, longe de querer esgotar o tema, acerca das espécies, modalidades, vias e momento de controle de constitucionalidade.

---

[152] Segundo Renato Stanziola Vieira "na decisão final, enfim, conquanto se tenha reconhecido o direito de Marbury à nomeação, entendeu-se que a Suprema Corte era incompetente para julgar o caso, pois se julgou inconstitucional a Lei Federal que atribuía à Corte competência para julgamento da matéria" (*Jurisdição constitucional brasileira e os limites de sua legitimidade democrática*, p. 64).

[153] MACIEL. O acaso, John Marshall e o controle de constitucionalidade, p. 41.

[154] DALLARI. *A Constituição na vida dos povos*, p. 280.

[155] CAPPELLETTI. *O controle judicial de constitucionalidade das leis no direito comparado*, p. 48.

[156] MACIEL. O acaso, John Marshall e o controle de constitucionalidade.

[157] BARROSO. *O controle de constitucionalidade no direito brasileiro*: exposição sistemática da doutrina e análise crítica da jurisprudência, p. 30.

1.4.1 Espécies, modalidades, vias e momento do controle de constitucionalidade

Luís Roberto Barroso ensina que há duas espécies de controle: o político e o jurídico. O primeiro consiste no exercício da fiscalização da constitucionalidade por órgãos de natureza política, em regra, ligados ao Parlamento. O exemplo clássico é a França, onde o controle de constitucionalidade é realizado pelo Conselho Constitucional, o qual é ligado ao Parlamento.[158] Na mesma linha, J. J. Canotilho afiança que segundo o sistema francês de controle de constitucionalidade, ele deve ser exercido através de órgãos políticos, como exemplo, Assembleias.[159] O Conselho Constitucional francês, apesar de examinar a constitucionalidade das leis, não é um órgão jurisdicional. Destaca-se, ainda, que na França o controle de constitucionalidade é exclusivamente preventivo, incidindo somente acerca de certas leis antes que entrem em vigor.[160]

Em suma, no sistema francês não há controle de constitucionalidade dos atos emanados do Poder Legislativo e Executivo. Os atos deste estão sujeitos à jurisdição administrativa, exercida pelo Conselho de Estado, ao passo que os atos do Parlamento, uma vez em vigor, não podem ser objeto de controle, vigorando, dessa forma, a supremacia deste último poder. Já o controle judicial, exercido pelo Poder Judiciário, impõe observância de regras de racionalidade e fundamentação, sendo esta um grande diferencial do controle político, que não exige motivação da decisão. Exemplo disso, no Brasil, foi o *impeachment* do então Presidente Fernando Collor, em que os parlamentares apenas se pronunciaram a favor ou contra ele, dispensando a necessidade de fundamentação do voto.[161]

Consoante, passaremos a discorrer na sequência, de forma objetiva, sobre as modalidades de controle, que pode ser: i) difuso e ii) abstrato. No sistema difuso, qualquer juiz pode exercer o controle de constitucionalidade a um caso concreto, devendo, é claro, ser o juízo competente, ao passo que no concentrado ou abstrato tal "fiscalização" é exercida exclusivamente por um único órgão, denominado Tribunal Constitucional.[162] Nesse sentido, Barroso ensina que no difuso o controle é exercido por todos os órgãos

---

[158] BARROSO. Conceitos fundamentais sobre o controle de constitucionalidade e a jurisprudência do Supremo Tribunal Federal. *In*: SARMENTO (Org.). *O controle de constitucionalidade e a Lei nº 9.868/99*, p. 242.

[159] CANOTILHO. *Direito constitucional e teoria da Constituição*, p. 790.

[160] BARROSO. Conceitos fundamentais sobre o controle de constitucionalidade e a jurisprudência do Supremo Tribunal Federal. *In*: SARMENTO (Org.). *O controle de constitucionalidade e a Lei nº 9.868/99*, p. 242.

[161] BARROSO. Conceitos fundamentais sobre o controle de constitucionalidade e a jurisprudência do Supremo Tribunal Federal. *In*: SARMENTO (Org.). *O controle de constitucionalidade e a Lei nº 9.868/99*, p. 242.

[162] CANOTILHO. *Direito constitucional e teoria da Constituição*, p. 791.

do Judiciário, ou ao menos por determinada pluralidade, citando, como exemplo, o sistema americano.[163]

No que pese tratarmos mais adiante dos efeitos das decisões em sede de controle de constitucionalidade, salienta-se, por oportuno, que no sistema difuso lhe é próprio o efeito retroativo, apesar de ser possível, também, a utilização daqueloutro efeito. A justificativa, nesse caso, é que a lei inconstitucional é nula, já que é violadora da Constituição. Daí porque a eficácia da invalidade deve alcançar todos os atos arrimados na lei defeituosa. Pode-se defender que o efeito declaratório, próprio do controle difuso, dá-se quando o órgão competente restringe a declarar a nulidade já pré-existente do ato, sendo este absolutamente nulo, ao passo em que no controle abstrato fala-se que a decisão que anula o ato ou a lei possui efeito constitutivo, haja vista que, até a sua prolação, a espécie normativa propagava normalmente os seus efeitos.[164]

De outra banda, a influência austríaca da justiça constitucional autônoma criou um Tribunal Constitucional com a função de "legislador negativo", em que se controlava abstratamente a validade das normas utilizando-se a Constituição como parâmetro, tendo-se como base central a concepção de Kelsen acerca do ordenamento jurídico; isto é, o "escalonamento" representado geometricamente pela figura de uma pirâmide, localizando-se a Constituição em seu ápice.[165]

A ideia de se criar um processo que não envolvesse dois sujeitos e debate apenas de direito subjetivo foi contemplada no século passado por estudiosos alemães, sendo que na discussão da Constituição de Weimar foi apresentado projeto objetivando a implementação de um sistema de controle abstrato das normas.[166] Gilmar Mendes observa que, à época, para que fosse instaurado tal controle, bastava haver dúvida ou controvérsia pelo órgão competente da União ou do Estado de norma estadual com direito federal, tendo-se, desde o seu início, sido reconhecida sua dupla função. Isto é, de um lado, o controle concentrado garante a defesa da Constituição, já que possibilita extirpar do mundo jurídico normas com ela incompatíveis. De outra banda, assegura a segurança jurídica, afastando dúvidas acerca das situações da vida.[167] Contribui, também, o controle concentrado para resolver controvérsias de natureza federativa,

---

[163] BARROSO. Conceitos fundamentais sobre o controle de constitucionalidade e a jurisprudência do Supremo Tribunal Federal. *In:* SARMENTO (Org.). *O controle de constitucionalidade e a Lei nº 9.868/99*, p. 242.

[164] CANOTILHO. *Direito constitucional e teoria da Constituição*, p. 797.

[165] CANOTILHO. *Direito constitucional e teoria da Constituição*, p. 788.

[166] Cf. MENDES. *Jurisdição constitucional*: o controle abstrato de normas no Brasil e na Alemanha, p. 45.

[167] MENDES. *Jurisdição constitucional*: o controle abstrato de normas no Brasil e na Alemanha, p. 46-47.

CAPÍTULO 1
O CONTROLE DE CONSTITUCIONALIDADE | 61

na medida em que não está sujeito a prazo, possui considerável número de legitimados, e a decisão alcança todos indistintamente.[168]

Exsurge, para nós, neste momento, a seguinte indagação: o que justifica o controle de constitucionalidade concentrado? Essa pergunta, que será respondida objetivamente, apresenta-se importante até mesmo para melhor compreensão do controle de constitucionalidade, passando sua resposta, em nossa visão, pela ideia de supremacia da Constituição.

Consoante discorremos oportunamente, a ideia de supremacia da Constituição ancora-se, conforme se pode extrair dos ensinamentos de Uadi Lammêgo Bulos, na "constatação de que a constituição é soberana dentro do ordenamento", sendo a *Lex Legum* (lei das leis) de sorte que todos os atos estão subordinados a ela. Encontra, nessa toada, seu fundamento no princípio da rigidez constitucional, isto é, somente é passível de alteração mediante processo solene e com diversas exigências difíceis de serem atendidas. Há, assim, segundo o professor Bulos, na linha de Hans Kelsen, um verdadeiro escalonamento de normas jurídicas, estando a Constituição, geometricamente falando, no topo da pirâmide.[169]

Evocando as palavras de Ronaldo Poletti, "decorrente desse princípio da supremacia, há o instituto do controle de constitucionalidade".[170] E, como André Tavares pontua, dois são os pressupostos para se falar em inconstitucionalidade: supremacia constitucional e existência de um ato legislativo.[171] Dirley da Cunha Júnior registra, ainda, um terceiro pressuposto, qual seja, a instituição de, no mínimo, um órgão para exercer o controle.[172]

Abrindo-se um breve parêntese, impõe consignar que, conforme decidiu a Suprema Corte no julgamento da Ação Direta de Inconstitucionalidade nº 1.120,[173] no Brasil, apenas normas constitucionais positivadas podem

---

[168] Cf. MENDES. *Jurisdição constitucional*: o controle abstrato de normas no Brasil e na Alemanha, p. 49.

[169] BULOS. *Curso de direito constitucional*, p. 127.

[170] POLETTI. *Controle da constitucionalidade das Leis*, p. 14.

[171] TAVARES. *Curso de direito constitucional*, p. 168.

[172] CUNHA JÚNIOR. *Controle de constitucionalidade*, p. 46.

[173] [...] Torna-se relevante destacar, neste ponto, por tal razão, o magistério de J. J. Gomes Canotilho (*Direito constitucional e teoria da Constituição*, p. 811-812, item n. 1), que bem expôs a necessidade de proceder-se à determinação do parâmetro de controle da constitucionalidade, consideradas as posições doutrinárias que se digladiam em torno do tema: "Todos os actos normativos devem estar em conformidade com a Constituição (art. 3.º/3). Significa isto que os actos legislativos e restantes actos normativos devem estar subordinados, formal, procedimental e substancialmente, ao parâmetro constitucional. Mas qual é o estalão normativo de acordo com o qual se deve controlar a conformidade dos actos normativos? As respostas a este problema oscilam fundamentalmente entre duas posições: (1) o parâmetro constitucional equivale à Constituição escrita ou leis com valor constitucional formal, e daí que a conformidade dos actos normativos só possa ser aferida, sob o ponto de vista da sua constitucionalidade ou inconstitucionalidade, segundo as normas e princípios escritos da Constituição (ou de outras leis formalmente constitucionais); (2) o parâmetro constitucional é a ordem constitucional global, e, por isso, o juízo de legitimidade constitucional dos actos normativos deve fazer-se não

servir de parâmetro para o controle de constitucionalidade de leis e atos normativos (bloco de constitucionalidade).

Assim, pode-se concluir – ainda que perfunctoriamente – que a justificativa do controle de constitucionalidade abstrato passa, prefacialmente, pela compreensão de um ordenamento em que a Constituição é a

---

apenas segundo as normas e princípios escritos das leis constitucionais, mas também tendo em conta princípios não escritos integrantes da ordem constitucional global. Na perspectiva (1), o parâmetro da constitucionalidade (= normas de referência, bloco de constitucionalidade) reduz-se às normas e princípios da constituição e das leis com valor constitucional; para a posição (2), o parâmetro constitucional é mais vasto do que as normas e princípios constantes das leis constitucionais escritas, devendo alargar-se, pelo menos, aos princípios reclamados pelo 'espírito' ou pelos 'valores' que informam a ordem constitucional global." (grifei) Veja-se, pois, a importância de compreender-se, com exatidão, o significado que emerge da noção de bloco de constitucionalidade – tal como este é concebido pela teoria constitucional (O bloco de constitucionalidade e a proteção à criança. *Revista de Informação Legislativa*, 263-264; PUERTO. Jurisdicción constitucional y procesos constitucionales, p. 193-195; FRANCISCO CAAMAÑO DOMÍNGUEZ/ANGEL J. GÓMEZ MONTORO/MANUEL MEDINA GUERRERO/JUAN LUIS REQUEJO PAGÉS, "Jurisdicción y Procesos Constitucionales", p. 33-35, item C, 1997, Berdejo; IGNACIO DE OTTO, "Derecho Constitucional, Sistema de Fuentes", p. 94/95, §25, 2. ed., 2. reimp, 1991, Ariel; LOUIS FAVOREU/FRANCISCO RUBIO LLORENTE, "El bloque de la constitucionalidad", p. 95-109, itens ns. I e II, 1991, Civitas; JOSÉ ALFREDO DE OLIVEIRA BARACHO, "O Princípio da Subsidiariedade: Conceito e Evolução", p. 77-81, 2000, Forense; DOMINIQUE TURPIN, "Contentieux Constitutionnel", p. 55-56, item n. 43, 1986, Presses Universitaires de France, v.g.) – , pois, dessa percepção, resultará, em última análise, a determinação do que venha a ser o paradigma de confronto, cuja definição mostra-se essencial, em sede de controle de constitucionalidade, à própria tutela da ordem constitucional. E a razão de tal afirmação justifica-se por si mesma, já que a delimitação conceitual do que representa o parâmetro de confronto é que determinará a própria noção do que é constitucional ou inconstitucional, considerada a eficácia subordinante dos elementos referenciais que compõem o bloco de constitucionalidade. Não obstante essa possibilidade de diferenciada abordagem conceitual, torna-se inequívoco que, no Brasil, o tema da constitucionalidade ou inconstitucionalidade supõe, no plano de sua concepção teórica, a existência de um duplo vínculo: o primeiro, de ordem jurídica, referente à compatibilidade vertical das normas inferiores em face do modelo constitucional (que consagra o princípio da supremacia da Carta Política), e o segundo, de caráter temporal, relativo à contemporaneidade entre a Constituição e o momento de formação, elaboração e edição dos atos revestidos de menor grau de positividade jurídica. Vê-se, pois, até mesmo em função da própria jurisprudência do Supremo Tribunal Federal (RTJ 169/763, Rel. Min. Paulo Brossard), que na aferição, em abstrato, da constitucionalidade de determinado ato normativo, assume papel relevante o vínculo de ordem temporal, que supõe a existência de uma relação de contemporaneidade entre padrões constitucionais de confronto, em regime de plena e atual vigência, e os atos estatais hierarquicamente inferiores, questionados em face da Lei Fundamental. Dessa relação de caráter histórico-temporal, exsurge a identificação do parâmetro de controle, referível a preceito constitucional, ainda em vigor, sob cujo domínio normativo foram produzidos os atos objeto do processo de fiscalização concentrada. Isso significa, portanto, que, em sede de controle abstrato, o juízo de inconstitucionalidade há de considerar a situação de incongruência normativa de determinado ato estatal, contestado em face da Carta Política (vínculo de ordem jurídica), desde que o respectivo parâmetro de aferição ainda mantenha atualidade de vigência (vínculo de ordem temporal). Sendo assim, e quaisquer que possam ser os parâmetros de controle que se adotem - a Constituição escrita, de um lado, ou a ordem constitucional global, de outro (LOUIS FAVOREU/FRANCISCO RUBIO LLORENTE, "El bloque de la constitucionalidad", p. 95-109, itens ns. I e II, 1991, Civitas; J. J. GOMES CANOTILHO, "Direito Constitucional", p. 712, 4. ed., 1987, Almedina, Coimbra, v.g.) - torna-se essencial, para fins de viabilização do processo de controle normativo abstrato, que tais referências paradigmáticas encontrem-se, ainda, em regime de plena vigência [...] (STF, ADI nº 1.120, Rel. Min. Celso de Mello, Pleno, 05.09.1994).

"lei soberana", ou seja, é a norma com a qual todas as outras devem estar em consonância, sob pena de ser retirada do mundo jurídico. Pode-se, ainda, justificar tal controle como meio de fazer prevalecer a "vontade de constituição", bem como garantir, com maior segurança jurídica, a clareza e coerência do ordenamento jurídico como um todo. Saliente-se, por fim, que o efeito prospectivo é próprio do sistema de controle concentrado, podendo, excepcionalmente, ser mitigado pelo retro-operante. A sua justificativa finca-se, para nós, no fato de que uma espécie normativa em vigor goza da presunção de legitimidade e veracidade, bem como no postulado na segurança jurídica.

No que concerne às vias de controle, tem-se que ele pode ser incidental ou principal, conforme passamos a objetivamente registrar. Seguindo as lições de J. J. Gomes Canotilho, pode-se afirmar que o controle de constitucionalidade por via incidental é aquele exercido por via de incidente; isto é, no decurso de um processo judicial, seja ele civil, seja criminal etc., discute-se, primeiramente, se dado ato ou norma, importante para o deslinde do caso concreto, é ou não constitucional, de sorte que, se não for, não poderá ser utilizado.[174] Barroso, por sua vez, diz que o controle incidental pressupõe a existência de um conflito de interesses qualificadamente resistido, logo, essa modalidade é levada a efeito durante o regular desempenhar da jurisdição pelo juiz ou tribunal, daí porque se pode afirmar que, ao menos em regra, essa via de controle será difuso.[175] Outra característica dessa via de controle é que o exame da constitucionalidade ou não do ato normativo não é o objeto da demanda, sendo um "pressuposto" para prolação da decisão.[176] Uma última característica do controle incidental é que a decisão só terá efeito entre as partes litigantes tendo-se como limite subjetivo da coisa julgada as partes envolvidas e, como limite objetivo, o que efetivamente foi decidido.[177]

Como exemplo, pensamos no fato de o município de Vitória, situado no estado do Espírito Santo, instituir um tributo sem observância do princípio constitucional da anterioridade.[178] Partindo-se da premissa de que

---

[174] CANOTILHO. *Direito constitucional e teoria da Constituição*, p. 792.

[175] BARROSO. Conceitos fundamentais sobre o controle de constitucionalidade e a jurisprudência do Supremo Tribunal Federal. *In*: SARMENTO (Org.). *O controle de constitucionalidade e a Lei nº 9.868/99*, p. 246-247.

[176] BARROSO. Conceitos fundamentais sobre o controle de constitucionalidade e a jurisprudência do Supremo Tribunal Federal. *In*: SARMENTO (Org.). *O controle de constitucionalidade e a Lei nº 9.868/99*, p. 246-247.

[177] BARROSO. Conceitos fundamentais sobre o controle de constitucionalidade e a jurisprudência do Supremo Tribunal Federal. *In*: SARMENTO (Org.). *O controle de constitucionalidade e a Lei nº 9.868/99*, p. 247-248.

[178] Art. 150 da Constituição de 1988. Sem prejuízo de outras garantias asseguradas ao contribuinte, é vedado à União, aos Estados, ao Distrito Federal e aos Municípios: III – cobrar tributos: b) no mesmo exercício financeiro em que haja sido publicada a leis que os instituiu ou aumentou.

o contribuinte se recusa a pagá-lo, o citado ente federado ajuíza execução fiscal, sendo opostos, oportunamente, embargos à execução arguindo a inconstitucionalidade da exação. Nesse caso, o magistrado primeiro terá que decidir tal "questão prejudicial" para, posteriormente, julgar o pedido outrora deduzido.

Destaca-se que o controle pela via incidental é inspirado no modelo norte-americano, em que restou consagrada a regra do precedente vinculante, segundo a qual, uma vez declarada a inconstitucionalidade do ato pela Suprema Corte, a questão fica definitivamente decidida, não podendo qualquer juiz ou tribunal decidi-la de forma diferente.[179]

No Brasil, a declaração de inconstitucionalidade no caso concreto pelo STF não obsta a vigência e/ou aplicação da lei pelos julgadores. Por isso, possibilitou-se, apenas na via incidental, ao Senado Federal sustar os efeitos da lei em caráter *erga omnes*, conforme o art. 52, X,[180] do texto constitucional, até mesmo porque no controle abstrato a decisão já alberga a todos, consoante previu o art. 28, parágrafo único,[181] da Lei nº 9.868/1999. Barroso, por sua vez, é taxativo em dizer que tal competência deferida ao Senado é tipicamente política, não o vinculando, de sorte que é discricionária.[182]

Algumas observações importantes são feitas pelo professor Barroso acerca do tema ora discorrido. A primeira delas é que a decisão que reconhece a inconstitucionalidade em caso concreto não é acobertada pelo manto da coisa julgada. Isso porque, inicialmente, só o pedido faz coisa julgada e, em casos que tais, o exame da constitucionalidade, ou não, é uma questão prejudicial. Consoante, aliás, à doutrina de Liebman, o limite objeto da coisa julgada é um dos temas mais controvertidos no direito brasileiro. De acordo com Paula Batista, citada pelo referido jurista italiano, "a coisa julgada é restrita à parte dispositiva do julgamento e aos pontos aí decididos e fielmente compreendidos em relação aos seus motivos objetivos". Assim, disse-se que as razões para se decidir não constituem objeto da coisa julgada, devendo, todavia, ser levadas em consideração para se saber o verdadeiro e completo alcance da decisão.[183]

---

[179] BARROSO. Conceitos fundamentais sobre o controle de constitucionalidade e a jurisprudência do supremo tribunal federal. *In*: SARMENTO (Org.). *O controle de constitucionalidade e a Lei nº 9.868/99*, p. 249-250.

[180] Art. 52. Compete privativamente ao Senado Federal: X – suspender a execução, no todo ou em parte, de lei declarada inconstitucional por decisão definitiva do Supremo Tribunal Federal.

[181] Art. 28. [...] Parágrafo único. A declaração de constitucionalidade ou de inconstitucionalidade, inclusive a interpretação conforme a Constituição e a declaração parcial de inconstitucionalidade sem redução de texto, têm eficácia contra todos e efeito vinculante em relação aos órgãos do Poder Judiciário e à Administração Pública federal, estadual e municipal;

[182] BARROSO. Conceitos fundamentais sobre o controle de constitucionalidade e a jurisprudência do Supremo Tribunal Federal. *In*: SARMENTO (Org.). *O controle de constitucionalidade e a Lei nº 9.868/99*, p. 250.

[183] LIEBMAN. *Estudos sobre o processo civil brasileiro*, p. 127.

Em seguida, ainda com relação às observações de Barroso, o pronunciamento acerca da constitucionalidade ou não é fundamento da decisão e, pela inteligência do art. 469, I, do Código de Processo Civil, "não fazem coisa julgada os motivos, ainda que importantes para determinar o alcance da parte dispositiva da sentença". Corroborando isso, extrai-se, outrossim, da referida regra processual que "a apreciação da questão prejudicial, decidida incidentalmente no processo", não faz coisa julgada,[184] podendo, entrementes, excepcionalmente, por força do art. 470 do mesmo diploma legal,[185] ser albergada pelo manto da coisa julgada.

Já no controle de constitucionalidade por via principal ou por ação direta, ele é exercido em tese, isto é, examina-se o ato normativo de forma abstrata, independente do caso concreto.[186] Tal controle, apesar de também ser jurisdicional, acaba sendo um exercício atípico de jurisdição, já que não há lide. Em suma, o controle por ação direta tem por escopo a proteção do próprio ordenamento jurídico, a fim de eliminar os atos normativos que afrontem a Constituição, e não tutelar direitos subjetivos.[187]

O controle principal consiste num processo objetivo, no qual não há lide nem partes, sendo o pronunciamento judicial acerca da constitucionalidade ou não o objeto da demanda e, portanto, concentrado.[188] Nesse sentido, a propósito, Canotilho ensina que a discussão se dá em processo autônomo, gravitando o debate apenas quanto à constitucionalidade ou não da espécie normativa objeto do processo.[189] Outra característica é que, no controle pela via principal, a decisão tem efeito *erga omnes*, conforme previsão do art. 28, parágrafo único, da Lei nº 9.869/1999 outrora transcrito, salientando-se, ainda, que o efeito vinculante das decisões do STF, isto é, a impossibilidade de qualquer juiz ou tribunal aplicar a lei declarada inconstitucional, decorre da lógica do sistema.[190]

---

[184] BARROSO. Conceitos fundamentais sobre o controle de constitucionalidade e a jurisprudência do Supremo Tribunal Federal. *In*: SARMENTO (Org.). *O controle de constitucionalidade e a Lei nº 9.868/99*, p. 248.

[185] Art. 470. Faz, todavia, coisa julgada a resolução da questão prejudicial, se a parte o requerer (arts. 5º e 325), o juiz for competente em razão da matéria e constituir pressuposto necessário para o julgamento da lide.

[186] Cf. BARROSO. Conceitos fundamentais sobre o controle de constitucionalidade e a jurisprudência do Supremo Tribunal Federal. *In*: SARMENTO (Org.). *O controle de constitucionalidade e a Lei nº 9.868/99*, p. 250.

[187] Cf. BARROSO. Conceitos fundamentais sobre o controle de constitucionalidade e a jurisprudência do Supremo Tribunal Federal. *In*: SARMENTO (Org.). *O controle de constitucionalidade e a Lei nº 9.868/99*, p. 250-251.

[188] Cf. BARROSO. Conceitos fundamentais sobre o controle de constitucionalidade e a jurisprudência do Supremo Tribunal Federal. *In*: SARMENTO (Org.). *O controle de constitucionalidade e a Lei nº 9.868/99*, p. 251.

[189] Cf. CANOTILHO. *Direito constitucional e teoria da Constituição*, p. 793.

[190] Cf. BARROSO. Conceitos fundamentais sobre o controle de constitucionalidade e a jurisprudência do Supremo Tribunal Federal. *In*: SARMENTO (Org.). *O controle de constitucionalidade e a Lei nº 9.868/99*, p. 251-252.

No que tange ao momento – e como dito anteriormente – o controle pode ser preventivo ou repressivo. O primeiro é aquele realizado quando da formação do ato ou lei, ou seja, em momento em que a espécie normativa ainda está em vias de se formar. Noutro giro, diz-se que o controle é sucessivo ou repressivo quando é exercido sobre lei ou ato em pleno vigor, objetivando, assim, extirpá-lo do ordenamento jurídico.[191] Neste particular, remetemos o leitor ao tópico em que tratamos da "jurisdição constitucional", haja vista termos tratado esse tema lá com maior percuciência. Enfim, consignadas tais premissas, no próximo item teceremos considerações acerca da dita inconstitucionalidade formal e material.

1.4.2 Inconstitucionalidade formal e material

A inconstitucionalidade de um ato normativo pode ser verificada, com espeque em distintos elementos, aí compreendidos o momento em que ela se verifica, o tipo de atuação estatal que a gerou, o procedimento levado a efeito e o conteúdo da norma. Tais critérios consubstanciam o que a doutrina denomina de "inconstitucionalidade formal e material", podendo um mesmo ato legislativo incorrer em ambos. A chamada inconstitucionalidade formal ocorrerá quando a norma for produzida em desconformidade com as regras de competência ou de procedimento.[192]

O vício de forma, segundo Barroso, pode ser orgânico,[193] o qual consubstancia-se na inobservância de competência. É o que ocorre, por exemplo, quando uma câmara municipal edita norma em matéria de direito penal cuja competência, por força do art. 22, inc. I, da atual Constituição brasileira, é privativa da União Federal.

Haverá, por outro lado, inconstitucionalidade formal propriamente dita,[194] quando não se respeita o processo legislativo, o qual compreende: iniciativa, deliberação, votação, sanção ou veto, promulgação e publicação. Exemplo disto é quando uma câmara municipal, por si só, insere no

---

[191] Cf. CANOTILHO. *Direito constitucional e teoria da Constituição*, p. 794.

[192] BARROSO. *O controle de constitucionalidade no direito brasileiro*: exposição sistemática e análise crítica da jurisprudência, p. 48.

[193] BARROSO. *O controle de constitucionalidade no direito brasileiro*: exposição sistemática e análise crítica da jurisprudência, p. 48.
No mesmo sentido são as sempre oportunas lições de Clèmerson Merlin Clève, segundo o qual o vício de inconstitucionalidade orgânico decorre da incompetência do órgão apto a confeccionar a norma, ao passo que o formal deriva da inobservância do procedimento preestabelecido. (*A fiscalização abstrata da constitucionalidade*, p. 39.) Outros estudiosos, como exemplo, Dalton Santos Morais, o denominam de vício de forma subjetivo (*Controle de constitucionalidade*, p. 67-68).

[194] BARROSO. *O controle de constitucionalidade no direito brasileiro*: exposição sistemática e análise crítica da jurisprudência, p. 49.
O vício de inconstitucionalidade formal propriamente dito também denominado de "vício de forma objetivo" (MORAIS. *Controle de Constitucionalidade*, p. 69).

ordenamento jurídico norma de iniciativa privativa do chefe do executivo municipal.[195] Outro exemplo é a hipótese de uma lei ordinária, cujo quórum de aprovação é maioria simples de votos, regular as limitações constitucionais ao poder de tributar ou tratar de normas gerais de direito tributário que, por dicção do art. 146, incs. II e III[196] da Constituição de 1988, são reservadas à lei complementar, a qual exige o quórum de maioria absoluta para aprovação. Também ocorrerá a inconstitucionalidade formal se um projeto de lei emendado em uma das casas do Congresso Nacional não retornar para deliberação daquela que o originou, conforme inteligência dos arts. 60, §2º, e 65[197] do texto constitucional.

Registra-se, ainda, por oportuno, que a jurisprudência do Pretório Excelso vem admitindo o controle judicial na tramitação de projetos, a ser exercido ativamente por parlamentar na via de mandado de segurança, objetivando que ele participe de um processo legislativo hígido, isto é, de um "devido processo legislativo",[198] inclusive quando se tratar de proposta de emenda constitucional tendente a afrontar cláusula pétrea.[199]

---

[195] BARROSO. *O controle de constitucionalidade no direito brasileiro*: exposição sistemática e análise crítica da jurisprudência, p. 48-50.

[196] Art. 146. Cabe à lei complementar: [...] II. regular as limitações constitucionais ao poder de tributar; III. estabelecer normas gerais em matéria de legislação tributária, especialmente sobre: [...].

[197] Art. 60. A Constituição poderá ser emendada mediante proposta: [...] §2º - A proposta será discutida e votada em cada Casa do Congresso Nacional, em dois turnos, considerando-se aprovada se obtiver, em ambos, três quintos dos votos dos respectivos membros.
Art. 65. O projeto de lei aprovado por uma Casa será revisto pela outra, em um só turno de discussão e votação, e enviado à sanção ou promulgação, se a Casa revisora o aprovar, ou arquivado, se o rejeitar.

[198] Ementa: Mandado de segurança contra ato da mesa do Congresso que admitiu a deliberação de proposta de emenda constitucional que a impetração alega ser tendente a abolição da República. Cabimento do mandado de segurança em hipóteses em que a vedação constitucional se dirige ao próprio processamento da lei ou da emenda, vedando-a a sua apresentação (como é o caso previsto no parágrafo único do artigo 57) ou a sua deliberação (como na espécie). Nesses casos, a inconstitucionalidade diz respeito ao próprio andamento do processo legislativo, e isso porque a Constituição não quer – em face da gravidade dessas deliberações, se consumadas – que sequer se chegue a deliberação, proibindo-a taxativamente. A inconstitucionalidade, se ocorrente, já existe antes de o projeto ou de a proposta se transformar em lei ou emenda constitucional, porque o próprio processamento já desrespeita, frontalmente, a Constituição. Inexistência, no caso, da pretendida inconstitucionalidade, uma vez que a prorrogação de mandato de dois para quatro anos, tendo em vista a conveniência da coincidência de mandatos nos vários níveis da federação, não implica introdução do princípio de que os mandatos não mais são temporários, nem envolve indiretamente, sua adoção de fato. Mandado de segurança indeferido (STF, MS nº 20257/DF, Rel. Min. Décio Miranda, julgado em 08.10.1980, órgão julgador: Tribunal Pleno). Nesse sentido: STF, MS nº 22.183 (Pleno, 05 de abril de 1995).

[199] INFORMATIVO Nº 144, TÍTULO, EC 20/98 e Cláusulas Pétreas – 3 – ARTIGO. Continuando o julgamento ação direta acima mencionada, o Tribunal, por unanimidade, rejeitando preliminar suscitada pelo Presidente do Senado Federal, conheceu da ação na parte em que se discute o art. 14 da Emenda Constitucional nº 20/98, acima transcrito, em face da jurisprudência do STF no sentido de que é juridicamente possível o controle abstrato de constitucionalidade que tenha por objeto emenda à Constituição Federal quando se alega a violação das cláusulas pétreas

No que concerne às matérias regimentais, tidas como *interna corporis*,[200] ao que parece é bastante restrito o âmbito de atuação do controle de constitucionalidade. Todavia, em nosso sentir, tal controle judicial vem ganhando corpo, podendo-se citar a decisão monocrática no Mandado de Segurança tombado sob o nº 26.915,[201] de relatoria do eminente Ministro

---

inscritas no art. 60, §4º, da CF ("Não será objeto de deliberação a proposta de emenda tendente a abolir: I - a forma federativa de Estado; II - o voto direto, secreto, universal e periódico; III - a separação dos Poderes; IV - os direitos e garantias individuais."). Precedente citado: ADI º 939-DF (RTJ 151/755). Em seguida, o julgamento foi adiado para prosseguimento na próxima sessão. ADInMC nº 1.946-DF, rel. Min. Sydney Sanches, 7.4.99.

[200] Ementa: [...] Questão "interna corporis" do Poder Legislativo. Princípio da independência e harmonia dos Poderes. 1. A sustentação oral e ato facultativo no processo, não absolutamente necessário a defesa. O art. 131, par-2., do R.I.S.T.F. não permite sustentação oral em agravo regimental e não foi revogado pelo art. 5., inciso LV, da Constituição Federal. 2. A tramitação de Emenda Constitucional, no âmbito do Poder Legislativo, e matéria "interna corporis", insuscetível de controle judicial, salvo em caso de ofensa a Constituição ou a lei. Exceto nessas hipóteses, a interferência não e tolerada pelo princípio da independência e da harmonia entre os Poderes. [...] (STF, SS nº 327 AgR/DF, Rel. Min. Sydney Sanches, julgamento: 01/07/1991, Órgão Julgador: Tribunal Pleno). EMENTA: CONSTITUCIONAL. MANDADO DE SEGURANÇA. ATOS DO PODER LEGISLATIVO: CONTROLE JUDICIAL. ATO INTERNA CORPORIS: MATÉRIA REGIMENTAL. I. - Se a controvérsia é puramente regimental, resultante de interpretação de normas regimentais, trata-se de ato interna corporis, imune ao controle judicial, mesmo porque não há alegação de ofensa a direito subjetivo. II. - Mandado de Segurança não conhecido" (STF, MS nº 24.356, Rel. Min. Carlos Velloso, julgamento: 13.02.2003, Órgão julgador: Tribunal Pleno).

[201] DECISÃO: Trata-se de mandado de segurança, com pedido de medida liminar, impetrado por Carlos Fernando Coruja Agustini e outros Deputados Federais, contra decisão do Presidente da Câmara dos Deputados (fls. 30-31) que indeferiu o Recurso nº 104/2007, e, consequentemente, manteve decisão que indeferiu questão de ordem, na qual se sustentava o impedimento do Deputado Federal Pedro Novais para presidir Comissão Especial em Proposta de Emenda à Constituição da qual foi signatário. [...] Alega a inobservância do devido processo legislativo na tramitação da PEC nº 558/06, visto que do art. 43 do RICD (*"Nenhum Deputado poderá presidir reunião de Comissão quando se debater ou votar matéria da qual seja autor ou Relator"*) se extrai uma proibição peremptória regimental *"de que o Deputado seja autor ou relator de alguma proposição e, ao mesmo tempo funcione como presidente da Comissão que vá debater ou votar aquela matéria"* [...] Se é certo que a jurisprudência do Supremo Tribunal Federal reconhece a possibilidade de avançar na análise da constitucionalidade da administração ou organização interna das Casas Legislativas, também é verdade que isso somente tem sido admitido em situações excepcionais, em que há flagrante desrespeito ao devido processo legislativo ou aos direitos e garantias fundamentais. [...] A interpretação conferida ao seu próprio Regimento pela Mesa da Câmara dos Deputados revela-se, numa avaliação inicial, consentânea com os princípios que regem o devido processo legal legislativo. A partir dela, não se vislumbra, de forma imediata e incontestável, violação direta à Constituição (STF, MS nº 26.915 MC/DF, Rel. Min. Gilmar Mendes, julgado em 08.10.2007). Nessa esteira, confira-se ainda o precedente firmado pelo Plenário, no MS nº 23.831/DF, Relator Min. Celso de Mello, *DJ*, 04 ago. 2006: "[...] O CONTROLE JURISDICIONAL DOS ATOS PARLAMENTARES: POSSIBILIDADE, DESDE QUE HAJA ALEGAÇÃO DE DESRESPEITO A DIREITOS E/OU GARANTIAS DE ÍNDOLE CONSTITUCIONAL. O Poder Judiciário, quando intervém para assegurar as franquias constitucionais e para garantir a integridade e a supremacia da Constituição, desempenha, de maneira plenamente legítima, as atribuições que lhe conferiu a própria Carta da República, ainda que essa atuação institucional se projete na esfera orgânica do Poder Legislativo. Não obstante o caráter político dos atos parlamentares, revela-se legítima a intervenção jurisdicional, sempre que os corpos legislativos ultrapassem os limites delineados pela Constituição ou exerçam as suas atribuições institucionais com ofensa a

CAPÍTULO 1
O CONTROLE DE CONSTITUCIONALIDADE | 69

Gilmar Mendes, em que se discutiu a amplitude do art. 43 do Regimento Interno da Câmara dos Deputados, que proíbe Deputado Federal relator de dada proposta presidir a Comissão na qual a matéria será examinada, tendo, na oportunidade, o referido Ministro analisado o Regimento Interno à luz do devido processo legislativo, entendendo, ao final, que tal dispositivo não albergava os projetos de emenda constitucional.

Segundo as lições de Canotilho, haverá ainda inconstitucionalidade formal quando não atendidos os "pressupostos, constitucionalmente considerados como elementos determinativos de competência dos órgãos legislativos em relação a certas matérias (pressupostos objetivos)".[202] A exemplo disso, podem-se citar as medidas provisórias que, por força do art. 62[203] do texto constitucional, somente podem ser utilizadas pelo Presidente da República Federativa do Brasil quando presentes os pressupostos de "relevância" e "urgência".[204] Aliás, o próprio Supremo Tribunal Federal possui jurisprudência no sentido de admitir, ainda que excepcionalmente, tal controle.[205]

Já a inconstitucionalidade material se efetiva quando o conteúdo da espécie normativa colide com norma expressa ou princípio da Constituição. É o que acontece, por exemplo, quando a norma editada limita ilegitimamente a participação de candidato em concurso público, em razão do

---

[202] direitos públicos subjetivos impregnados de qualificação constitucional e titularizados, ou não, por membros do Congresso Nacional. Questões políticas. Doutrina. Precedentes. A ocorrência de desvios jurídico-constitucionais nos quais incida uma Comissão Parlamentar de Inquérito justifica, plenamente, o exercício, pelo Judiciário, da atividade de controle jurisdicional sobre eventuais abusos legislativos (RTJ 173/805-810, 806), sem que isso caracterize situação de ilegítima interferência na esfera orgânica de outro Poder da República".

[202] CANOTILHO. *Direito constitucional*, p. 1018.

[203] Art. 62. Em caso de relevância e urgência, o Presidente da República poderá adotar medidas provisórias, com força de lei, devendo submetê-las de imediato ao Congresso Nacional (Redação dada pela Emenda Constitucional nº 32, de 2001).

[204] CLÈVE. *Atividade legislativa do Poder Executivo*, p. 161-164; 180-185.

[205] A edição de medidas provisórias, pelo Presidente da República, para legitimar-se juridicamente, depende, dentre outros requisitos, da estrita observância dos pressupostos constitucionais da urgência e da relevância (CF, art. 62, *caput*). Os pressupostos da urgência e da relevância, embora conceitos jurídicos relativamente indeterminados e fluidos, mesmo expondo-se, inicialmente, à avaliação discricionária do Presidente da República, estão sujeitos, ainda que excepcionalmente, ao controle do Poder Judiciário, porque compõem a própria estrutura constitucional que disciplina as medidas provisórias, qualificando-se como requisitos legitimadores e juridicamente condicionantes do exercício, pelo chefe do Poder Executivo, da competência normativa primária que lhe foi outorgada, extraordinariamente, pela Constituição da República. [...] A possibilidade de controle jurisdicional, mesmo sendo excepcional, apoia-se na necessidade de impedir que o Presidente da República, ao editar medidas provisórias, incida em excesso de poder ou em situação de manifesto abuso institucional, pois o sistema de limitação de poderes não permite que práticas governamentais abusivas venham a prevalecer sobre os postulados constitucionais que informam a concepção democrática de Poder e de Estado, especialmente naquelas hipóteses em que se registrar o exercício anômalo e arbitrário das funções estatais (ADI nº 2.213-MC, Rel. Min. Celso de Mello, julgamento em 4-4-2002, Plenário, *DJ*, 23 abr. 2004).

sexo, atentando, assim, contra o princípio da isonomia.[206] Paulo Bonavides observa que o controle material de constitucionalidade "é delicadíssimo em razão do elevado teor de *politicidade* de que se reveste, pois incide sobre o *conteúdo da norma*".[207]

Indagação interessante que se faz consiste em saber se as consequências da declaração de inconstitucionalidade formal e material são as mesmas. Em princípio, a questão não exige maiores reflexões, haja vista que o ato írrito, seja sob a ótica formal ou material, terá o mesmo fim, qual seja, invalidação e, consequentemente, não produzirá mais efeitos. Entretanto, a afirmativa acima comporta uma exceção. Trata-se das hipóteses em que a incompatibilidade se dá entre uma nova Constituição e/ou emenda constitucional e uma norma infraconstitucional preexiste. Em casos que tais, se a inconstitucionalidade for material, a norma será revogada do ordenamento jurídico. Como exemplo, pode-se citar a Emenda Constitucional nº 24, de 1999, que, ao eliminar a figura do "juiz classista" dos Tribunais Regionais do Trabalho, acabou por retirar do mundo jurídico os arts. 684 e seguintes da Consolidação das Leis Trabalhistas que tratavam do tema.[208]

Já quando essa incompatibilidade for apenas formal, isto é, se houver somente uma alteração da regra de competência ou da espécie normativa que passar a cuidar do tema, a norma será recepcionada, passando tão somente, no futuro, a se submeter ao novo regime. Um exemplo clássico sobre isso é o da Lei Ordinária nº 5.172, de 1986 (Código Tributário Nacional), que com o advento da Emenda Constitucional nº 18, de 1965, passou a ser regido por lei complementar. Enfim, o Código Tributário Nacional continuou e continua em vigor até os dias de hoje, porém passando a ter *status* de lei complementar e, dessa forma, qualquer alteração de seu texto seguirá o rito dispensado para as leis complementares.[209]

Por último, outra questão também incluída no estudo da inconstitucionalidade material refere-se ao desvio ou excesso de poder legislativo, consubstanciado na criação de regras colidentes, abusivamente, com os fins constitucionais. Nesse pormenor, e segundo as lições de Barroso, o princípio da razoabilidade (também chamado de proibição de excessos) e o da proporcionalidade em sentido estrito, que tem por escopo salvaguardar

---

[206] Cf. BARROSO. Conceitos fundamentais sobre o controle de constitucionalidade e a jurisprudência do Supremo Tribunal Federal. *In*: SARMENTO (Org.). *O controle de constitucionalidade e a Lei nº 9.868/99*, p. 236.

[207] BONAVIDES. *Curso de direito constitucional*, p. 299.

[208] Cf. BARROSO. *O controle de constitucionalidade no direito brasileiro*: exposição sistemática e análise crítica da jurisprudência, p. 51.

[209] BARROSO. *O controle de constitucionalidade no direito brasileiro*: exposição sistemática e análise crítica da jurisprudência, p. 52.

a adequação entre os meios e os fins, acabaram servindo como principais parâmetros de controle da discricionariedade dos atos do Poder Público.[210] A propósito, Clèmerson Merlin Clève afiança que

> em muitos casos a teoria do excesso de poder e os princípios da razoabilidade e da proporcionalidade podem cobrir um mesmo campo teórico, oferecendo, portanto, soluções semelhantes (senão idênticas) quando da aferição da legitimidade de determinados atos normativos do Poder Público.[211]

Em seguida, e dada a relevância para essa pesquisa, discorreremos acerca da inconstitucionalidade por ação e omissão.

1.4.3 Inconstitucionalidade por ação e omissão

Como dito alhures, a Constituição é uma norma jurídica e, como tal, possui o atributo da imperatividade, sobretudo em razão de sua supremacia. Assim, possui o texto constitucional "comandos" materializados em normas cogentes, isto é, que devem ser observadas e cumpridas por todos. Tais normas, aliás, podem tanto vedar dado comportamento, como ainda o impor.[212] Nessa toada, a afronta à Constituição poderá ser em razão de um ato que com ela colida ou simplesmente de um ato que, apesar de exigido pelo texto constitucional, não é praticado. Daí, portanto, deflui a classificação de inconstitucionalidade por ação, ou seja, em virtude de uma conduta positiva, e por omissão, justamente pela inércia ilegítima da autoridade competente para "praticar o ato".

J. J. Gomes Canotilho ensina que a fiscalização da inconstitucionalidade por ação é aquela tipicamente exercida pelos tribunais, consistindo no controle dos atos normativos que afrontem as normas e princípios estatuídos na Constituição.[213] Seguindo a mesma linha de raciocínio, Dimitri Dimoulis e Soraya Lunardi prelecionam que a inconstitucionalidade por ação caracteriza-se pela produção ou execução de ato incompatível com a Constituição, consistindo tal controle no fato de que "a liberdade de apreciação política dos aplicadores-concretizadores do direito encontra seus limites nas normas constitucionais".[214]

---

[210] BARROSO. *O controle de constitucionalidade no direito brasileiro*: exposição sistemática e análise crítica da jurisprudência, p. 52-53.

[211] CLÈVE. *A fiscalização abstrata da constitucionalidade*, p. 47-48.

[212] Cf. BARROSO. Conceitos Fundamentais sobre o controle de constitucionalidade e a jurisprudência do Supremo Tribunal Federal. *In*: SARMENTO (Org.). *O controle de constitucionalidade e a Lei nº 9.868/99*, p. 237.

[213] Cf. CANOTILHO. *Direito constitucional e teoria da Constituição*, p. 810.

[214] DIMOULIS; LUNARDI. *Curso de processo constitucional*: controle de constitucionalidade e remédios constitucionais, p. 75.

Em linhas gerais, a chamada inconstitucionalidade por ação consiste no controle dos atos normativos que violam o texto constitucional, defluindo, portanto, de conduta positiva, e tendo como base os limites impostos pelas normas e princípios constitucionais. Assim, não demanda maiores complexidades tal controle, não se podendo, em nossa visão, fazer igual afirmação no que tange à inconstitucionalidade por omissão.

De acordo com Canotilho, a inconstitucionalidade por omissão não é muito frequente no plano comparativo-constitucional, sendo a Constituição portuguesa de 1976 um dos poucos textos constitucionais que consagram, expressamente, a possibilidade do controle por omissão.[215] Luís Roberto Barroso, por sua vez, registra que o fenômeno da inconstitucionalidade por omissão somente passou a ser previsto, timidamente, na década de 1970, estatuído na Constituição da então Iugoslática, de 1974, e na de Portugal em 1976.[216] Consoante aos ensinamentos de Clèmerson Merlin Clève, o direito constitucional não conhecia mecanismos para resolver os problemas de omissão inconstitucional, sendo o processo político e eleitoral a única forma de tratar do tema. Dessa forma, se a pressão popular ou da oposição ou se o próprio trânsito das ideias não fossem suficientes para sanar a omissão inconstitucional, esta continuaria a perdurar.[217]

Apesar de não "conhecer" soluções para a inércia do legislador, as constituições foram, notadamente no século hodierno, cada vez mais contemplando normas dependentes de integração normativa (da atuação do Poder Público), exsurgindo um Estado, como conceituado por Paulo Bonavides, como Estado Social ou "de prestação de serviços",[218] o qual exigia, segundo Clèmerson Clève, uma nova postura dos Poderes Públicos, partindo-se, sobretudo, das diretrizes e exigências expressas na Constituição.[219] Ademais, Canotilho consigna que a base de sustentação da fiscalização pela "inércia" localiza-se no "pressuposto da *superioridade formal e material da constituição relativamente à lei ordinária*", deixando assente ainda que o texto constitucional atua não só quando o legislador cria espécie normativa violadora de seus princípios e regras, mas também quando queda-se inerte, deixando de cumprir os comandos constitucionais impositivos de "medidas legislativas necessárias à *concretização* da lei fundamental".[220]

Nagib Slaibi Filho leciona que a constituição-dirigente, ao contrário da constituição-garantia, impõe ações não apenas ao legislador, como a todos,

---

[215] Cf. CANOTILHO. *Direito constitucional e teoria da Constituição*, p. 810-811.

[216] Cf. BARROSO. *O controle de constitucionalidade no direito brasileiro*: exposição sistemática e análise crítica da jurisprudência, p. 54-55.

[217] Cf. CLÈVE. *Atividade legislativa do Poder Executivo*, p. 51.

[218] Cf. BONAVIDES. *Do Estado liberal ao Estado social*, p. 200-205.

[219] CLÈVE. *Atividade legislativa do Poder Executivo*, p. 51.

[220] CANOTILHO. *Direito constitucional e teoria da Constituição*, p. 811.

CAPÍTULO 1
O CONTROLE DE CONSTITUCIONALIDADE | 73

inclusive entidades desestatizadas. A partir daí, fala-se em inconstitucionalidade por omissão consubstanciada na ausência de norma regulamentadora que possibilite o exercício das atividades e a fruição de direitos contemplados na Constituição, podendo esse "tipo" de inconstitucionalidade atingir interesses individuais, coletivos e, inclusive, do próprio Estado.[221]

Luís Roberto Barroso ressalta que os instrumentos pensados para atacar os atos comissivos praticados em desconformidade com a Constituição não têm sido eficazes para combater a inconstitucionalidade que se apresenta num "não fazer", isto é, no não cumprimento do comando constitucional através de medidas, normalmente, legislativas.[222] Não obstante a ineficiência quanto à efetivação das normas constitucionais, pensamos que a cada dia o direito constitucional contemporâneo vem buscando resolver os problemas relativos às omissões dos Poderes Públicos, notadamente quanto à inércia do legislador, podendo-se citar, para tanto, a possibilidade de iniciativa popular, a impetração de mandado de injunção e a propositura de ação direta de inconstitucionalidade por omissão.

A omissão inconstitucional pode advir da inércia de qualquer dos Poderes do Estado. O Legislativo a comete quando deixa de editar norma regulamentadora exigida pela Constituição. O Executivo, por sua vez, incorre em tal vício ao deixar de expedir regulamentos objetivando a execução das leis integrativas, apesar de competente para a edição do ato. Eis aqui o fenômeno da inconstitucionalidade indireta. O Judiciário também é passível de omissão quando denega a justiça.[223] Igualmente ocorre omissão inconstitucional quando não se regulamentam as normas constitucionais de "eficácia limitada", isto é, aquelas que dependem da edição de outra espécie normativa para efetivamente produzir efeitos, consoante à classificação de José Afonso da Silva.[224] Jorge Miranda, por sua vez, denomina "normas programáticas" aquelas que não são exequíveis por si mesmas, autolimitadas, dependendo de concretização e não apenas de regulamentação.[225]

Consoante trataremos adiante com maior percuciência, a omissão inconstitucional deflui do não cumprimento de comando constitucional, isto é, das normas insertas na Constituição que vinculam a atividade do legislador no sentido de que, por intermédio de medidas legislativas, concretize-as. Neste pormenor, Gilmar Ferreira Mendes ensina que a omissão inconstitucional "pressupõe um dever constitucional de legislar", podendo decorrer de ordens concretas insertas na Constituição ou ainda de princípios

---

[221] SLAIBI FILHO. *Direito constitucional*, p. 178.
[222] Cf. BARROSO. *O controle de constitucionalidade no direito brasileiro*: exposição sistemática e análise crítica da jurisprudência, p. 54.
[223] Cf. FERRARI. *Controle de constitucionalidade das leis municipais*, p. 47.
[224] Cf. SILVA. *Aplicabilidade das normas constitucionais*, p. 89-91
[225] Cf. MIRANDA. *Manual de direito constitucional*, p. 289, t. II.

extraídos através de exegese.[226] Consignadas tais premissas, passaremos, na sequência, a adentrar no controle de constitucionalidade no Brasil.

1.5 O controle de constitucionalidade no Brasil

De acordo com Celso Ribeiro Bastos, a Carta Magna de 1824, também conhecida como Constituição do Império, não contemplou o sistema de controle de constitucionalidade, incumbindo ao próprio Legislativo controlar sua atividade.[227] Ives Gandra e Gilmar Mendes observam que naquele tempo o Judiciário fazia as vezes de Poder Moderador, cabendo-lhe garantir a independência, equilíbrio e harmonia dos poderes.[228]

Com o advento da Constituição de 1891, introduziu-se o controle de constitucionalidade no Brasil, instaurando a competência do Poder Judiciário para examinar a adequação ou não de certa disposição com a Lei Maior,[229] sendo adotado, portanto, naquela oportunidade, o modelo americano ou difuso.[230] Ives Gandra e Gilmar Mendes são mais precisos em afiançarem que, na verdade, competia à Justiça Federal a guarda e aplicação da Constituição e leis federais, mediante provocação da parte litigante, sendo objeto desse controle as leis estaduais e federais.[231] Afirmam, ainda, que foi deferida competência ao STF de rever, em última instância, as sentenças das justiças dos estados quando se discutisse a validade ou aplicação de tratados e leis federais e a decisão do tribunal fosse contra eles. Igualmente desempenhava tal papel o Pretório Excelso quando se questionasse a validade de leis ou atos federais.[232] Por fim, registramos o pensamento de Geraldo Ataliba, o qual afiança que "o espírito constitucional que se fazia sentir em 1891 surge como o desaguadouro de longa e meditada evolução".[233]

---

[226] MENDES. *Jurisdição constitucional*: o controle abstrato de normas no Brasil e na Alemanha, p. 217.

[227] BASTOS. *Comentários à Constituição do Brasil*, p. 378.

[228] MARTINS; MENDES. *Controle concentrado de constitucionalidade*: comentários à Lei nº 9.868, de 10.11.1999, p. 43-44.

[229] BASTOS. *Comentários à Constituição do Brasil*, p. 378-380.
Conforme Dirley da Cunha Júnior "em suma, no Brasil, somente a partir da Constituição de 1891 é que o Poder Judiciário passou a titularizar a competência para exercer um controle de constitucionalidade das leis e atos normativos do poder público, porém sob o influxo do modelo 'americano' da fiscalização *difusa, incidental* (por via de exceção ou de defesa) e *sucessiva* da constitucionalidade dos atos normativos em geral do poder público, que perdurou nas Constituições posteriores até a vigente" (*Controle de constitucionalidade*: teoria e prática, p. 98).

[230] BARROSO. *O controle de constitucionalidade no direito brasileiro*: exposição sistemática da doutrina e análise crítica da jurisprudência, p. 84.

[231] MARTINS; MENDES. *Controle concentrado de constitucionalidade*: comentários à Lei nº 9.868, de 10.11.1999, p. 44.

[232] Cf. MARTINS; MENDES. *Controle concentrado de constitucionalidade*: comentários à Lei nº 9.868, de 10.11.1999, p. 45.

[233] ATALIBA. *República e Constituição*, p. 37.

CAPÍTULO 1
O CONTROLE DE CONSTITUCIONALIDADE | 75

A Constituição de 1934 trouxe considerável aperfeiçoamento do sistema, exigindo que a declaração de inconstitucionalidade fosse realizada somente pela maioria absoluta dos integrantes dos tribunais, inserindo a possibilidade de suspensão da execução das leis declaradas inconstitucionais por ato do Senado Federal, dando-se assim efeito *erga omnes* ao decisório, sendo esse um grande passo para a implementação do controle pela via de ação.[234] Outro avanço de peso foi a previsão de o Supremo Tribunal Federal poder declarar a inconstitucionalidade de lei estadual por provocação do Procurador Geral da República.[235]

Ao que parece, a maior inovação da Constituição de 1934 foi a previsão de uma "representação interventiva", tendo como legitimado ativo o Procurador Geral da República, e cabível quando violados certos princípios. O Senado Federal possuía competência para iniciar a lei interventiva, e o STF examinava a sua constitucionalidade.[236] Salienta-se, por sensível, que a Constituição de 1934 tinha dispositivo expresso que vedava o Judiciário conhecer de questões exclusivamente políticas, e atribuía ao Senado Federal a competência de examinar os regulamentos do Executivo e suspendê-los, caso afrontassem alguma disposição legal, sendo outorgado ao Senado, nesse caso, típica função da Corte Constitucional.[237]

O texto constitucional de 1937, por sua vez, ficou marcado, sobretudo, pelo retrocesso que trouxe, ao admitir que o Presidente da República apresentasse novamente ao Parlamento a lei declarada inconstitucional, podendo, por maioria de 2/3 (dois terços) dos votos das duas Casas do Congresso Nacional, tornar a decisão do Tribunal sem efeito, de sorte a permanecer válida a norma írrita.[238] Celso Bastos, criticando a possibilidade de coexistência entre uma norma constitucional e uma lei com ela conflitante, reconhece que isso seria viável, desde que se valesse do instrumento da emenda constitucional.[239]

A Constituição de 1946 além de manter o controle pela via de exceção ou difusa e o quórum de maioria absoluta dos membros do tribunal para a

---

[234] Cf. BASTOS. *Comentários à Constituição do Brasil*, p. 380-381.

[235] Cf. BASTOS. *Comentários à Constituição do Brasil*, p. 380-381.

[236] Cf. MARTINS; MENDES. *Controle concentrado de constitucionalidade*: comentários à Lei nº 9.868, de 10.11.1999, p. 44.

[237] Cf. MARTINS; MENDES. *Controle concentrado de constitucionalidade*: comentários à Lei nº 9.868, de 10.11.1999, p. 49.

[238] MARTINS; MENDES. *Controle concentrado de constitucionalidade*: comentários à Lei nº 9.868, de 10.11.1999, p. 50.

[239] BASTOS. *Comentários à Constituição do Brasil*, p. 382.
Nesse sentido, Geovany Jeveaux afirma que "previa-se a submissão de acórdão decretador de inconstitucionalidade ao Parlamento, por iniciativa do Presidente da República, sempre que este julgasse que a lei pronunciada inconstitucional fosse '... necessária ao bem-estar do povo, à promoção ou defesa de interesse nacional de alta monta', caso em que, pelo voto de 2/3 de cada Câmara, a lei poderia ser mantida eficaz, ficando '... sem efeito a decisão do tribunal'" (*Direito constitucional*: teoria da Constituição, p. 132).

declaração de inconstitucionalidade, trouxe, com a Emenda Constitucional nº 16, de 26 de novembro de 1965, a possibilidade de se arguir diretamente a inconstitucionalidade do ato ou lei, limitando, porém, o seu alcance às normas estaduais que infringissem princípio constitucional de observância obrigatória para os Estados-membros.[240] A crítica feita, com razão, é a de que os atos da União não eram albergados por tal controle, e que o âmbito de atuação era demasiadamente limitado, isto é, atingia apenas normas estaduais violadoras de certos princípios insertos na Constituição.[241] O Procurador Geral da República era a pessoa legitimada para iniciar tal demanda, e a partir desse momento instaurou-se no Brasil um modelo semelhante ao das cortes europeias, na medida em que, aqui, era de competência do STF realizar a fiscalização abstrata ou pela via de ação, permanecendo inalterado o sistema difuso outrora positivado.[242]

Ressalta-se que a Constituição de 1946, ao prever o controle de constitucionalidade difuso, admitiu tal fiscalização em sede de recurso extraordinário, nas seguintes hipóteses: i) quando se tratar de decisão contrária à Constituição ou tratado ou lei federal; ii) quando se contestasse a validade de lei federal em face do texto constitucional, e se negasse vigência àquela; iii) quando se questionar a validade de lei ou ato do governo local em face da Constituição ou lei federal, e se julgar válido o ato ou lei local.[243]

Finalizando, a referida Constituição manteve a atribuição do Senado Federal para sobrestar a execução de lei declarada inconstitucional pelo STF. De outra banda, a representação interventiva, de legitimidade do Procurador Geral da República ingressar, apresentava-se cabível no caso de violação de alguns princípios taxativamente elencados no texto constitucional, como exemplo, o da independência e harmonia entre os poderes, da autonomia municipal etc. A intervenção federal, nesse caso, dependia da declaração de inconstitucionalidade do ato pelo STF.[244]

A Constituição de 1967 e a Emenda nº 1, de 1969,[245] não trouxeram maiores alterações e contribuições ao sistema de controle de constitucionalidade, mantendo a inovação de competir ao STF apreciar a representação do Procurador Geral da República de inconstitucionalidade de lei ou ato

---

[240] Cf. BASTOS. *Comentários à Constituição do Brasil*, p. 383.

[241] Cf. BASTOS. *Comentários à Constituição do Brasil*, p. 383.

[242] Cf. BARROSO. *O controle de constitucionalidade no direito brasileiro*: exposição sistemática da doutrina e análise crítica da jurisprudência, p. 86.

[243] Cf. MARTINS; MENDES. *Controle concentrado de constitucionalidade*: comentários à Lei nº 9.868, de 10.11.1999, p. 52.

[244] Cf. MARTINS; MENDES. *Controle concentrado de constitucionalidade*: comentários à Lei nº 9.868, de 10.11.1999, p. 52-53.

[245] Segundo Pontes de Miranda, a Emenda Constitucional nº 1 "estabeleceu prazo para a incidência dos artigos que ela pôs na Constituição de 1967", entrando e vigor a partir de 30 de outubro de 1969 (*Comentários à Constituição de 1967; com a Emenda n. 1 de 1969*, p. 463).

normativo federal ou estadual.[246] Todavia, com a promulgação da Emenda Constitucional nº 7, de 13 de abril de 1977, passou-se expressamente a admitir a possibilidade de o STF deferir liminar em representação de inconstitucionalidade, bem como foi estabelecida uma "representação para interpretação de lei ou ato normativo federal ou estadual", instrumento que o Procurador Geral da República poderia se utilizar para o STF fixar, em tese e em caráter vinculante, o sentido de uma norma.[247]

Na Constituição da República Federativa do Brasil de 1988, consoante lecionam alguns doutrinadores,[248] adotou-se o sistema eclético ou híbrido de constitucionalidade, contemplando-se o controle pela via difusa ou incidental (modelo americano) e pela via concentrada ou principal (modelo europeu). De acordo com Barroso, no controle concentrado de constitucionalidade, a guarda da Constituição compete a um único órgão ou número limitado, tendo como contraponto o modelo inglês, em que todos os órgãos exercem tal atribuição.[249] Ives Gandra e Gilmar Mendes destacam que, sob a égide da hodierna Constituição brasileira, a legitimidade para ingressar com ação direta de inconstitucionalidade, em âmbito nacional, deixa de ser exclusiva, havendo significativa ampliação do rol – taxativo – de legitimados, consoante, aliás, ao que se pode conferir da inteligência do art. 103[250] do texto constitucional.[251]

Luís Roberto Barroso lista um conjunto de inovações trazidas pelo texto constitucional de 1988:

> a) ampliação da legitimação ativa para propositura de ação direta de inconstitucionalidade; b) a introdução de mecanismos de controle da inconstitucionalidade por omissão, como a ação direta com esse objeto (art. 103, §2º) e o mandado de injunção (art. 5º, LXXI); c) a recriação da ação direta de inconstitucionalidade em âmbito estadual, referida como representação de inconstitucionalidade (art. 125, §2º); d) a previsão de um mecanismo de arguição de descumprimento de preceito fundamental (art. 102, §1º);

---

[246] Cf. BASTOS. *Comentários à Constituição do Brasil*, p. 385.

[247] Cf. BARROSO. *O controle de constitucionalidade no direito brasileiro*: exposição sistemática da doutrina e análise crítica da jurisprudência, p. 86.

[248] Cf. SILVA. *Comentário contextual à Constituição*, p. 538; BARROSO. *O controle de constitucionalidade no direito brasileiro*: exposição sistemática e análise crítica da jurisprudência, p. 86.

[249] Cf. BARROSO. *O controle de constitucionalidade no direito brasileiro*: exposição sistemática e análise crítica da jurisprudência, p. 177-218.

[250] Art. 103. Podem propor a ação direta de inconstitucionalidade e a ação declaratória de constitucionalidade: I - o Presidente da República; II - a Mesa do Senado Federal; III - a Mesa da Câmara dos Deputados; IV - a Mesa de Assembléia Legislativa ou da Câmara Legislativa do Distrito Federal; V - o Governador de Estado ou do Distrito Federal; VI - o Procurador-Geral da República; VII - o Conselho Federal da Ordem dos Advogados do Brasil; VIII - partido político com representação no Congresso Nacional; IX - confederação sindical ou entidade de classe de âmbito nacional.

[251] MARTINS; MENDES. *Controle concentrado de constitucionalidade*: comentários à Lei nº 9.868, de 10.11.1999, p. 85.

e, e) a limitação do recurso extraordinário às questões constitucionais (art. 102, III).[252]

Acresce-se, ainda, como bem observa Gilmar Mendes, que esse tipo de processo é objetivo, de sorte que, uma vez desencadeado, o legitimado não possui qualquer poder de disponibilidade.[253]

Acerca do controle de constitucionalidade, pela via principal, a Constituição da República Federativa do Brasil prevê, em resumo, nos arts. 102, inc. I, alínea "a",[254] que compete ao Supremo Tribunal Federal processar e julgar as ações diretas de inconstitucionalidade contra leis ou atos normativos federais ou estaduais, e a ação direta de constitucionalidade de lei ou ato normativo federal. No âmbito estadual, o texto constitucional estabelece, em seu art. 125, §2º,[255] que compete ao Tribunal de Justiça, tendo como parâmetro a Constituição Estadual, processar e julgar as representações de inconstitucionalidade de leis ou atos normativos estaduais ou municipais. Dessa forma, o controle concentrado de constitucionalidade passa a ter duas possibilidades: uma via STF, nos casos de leis ou atos normativos federais ou estaduais, cujo parâmetro é a Constituição de 1988, outra via tribunais de justiça, em se tratando de leis ou atos normativos estaduais e municipais, tendo-se como parâmetro a Constituição Estadual.

Convém registrar que em sede nacional foram editadas as Leis nº 9.868 e 9.882, de 1999, as quais trataram, respectivamente, do processo e julgamento junto ao Supremo Tribunal Federal da ação direta de inconstitucionalidade e ação declaratória de constitucionalidade, bem como da arguição de descumprimento de preceito fundamental.

Após a vigência da atual Constituição da República Federativa do Brasil, observa-se a

> Consciência da decisiva importância da jurisdição constitucional para o resguardo dos direitos fundamentais, juntamente com o anseio de agilização do funcionamento do Judiciário, cuja maioria de seus julgamentos versam sobre matéria constitucional, dada a vastidão e prolixidade normativa em que vem se transformando nossa Constituição, originalmente dilatada e analítica, vieram a lume algumas mudanças ao sistema brasileiro de fiscalização da constitucionalidade [...].[256]

---

[252] BARROSO. *O controle de constitucionalidade no direito brasileiro*: exposição sistemática e análise crítica da jurisprudência, p. 87.

[253] Cf. MENDES. *Moreira Alves e o controle de constitucionalidade no Brasil*, p. 18.

[254] Art. 102. Compete ao Supremo Tribunal Federal, precipuamente, a guarda da Constituição, cabendo-lhe: I - processar e julgar, originariamente: a) a ação direta de inconstitucionalidade de lei ou ato normativo federal ou estadual e a ação declaratória de constitucionalidade de lei ou ato normativo federal.

[255] Art. 125. §2º - Cabe aos Estados a instituição de representação de inconstitucionalidade de leis ou atos normativos estaduais ou municipais em face da Constituição Estadual, vedada a atribuição da legitimação para agir a um único órgão.

[256] NOBRE JÚNIOR. *Jurisdição constitucional*: aspectos controvertidos, p. 62.

Tem-se, a exemplo do exposto, a Emenda Constitucional nº 45, de 2004, que trata da tão almejada reforma do Poder Judiciário, buscando trazer à tona soluções constitucionais para o respeito e integridade da sociedade e a não infringência das leis à Constituição pelo respeito aos princípios nela consagrados.

Finalizando, e evocando as palavras do professor Geovany Jeveaux, "no sistema atual de controle concentrado de constitucionalidade foi sobretudo ampliado", com a criação da ação direta de inconstitucionalidade por omissão.[257] Igual afirmativa fez Barroso, ao destacar como inovação a "introdução de mecanismos de controle da inconstitucionalidade por omissão, como a ação direta de inconstitucionalidade (art. 103, §2º)".[258]

Diante da importância desse último instituto para fins da presente pesquisa, no próximo capítulo aprofundaremos a sua análise.

---

[257] JEVEAUX. *Direito constitucional*: teoria da Constituição, p. 19.

[258] BARROSO. *O controle de constitucionalidade no direito brasileiro*: exposição sistemática e análise crítica da jurisprudência, p. 87.

CAPÍTULO 2

O FENÔMENO DA INCONSTITUCIONALIDADE POR OMISSÃO

2.1 Noções gerais

De acordo com Canotilho, a inconstitucionalidade por omissão não é muito frequente no plano comparativo-constitucional, sendo a Constituição portuguesa de 1976 um dos poucos textos constitucionais que consagram, expressamente, a possibilidade do controle por omissão.[259] Luís Roberto Barroso, por sua vez, registra que o fenômeno da inconstitucionalidade por omissão somente passou a ser previsto, timidamente, na década de 1970, estatuído na Constituição de 1974 da então Iugoslática, e na de Portugal em 1976.[260] Consoante aos ensinamentos de Clèmerson Merlin Clève, o direito constitucional não conhecia mecanismos para resolver os problemas de omissão inconstitucional, sendo o processo político e eleitoral a única forma de tratar do tema. Logo, se a pressão popular ou da oposição ou se o próprio trânsito das ideias não fosse suficiente para sanar a omissão inconstitucional, esta continuaria a perdurar.[261]

Apesar de não "conhecer" soluções para a inércia do legislador, as constituições foram, notadamente no século hodierno, cada vez mais contemplando normas dependentes de integração normativa (da atuação do Poder Público), exsurgindo um Estado conceituado por Paulo Bonavides como Estado Social ou "de prestação de serviços",[262] o qual exigia, segundo Clèmerson Clève, uma nova postura dos Poderes Públicos, partindo-se, sobretudo, das diretrizes e exigências expressas na Constituição.[263]

---

[259] CANOTILHO. *Direito constitucional e teoria da Constituição*, p. 810-811.

[260] BARROSO. *O controle de constitucionalidade no direito brasileiro*: exposição sistemática e análise crítica da jurisprudência, p. 54-55.

[261] CLÈVE. *Atividade legislativa do Poder Executivo*, p. 51.

[262] BONAVIDES. *Do Estado liberal ao Estado social*, p. 200-205.

[263] CLÈVE. *Atividade legislativa do Poder Executivo*, p. 51.

Canotilho consigna que a base de sustentação da fiscalização pela "inércia" localiza-se no "pressuposto da *superioridade formal e material da constituição relativamente à lei ordinária*", deixando assente ainda que o texto constitucional atua não só quando o legislador cria espécie normativa violadora de seus princípios e regras, mas também quando queda-se inerte, deixando de cumprir os comandos constitucionais impositivos de "medidas legislativas necessárias à *concretização* da lei fundamental".[264]

Nagib Slaibi Filho leciona que a constituição-dirigente, ao contrário da constituição-garantia, impõe ações não apenas ao legislador, mas a todos, inclusive às entidades desestatizadas. Assim, a inconstitucionalidade por omissão consubstancia-se na ausência de norma regulamentadora que impossibilite o exercício das atividades e a fruição de direitos contemplados na Constituição, podendo esse "tipo" de inconstitucionalidade atingir interesses individuais, coletivos e, inclusive, do próprio Estado.[265] Os instrumentos pensados para atacar os atos comissivos não têm sido eficazes para combater a inconstitucionalidade que se apresenta num "não fazer", isto é, no não cumprimento do comando constitucional através de medidas, normalmente, legislativas.[266]

A respeito da ineficiência quanto à efetivação das normas constitucionais, a nós parece que, a cada dia, o direito constitucional contemporâneo busca resolver os problemas relativos às omissões dos Poderes Públicos, notadamente quanto à inércia do legislador. Podemos citar, para tanto, a possibilidade de iniciativa popular, a impetração de mandado de injunção e a propositura de ação direta de inconstitucionalidade por omissão.

De acordo com as lições de Regina Ferrari, a omissão inconstitucional pode advir da inércia de qualquer dos Poderes do Estado. O Legislativo a comete quando deixa de editar norma regulamentadora exigida pela Constituição; o Executivo, por sua vez, ao deixar de expedir regulamentos objetivando a execução das leis integrativas, apesar de competente para a edição do ato (eis aqui o fenômeno da inconstitucionalidade indireta), e o Judiciário, quando, por exemplo, denega a justiça.[267] Em linhas gerais, a omissão inconstitucional consiste na não regulamentação de norma constitucional de "eficácia limitada", isto é, aquela que demanda a edição de outra espécie normativa para efetivamente produzir efeitos, consoante à classificação adotada por José Afonso da Silva.[268] Jorge Miranda, por sua vez, denomina "normas programáticas" aquelas que não são exequíveis

---

[264] CANOTILHO. *Direito constitucional e teoria da Constituição*, p. 811.

[265] SLAIBI FILHO. *Direito constitucional*, p. 178.

[266] Cf. BARROSO. *O controle de constitucionalidade no direito brasileiro*: exposição sistemática e análise crítica da jurisprudência, p. 54.

[267] FERRARI. *Controle de constitucionalidade das leis municipais*, p. 47.

[268] *Aplicabilidade das normas constitucionais*, p. 89-91.

CAPÍTULO 2
O FENÔMENO DA INCONSTITUCIONALIDADE POR OMISSÃO | 83

por si mesmas, autolimitadas, dependendo de concretização e não apenas regulamentação.[269]

Tecidas as considerações gerais sobre o tema, em seguida, trataremos das espécies de omissão, a qual pode ser total ou parcial,[270] abordando, na sequência, a concepção de omissão legislativa inconstitucional.

2.2 Omissão total

A omissão será total ou absoluta quando o legislador, tendo o dever de legislar, queda-se totalmente inerte, não permitindo a concretização da norma constitucional.[271] Segundo o escólio de Jorge Miranda, "é total a inconstitucionalidade por omissão que consiste na falta absoluta de medidas legislativas ou outras que deem cumprimento a uma norma constitucional ou a um dever prescrito por norma constitucional".[272] A omissão total, também chamada de formal, corresponde, portanto, ao não atendimento de um dever de legislar autônomo, daí porque são tidas como absolutas.[273] Exemplo clássico de tal omissão é o art. 192, §3º, da Constituição de 1988, que, apesar de possuir previsão constitucional de que as taxas reais de juros não poderiam ser superiores a doze por cento ao ano, não se tornou efetivo, em razão da não edição da lei complementar disciplinadora do sistema financeiro nacional.[274]

A doutrina aponta algumas possibilidades de se resolver a questão juridicamente: i) reconhecer autoaplicabilidade à norma constitucional e fazê-la incidir diretamente; ii) cingir-se a declarar a omissão, constituindo em mora o órgão competente para fins de saná-la e iii) na hipótese de a

---

[269] MIRANDA. *Manual de direito constitucional*, p. 289, t. II.

[270] Cf. CLÈVE. *A fiscalização abstrata da constitucionalidade*, p. 53.

[271] Cf. BARROSO. O controle de constitucionalidade no direito brasileiro: *exposição sistemática e análise crítica da jurisprudência*, p. 57.

[272] MIRANDA *Manual de direito constitucional*, p. 329.

[273] CLÈVE. *Atividade legislativa do Poder Executivo*, p. 328.

[274] [...] Tendo a Constituição Federal, no único artigo em que trata do sistema financeiro nacional (art. 192), estabelecido que este será regulado por lei complementar, com observância do que determinou no "caput", nos seus incisos e parágrafos, não é de se admitir a eficácia imediata e isolada do dispositivo em seu parágrafo 3º, sobre taxa de juros reais (12 por cento ao ano), até porque estes não foram conceituados. Só o tratamento global do sistema financeiro nacional, na futura lei complementar, com a observância de todas as normas do "caput", dos incisos e parágrafos do art. 192, é que permitirá a incidência da referida norma sobre juros reais e desde que estes também sejam conceituados em tal diploma. 7. Em consequência, não são inconstitucionais os atos normativos em questão (parecer da consultoria geral da república, aprovado pela Presidência da República e circular do Banco Central), o primeiro considerado não auto-aplicável à norma do parágrafo 3º. Sobre juros reais de 12 por ano, e a segunda determinando a observância da legislação anterior à Constituição de 1988, até o advento da Lei Complementar reguladora do sistema financeiro nacional. 8. Ação declaratória de inconstitucionalidade julgada improcedente, por maioria de votos (ADI nº 4, Relator(a): Min. Sydney Sanches, Tribunal Pleno, julgado em 07 mar. 1991).

norma não ser autoaplicável, criar para a concretude do caso uma regra para suprir a lacuna e resolver o problema da vida.[275]

Na primeira hipótese, o tribunal poderá resolver a demanda sem maiores dificuldades, ante a possibilidade de aplicar a norma constitucional diretamente, sendo, todavia, comum que antes de assim agir o tribunal assinale prazo razoável para o órgão competente sanar a mora legislativa e, somente se não superado o vício, o tribunal decide o caso dando autoaplicabilidade à disposição da Constituição, havendo, inclusive, precedente[276] do STF nesse sentido.[277] Na segunda situação, normalmente o tribunal reconhece a inconstitucionalidade por omissão, constituindo o órgão competente em mora, podendo até assinalar prazo apenas como parâmetro razoável,[278] não

---

[275] Cf. BARROSO. O controle de constitucionalidade no direito brasileiro: *exposição sistemática e análise crítica da jurisprudência*, p. 57.

[276] Mandado de injunção. - Legitimidade ativa da requerente para impetrar mandado de injunção por falta de regulamentação do disposto no par. 7. do artigo 195 da Constituição Federal. - Ocorrência, no caso, em face do disposto no artigo 59 do ADCT, de mora, por parte do Congresso, na regulamentação daquele preceito constitucional. Mandado de injunção conhecido, em parte, e, nessa parte, deferido para declarar-se o estado de mora em que se encontra o Congresso Nacional, a fim de que, no prazo de seis meses, adote ele as providencias legislativas que se impõem para o cumprimento da obrigação de legislar decorrente do artigo 195, par. 7., da Constituição, sob pena de, vencido esse prazo sem que essa obrigação se cumpra, passar o requerente a gozar da imunidade requerida (STF, MI nº 232, Relator Min. Moreira Alves, Tribunal Pleno, julgado em 02.08.1991).

[277] Cf. BARROSO. O controle de constitucionalidade no direito brasileiro: exposição sistemática e análise crítica da jurisprudência, p. 57.

[278] EMENTA: AÇÃO DIRETA DE INCONSTITUCIONALIDADE POR OMISSÃO. INATIVIDADE DO LEGISLADOR QUANTO AO DEVER DE ELABORAR A LEI COMPLEMENTAR A QUE SE REFERE O §4º DO ART. 18 DA CONSTITUIÇÃO FEDERAL, NA REDAÇÃO DADA PELA EMENDA CONSTITUCIONAL NO 15/1996. AÇÃO JULGADA PROCEDENTE. 1. A Emenda Constitucional nº 15, que alterou a redação do §4º do art. 18 da Constituição, foi publicada no dia 13 de setembro de 1996. Passados mais de 10 (dez) anos, não foi editada a lei complementar federal definidora do período dentro do qual poderão tramitar os procedimentos tendentes à criação, incorporação, desmembramento e fusão de municípios. Existência de notório lapso temporal a demonstrar a inatividade do legislador em relação ao cumprimento do inequívoco dever constitucional de legislar, decorrente do comando do art. 18, §4º, da Constituição. 2. Apesar de existirem no Congresso Nacional diversos projetos de lei apresentados visando à regulamentação do art. 18, §4º, da Constituição, é possível constatar a omissão inconstitucional quanto à efetiva deliberação e aprovação da lei complementar em referência. As peculiaridades da atividade parlamentar que afetam, inexoravelmente, o processo legislativo, não justificam uma conduta manifestamente negligente ou desidiosa das Casas Legislativas, conduta esta que pode pôr em risco a própria ordem constitucional. A inertia deliberandi das Casas Legislativas pode ser objeto da ação direta de inconstitucionalidade por omissão. 3. A omissão legislativa em relação à regulamentação do art. 18, §4º, da Constituição, acabou dando ensejo à conforma-ção e à consolidação de estados de inconstitucionalidade que não podem ser ignorados pelo legislador na elaboração da lei complementar federal. 4. Ação julgada procedente para declarar o estado de mora em que se encontra o Congresso Nacional, a fim de que, em prazo razoável de 18 (dezoito) meses, adote ele todas as providências legislativas necessárias ao cumprimento do dever constitucional imposto pelo art. 18, §4º, da Constituição, devendo ser contempladas as situações imperfeitas decorrentes do estado de inconstitucionalidade gerado pela omis-são. Não se trata de impor um prazo para a atuação legislativa do Congresso Nacional, mas apenas da fixação de um parâmetro temporal razoável, tendo em vista o prazo de 24 meses

concretizando, no entanto, a norma constitucional.[279] A última possibilidade, apesar de menos comum, é a que se apresenta como a mais eficiente, na medida em que após reconhecer a omissão e a mora em saná-la, o próprio tribunal supre, no caso concreto, a lacuna, "criando" a norma faltante, o que se dá com espeque no art. 4º do Decreto-Lei nº 4.657/1942.

Tal posição, no Brasil, é bem vista pela doutrina pátria, porém ainda possui poucos julgados, podendo-se se destacar precedentes (Mandados de Injunção nº 670, 708 e 712) do STF que, em sede de mandado de injunção, aplicando no que couber as leis que tratam da greve na iniciativa privada (Leis nº 7.701/88 e 7.783/89), passou a possibilitar o exercício do direito de greve aos servidores públicos em geral. A questão atinente ao direito de greve dos servidores públicos civis será tratada de forma aprofundada quando cuidarmos do mandado de injunção. Em seguida, tecer-se-á considerações acerca da omissão parcial.

2.3 Omissão parcial

A omissão parcial, de acordo com Canotilho, dá-se quando o legislador, apesar de regulamentar a norma constitucional, faz isso de forma incompleta, deixando de albergar, por exemplo, dada categoria e/ou grupo, podendo ela ocorrer tanto intencionalmente quanto em razão da incompleta apreciação dos fatos.[280] Gilmar Ferreira Mendes leciona que, nesse caso, a exclusão pode ser na forma concludente ou explícita. Ocorrerá a primeira se a norma concede benefício(s) apenas a certo(s) grupo(s), ao passo que será explícita quando a lei que outorga dado benefício excluiu sua aplicação injustamente à determinada(s) categoria(s).[281]

Outra classificação oferecida para a inconstitucionalidade parcial vislumbra-a como relativa ou parcial propriamente dita. A primeira ocorre quando a norma exclui de seu alcance certo grupo ou categoria que deveria incidir, deixando-o sem o benefício, de sorte a afrontar o princípio da isonomia.[282] Moreira Alves, examinando o tema, cita como exemplo uma lei que conceda dado benefício a uma parcela do funcionalismo público, deixando

---

determinado pelo Tribunal nas ADI nºs 2.240, 3.316, 3.489 e 3.689 para que as leis estaduais que criam municípios ou alteram seus limites territoriais continuem vigendo, até que a lei complementar federal seja promulgada contemplando as realidades desses municípios (ADI nº 3682, Relator(a): Min. Gilmar Mendes, Tribunal Pleno, julgado em 09.05.2007).

[279] Cf. BARROSO. *O controle de constitucionalidade no direito brasileiro*: exposição sistemática e análise crítica da jurisprudência, p. 58.

[280] CANOTILHO. *Direito constitucional e teoria da Constituição*, p. 919.

[281] MENDES. *Curso de direito constitucional*, p. 1086.

[282] Cf. BARROSO. *O controle de constitucionalidade no direito brasileiro*: exposição sistemática e análise crítica da jurisprudência, p. 57.

de fora outra categoria que deveria ter o mesmo tratamento. Observa que, se a impugnação à dita lei for via ADO, o STF a julgará procedente, posto que a norma que deferiu o benefício não é destituída, salientando ainda que se a impugnação da lei for via controle difuso ou ADI ela será declarada inconstitucional, não sendo mais aplicada.[283] Nesse caso, haveria três possibilidades a serem adotadas: i) a declaração da inconstitucionalidade da lei que regulamentou a matéria de forma parcial; ii) a declaração de inconstitucionalidade por omissão parcial da lei, com ciência do órgão competente para adotar as providências cabíveis e iii) estender o benefício a quem foi excluído.[284]

O primeiro caminho ensejaria uma situação de desvantagem para todos, o que não resolveria o problema da omissão, isso partindo da premissa de que a lei criou um benefício. Do contrário, haveria total interesse em ver o ato excluído do mundo jurídico. Nesse pormenor, Gilmar Mendes e Paulo Branco afiançam que:

> Evidentemente, a cassação da norma inconstitucional (declaração de nulidade) não se mostra apta, as mais das vezes, para solver os problemas decorrentes da omissão parcial, mormente da chamada exclusão de benefício incompatível com o princípio da igualdade. É que ela haveria de suprimir o benefício concedido, em princípio licitamente, a certos setores, sem permitir a extensão da vantagem aos segmentos discriminados.[285]

A segunda possibilidade, de acordo com Barroso,[286] já foi realizada pelo STF em sede de ação direta de inconstitucionalidade, porém sem assinalar prazo para o legislador.[287] Lembrando, apenas (e no que pese tratar-se de omissão absoluta) que o STF, além de constituir em mora o órgão

---

[283] Cf. ALVES. A evolução do controle da constitucionalidade no Brasil: *In*: TEIXEIRA *et al. As garantias do cidadão na justiça*, p. 14.

[284] Cf. BARROSO. *O controle de constitucionalidade no direito brasileiro*: exposição sistemática e análise crítica da jurisprudência, p. 59.

[285] MENDES. *Curso de direito constitucional*, p. 1298.

[286] BARROSO. *O controle de constitucionalidade no direito brasileiro*: exposição sistemática e análise crítica da jurisprudência, p. 59.

[287] "Essa peculiaridade restou evidenciada na ADIn 526, oferecida contra a Medida Provisória n. 296, de 1991, que concedia aumento de remuneração a segmento expressivo do funcionalismo público, em alegado desrespeito ao disposto no art. 37, X, da Constituição". No caso, o STF reconheceu que a concessão da revisão anual aos militares, sem alcançar os civis, caracterizava inconstitucionalidade por omissão. "A solução aposta – a da omissão parcial – seria satisfatória, se resultasse na extensão de aumento – alegadamente, simples reajuste monetário – a todos quantos sofrem com a mesma intensidade a depreciação inflacionária dos vencimentos. A essa extensão da lei, contudo, faltam poderes ao Tribunal, que, à luz do art. 103, §2º, CF, declarando a inconstitucionalidade por omissão da lei – seja ela absoluta ou relativa –, há de cingir-se a comunicá-la ao órgão legislativo competente, para que a supra" (MENDES. *Jurisdição constitucional*: o controle abstrato de normas no Brasil e na Alemanha, p. 316-317).

competente para legislar, chegou a assinalar "prazo" tão somente como parâmetro temporal razoável para que a lacuna seja suprida quando do julgamento da ADI nº 3682, aresto este consignado no item 3.7 desse trabalho.

A terceira solução encontra dificuldades nos princípios da separação dos poderes, da legalidade, do orçamento e da reserva do possível, registrando-se que a jurisprudência no Brasil vem rechaçando tal possibilidade, consoante se pode verificar, por exemplo, do enunciado de Súmula nº 339[288] da Suprema Corte, tendo, entrementes, o próprio STF aberto exceção[289] à sua jurisprudência.[290] Abrindo-se, neste pormenor, um breve parêntese – e partindo da premissa de que subsistem dificuldades sistemáticas no arrostamento da omissão (total ou parcial) inconstitucional –, Barroso diz que se pode afirmar não ser a ADO o instrumento mais indicado para sanar lesividade a preceito fundamental derivado da inércia do legislador,

---

[288] Súmula 339. Não cabe ao Poder Judiciário, que não tem função legislativa, aumentar vencimentos de servidores públicos sob o fundamento de isonomia.

[289] RECURSO ORDINÁRIO - PRAZO - MANDADO DE SEGURANÇA - SUPREMO TRIBUNAL FEDERAL. O silêncio da legislação sobre o prazo referente ao recurso ordinário contra decisões denegatórias de segurança, ou a estas equivalentes, como é o caso da que tenha implicado a extinção do processo sem julgamento do mérito - mandado de segurança nº 21.112-1/PR (AGRG), relatado pelo Ministro Celso de Mello, perante o Plenário, cujo acórdão foi publicado no Diário da Justiça de 29 de junho de 1990, à página 6.220 - é conducente à aplicação analógica do artigo 33 da Lei nº 8.038/90. A oportunidade do citado recurso submete-se à dilação de quinze dias. REVISÃO DE VENCIMENTOS - ISONOMIA. "a revisão geral de remuneração dos servidores públicos, sem distinção de índices entre servidores públicos civis e militares, far-se-á sempre na mesma data" – inciso X – sendo irredutíveis, sob o ângulo não simplesmente da forma (valor nominal), mas real (poder aquisitivo) os vencimentos dos servidores públicos civis e militares – inciso XV, ambos do artigo 37 da Constituição Federal (RMS nº 22.307, Relator Min. Marco Aurélio, Tribunal Pleno, julgado em 19.02.1997).
Colhe-se a seguinte passagem do voto do eminente Relator: "Senhor Presidente, sob pena de caminhar-se para verdadeiro paradoxo, fulminando-se princípio tão caro às sociedades que se dizem democráticas, como é o da isonomia, não vejo como adotar óptica diversa em relação ao pessoal civil do Executivo Federal, já que o militar foi contemplado. As premissas assentadas por esta Corte quando da deliberação administrativa continuam de pé e mostram-se adequadas no caso vertente. Houve revisão geral de vencimentos, deixando-se de forma os servidores civis. Apanhada esta deficiência e em face da auto-aplicabilidade do preceito constitucional, Legislativo, inclusive o Tribunal de Contas da União, Judiciário e Ministério Público, cujos servidores integram o próprio executivo, determinaram a inclusão do reajuste nas folhas de pagamento, tendo como data-base janeiro de 1993. Nisso, deram fidedigna observância ao preceito constitucional que prevê a revisão a ser feita na mesma data e sem distinção entre civis e militares. Assim, o ato atacado exsurge contrário à ordem jurídico-constitucional em vigor, valendo notar que de duas uma: ou Legislativo, Tribunal de Contas da União, Judiciário e Ministério Público agiram em homenagem à Carta da República, e então procede a irresignação dos Recorrentes, ou a vulneraram. Pelas razões acima lançadas, excluo esta última conclusão. Conheço e provejo parcialmente o recurso para conceder a ordem pleiteada, não na extensão pretendida, já que o mandado de segurança não pode ser transmudado em verdadeira ação de cobrança. A impetração ocorreu em 6 de julho de 1993, mês a servir de termo inicial relativamente à eficácia desta decisão. Reconheço, a partir de tal data, aos impetrantes, o direito ao reajuste dos vencimentos na base de 28,86%. As diferenças vencidas devem ser apuradas em liquidação".

[290] BARROSO. *O controle de constitucionalidade no direito brasileiro*: exposição sistemática e análise crítica da jurisprudência, p. 59.

podendo-se, portanto, se extrair como consequência natural da aplicação do art. 4º, §1º,[291] da Lei nº 9.882/2009, ser viável o manejo de ADPF.[292]

O dito parágrafo consagra o que a doutrina denominou de "princípio da subsidiariedade", possuindo inspiração em dispositivos semelhantes referentes ao recurso constitucional alemão e ao recurso de amparo espanhol. Há duas correntes sobre tal "regra". A primeira, com base no art. 102, §1º,[293] da Constituição de 1988, rejeita a subsidiariedade, posto que o texto constitucional somente autorizou disciplinar o processo de arguição, e não a restringir seu conteúdo. A segunda posição, por seu turno, é em sentido diametralmente oposto, admitindo a arguição somente quando não cabível outro processo objetivo, a qual tem prevalecido inclusive junto à jurisprudência[294] do STF.[295]

O STF teve oportunidade de examinar a possibilidade, ou não, de ingresso de ADPF em relação à omissão parcial. No julgamento da ADPF nº 4, movida contra a Medida Provisória nº 2.019, de 2000, que fixou o valor do salário mínimo, o Pretório Excelso dividiu-se, tendo 6 (seis) Ministros (Sepúlveda Pertence, Celso de Mello, Marco Aurélio, Ilmar Galvão, Carlos Velloso e Néri da Silveira) admitido a arguição nesse caso, e 5 (cinco) deles (Octavio Gallotti, Nelson Jobim, Maurício Corrêa, Sydney Sanches e Moreira Alves) firmado entendimento em sentido contrário.[296]

Refletindo sobre o tema, pensamos que, de fato, a questão não é de fácil afirmação. Para nós, o cabimento ou não de ADPF (art. 4º, §1º, da Lei nº 9.882/99) em razão de omissão relativa depende, sobretudo, de se saber se há outro meio eficaz para sanar a lesividade parcial. Isto é, se se partir da premissa de que os instrumentos jurídicos existentes, dentre eles

---

[291] Art. 4º §1º Não será admitida arguição de descumprimento de preceito fundamental quando houver outro meio eficaz de sanar a lesividade.

[292] Cf. BARROSO. *O controle de constitucionalidade no direito brasileiro: exposição sistemática e análise crítica da jurisprudência*, p. 332.

[293] Art. 102 §1º A argüição de descumprimento de preceito fundamental, decorrente desta Constituição, será apreciada pelo Supremo Tribunal Federal, na forma da lei.

[294] EMENTA: CONSTITUCIONAL. AGRAVO REGIMENTAL. ARGUIÇÃO DE DESCUMPRIMENTO DE PRECEITO FUNDAMENTAL. VINCULAÇÃO DO REAJUSTE DA REMUNERAÇÃO DE SERVIDORES PÚBLICOS AO SALÁRIO MÍNIMO. COISA JULGADA. NORMAS QUE PERDERAM SUA VIGÊNCIA. PRINCÍPIO DA SUBSIDIARIEDADE. AGRAVO IMPROVIDO. [...] II - A argüição de descumprimento de preceito fundamental é regida pelo princípio da subsidiariedade a significar que a admissibilidade desta ação constitucional pressupõe a inexistência de qualquer outro meio juridicamente apto a sanar, com efetividade real, o estado de lesividade do ato impugnado. [...] (ADPF nº 134 AgR-terceiro, Relator(a): Min. Ricardo Lewandowski, Tribunal Pleno, julgado em 03.06.2009, DJe-148 DIVULG 06-08-2009 PUBLIC 07-08-2009).

[295] Cf. BARROSO. *O controle de constitucionalidade no direito brasileiro*: exposição sistemática e análise crítica da jurisprudência, p. 312-313.

[296] Em sessão plenária de 02.08.2006, o STF, por unanimidade de votos, julgou prejudicado a ADPF nº 4, por perda do objeto, em razão da edição de normas posteriores que alteraram o valor do salário mínimo.

a ADO, são suficientes para sanar efetivamente a incompletude da lei, não vislumbramos razões para se admitir a arguição. Do contrário, e valendo-se da técnica de interpretação literal e com vistas no sentido ontológico da previsão legal outrora referenciada, quer nos parecer que seria cabível, sim, a via da ADPF. Isso porque, se assim não for, perpetuar-se-á o estado de violação do preceito fundamental, o que, com base no princípio da supremacia da Constituição, não se pode admitir.

Flávia Piovesan pondera que, caracterizada a omissão legislativa parcial, justifica-se, em prol do princípio da isonomia, o alargamento do "benefício" concedido por lei àqueles injustamente excluídos, salientando, outrossim, que a omissão deve ser concebida sob a ótica material e não meramente formal.[297] Tal providência, a propósito, vem sendo adotada pela Corte Constitucional italiana, por intermédio das chamadas sentenças aditivas, prolatadas para colmatar a ausência de previsão legislativa.[298] Segundo Giustino D'Orazio, o Tribunal Constitucional, através das sentenças aditivas, corrige uma situação normativa que impede que seja dispensado determinado tratamento a uma categoria de "situações homogêneas", excluídas por efeito do texto legislativo impugnado.[299] Na Alemanha, entre anular o que foi positivado parcialmente, ou estender o benefício ao grupo excluído, optou-se por uma terceira via, qual seja, declarar a não conformidade da norma com o texto constitucional, fixando prazo para que o Parlamento atue eliminando a disparidade ou regulamentando a situação de forma plena e geral.[300]

Luís Roberto Barroso aponta uma solução interessante. Para ele, em tais casos, a decisão deveria estender o direito à categoria que a lei excluiu, a contar de dado termo (evento futuro e certo), como exemplo o início do exercício financeiro seguinte. Tal diretriz permitiria a ponderação de vários princípios. De um lado, o da separação dos poderes, da legalidade, do orçamento e, do outro, o da supremacia da Constituição e do direito de igualdade ou isonomia.[301] Em nossa visão, a solução apontada pelo professor Barroso, de certa forma, harmoniza os princípios acima citados que, num primeiro momento, estariam em colisão, resolvendo, portanto, o problema da vida derivada da omissão parcial. E isso, para ser factível, exige o exercício da ponderação.

No que concerne à inconstitucionalidade por omissão parcial propriamente dita, o legislador, nesse caso, não atenta contra o princípio

---

[297] PIOVESAN. *Proteção judicial contra omissões legislativa*s, p. 84.

[298] Cf. CUNHA JÚNIOR. *Controle de Constitucionalidade*: teoria e prática, p. 258.

[299] D'ORAZIO. Le sentenze constituzionali additive tra esaltazione e contestazione. *Revista Trimestrale di Direitto Pubblico* 1 *apud* CLÈVE. *Atividade legislativa do Poder Executivo*, p. 334.

[300] Cf. CLÈVE. *Atividade legislativa do Poder Executivo*, p. 335.

[301] Cf. BARROSO. *O controle de constitucionalidade no direito brasileiro*: exposição sistemática e análise crítica da jurisprudência, p. 60.

da isonomia, atuando, apenas, de forma insuficiente. Exemplo disso é a fixação do valor do salário mínimo em patamar que não atenda os anseios constitucionais, tais como saúde, educação etc.[302] Todavia, como dito anteriormente, a declaração de inconstitucionalidade por ação da lei que fixa o salário mínimo ensejaria situação ainda pior, isto é, ou manter-se-ia o vácuo legislativo, ou restauraria os efeitos da lei anterior com valor ainda menor; soluções essas que não merecem prosperar, sob pena de se agravar o estado de inconstitucionalidade e/ou injustiça. Sobraria, assim, a solução da inconstitucionalidade por omissão parcial da lei, por não ter o legislador atuado de forma eficiente, sendo essa a linha da jurisprudência do STF,[303] consoante ao que preleciona Barroso.[304] Passaremos, em seguida, a abordar as omissões impugnáveis.

2.4 Omissões impugnáveis

As omissões, em Portugal, restringem-se às legislativas, isto é, à ausência de lei em sentido formal e não de outras medidas. No Brasil, partindo da premissa de que o texto constitucional abarca "omissão de

---

[302] Cf. BARROSO. *O controle de constitucionalidade no direito brasileiro*: exposição sistemática e análise crítica da jurisprudência, p. 60.

[303] [...] A insuficiência do valor correspondente ao salário mínimo, definido em importância que se revele incapaz de atender as necessidades vitais básicas do trabalhador e dos membros de sua família, configura um claro descumprimento, ainda que parcial, da Constituição da República, pois o legislador, em tal hipótese, longe de atuar como o sujeito concretizante do postulado constitucional que garante à classe trabalhadora um piso geral de remuneração (CF, art. 7º, IV), estará realizando, de modo imperfeito, o programa social assumido pelo Estado na ordem jurídica. A omissão do Estado – que deixa de cumprir, em maior ou em menor extensão, a imposição ditada pelo texto constitucional – qualifica-se como comportamento revestido da maior gravidade político-jurídica, eis que, mediante inércia, o Poder Público também desrespeita a Constituição, também ofende direitos que nela se fundam e também impede, por ausência de medidas concretizadoras, a própria aplicabilidade dos postulados e princípios da Lei Fundamental. As situações configuradoras de omissão inconstitucional – ainda que se cuide de omissão parcial, derivada da insuficiente concretização, pelo Poder Público, do conteúdo material da norma impositiva fundada na Carta Política, de que é destinatário – refletem comportamento estatal que deve ser repelido, pois a inércia do Estado qualifica-se, perigosamente, como um dos processos informais de mudança da Constituição, expondo-se, por isso mesmo, à censura do Poder Judiciário. INCONSTITUCIONALIDADE POR OMISSÃO - DESCABIMENTO DE MEDIDA CAUTELAR. A jurisprudência do Supremo Tribunal Federal firmou-se no sentido de proclamar incabível a medida liminar nos casos de ação direta de inconstitucionalidade por omissão (RTJ nº 133/569, Rel. Min. Marco Aurélio; ADIn nº 267-DF, Rel. Min. Celso de Mello), eis que não se pode pretender que mero provimento cautelar antecipe efeitos positivos inalcançáveis pela própria decisão final emanada do STF. A procedência da ação direta de inconstitucionalidade por omissão, importando em reconhecimento judicial do estado de inércia do Poder Público, confere ao Supremo Tribunal Federal, unicamente, o poder de cientificar o legislador inadimplente, para que este adote as medidas necessárias à concretização do texto constitucional (ADI nº 1.458 MC, Relator(a): Min. Celso de Mello, Tribunal Pleno, julgado em 23.05.1996).

[304] BARROSO. *O controle de constitucionalidade no direito brasileiro*: exposição sistemática e análise crítica da jurisprudência, p. 60.

CAPÍTULO 2
O FENÔMENO DA INCONSTITUCIONALIDADE POR OMISSÃO | 91

medida para tornar efetiva norma constitucional", pode-se chegar à sensata ilação de que o controle jurisdicional, em tese, tem a possibilidade de atingir qualquer tipo de ato omisso dos Poderes Públicos.[305] Em nossa visão, o STF, de maneira acertada, buscou qualificar o sentido ontológico da omissão prevista constitucionalmente, indicando somente aquela medida de cunho normativo. Aliás, o Pretório Excelso deixou assente que a medida "cuja omissão deve ser suprida, há de se compreender como de caráter normativo e não referente à prática de ato em caso concreto".[306] A omissão de ato normativo, para nós, vai além da omissão de ato legislativo, englobando, outrossim, a inércia de medidas normativas de cunho administrativo, como exemplo decretos, regulamentos etc.

A omissão inconstitucional consubstancia-se pela ausência ou insuficiência de medidas legislativas, políticas ou administrativas, incluindo as de natureza regulamentar, ou ainda de outros atos dos Poderes Públicos.[307] Destaca-se, por oportuno, que nossa investigação pretende abranger sobretudo a omissão legislativa inconstitucional, notadamente por sua relevância para a presente pesquisa. A indagação que exsurge é: mas o que é, de fato, uma omissão legislativa inconstitucional? Nesse particular, evocamos as sempre oportunas lições de Canotilho, o qual deixa assente que

> O conceito de omissão legislativa não é um conceito naturalístico, reconduzível a um simples não fazer, a um simples conceito de negação. Omissão, em sentido jurídico-constitucional, significa não fazer aquilo a que se estava constitucionalmente obrigado. A omissão legislativa, para ganhar significado autônomo e relevante, deve conexionar-se com uma *exigência constitucional de acção*, não bastando o simples *dever geral de legislar* para dar fundamento a uma omissão inconstitucional.[308]

Nessa esteira, Barroso pontua que não será o mero "não fazer" que dá azo à omissão inconstitucional, mas, sim, o não atendimento de comando constitucional que impõe ao legislador o dever de editar a norma, salientando, também, que ela pode ocorrer em relação às normas constitucionais de organização e àquelas definidoras de direitos.[309]

Anna Cândida da Cunha Ferraz, tecendo considerações sobre o tema, deixa assente que:

> A inércia dos órgãos estatais, que deixam de exercer a obrigação de emanar normas, determinada em preceitos constitucionais, traduz verdadeiro

---

[305] Cf. CLÈVE. *A fiscalização abstrata da constitucionalidade*, p. 343.

[306] ADI nº 19, Rel. Min. Aldir Passarinho, *DJU*, 14 abr. 1989.

[307] Cf. MIRANDA. *Manual de direito constitucional*, p. 394-396.

[308] CANOTILHO. *Direito constitucional e teoria da Constituição*, p. 917.

[309] BARROSO. *O controle de constitucionalidade no direito brasileiro*: exposição sistemática e análise crítica da jurisprudência, p. 56.

processo informal de mudança da Constituição. Configura inegável processo de mudança constitucional; embora não altere a letra constitucional, altera-lhe o alcance, na medida em que paralisa a aplicação constitucional. Tal paralisação, não desejada ou prevista pelo constituinte, é de ser tida como inconstitucional. [...] Como modalidade de mutação constitucional a inércia é processo pernicioso, que acarreta consequências desastrosas à vida constitucional dos Estados.[310]

Clèmerson Merlin Clève afirma que pode haver três tipos de lacunas: i) desejáveis pelo Constituinte – normas de eficácia limitada –, que devem ser supridas por intermédio da atividade legiferante, visto que, nesse caso, há um dever de legislar; ii) desejáveis pelo Constituinte, que apesar disso não podem ser sanadas pelo legislador, posto que a doutrina denominou "silêncio eloquente", e iii) ofensivas ao plano de ordenação constitucional que, apesar de não desejáveis, podem ser integradas. Um exemplo é o art. 4º do Decreto-Lei nº 4.657/1942,[311] também chamado Lei de Introdução às normas do Direito Brasileiro. Destaca-se, por oportuno, que somente o primeiro tipo de lacuna ensejará, se não sanada, a inconstitucionalidade por omissão.[312]

A omissão legislativa contempla os seguintes requisitos: i) não atendimento de determinada norma constitucional que imponha ao legislador a edição de espécie normativa regulamentadora; ii) que a norma constitucional seja não exequível por si só; e iii) ausência de medidas legislativas para tornar dita norma exequível.[313]

Dessa forma, a omissão inconstitucional advém do não cumprimento de comando constitucional, isto é, das normas insertas na Constituição que vinculam a atividade do legislador, no sentido de que, por intermédio de medidas legislativas, concretizem-nas. Interessante ainda observar que o problema da omissão hodiernamente tratada no âmbito da inconstitucionalidade conduz o problema para a seara legiferante, de sorte que tal inércia dos Poderes Públicos passa a ser objeto de controle quando impossibilite a fruição de dado direito assegurado em nível constitucional. E, aqui, mais uma vez, nos cabe realizar outra provocação: se a matéria estiver em deliberação no Congresso Nacional, caberá o ajuizamento de ADO?

A questão merece um olhar atento, pois o constituinte, ao contrário da sanção e veto dos projetos de leis que foram disciplinados, inclusive fixando-se prazo, não tomou o mesmo cuidado com a "deliberação", destacando-se a ausência de fixação de tempo para se findar as discussões.

---

[310] FERRAZ. *Processos informais de mudança da Constituição*, p. 217-218.

[311] Art. 4º Quando a lei for omissa, o juiz decidirá o caso de acordo com a analogia, os costumes e os princípios gerais de direito.

[312] CLÈVE. *A fiscalização abstrata da constitucionalidade*, p. 53.

[313] Cf. MIRANDA. *Manual de direito constitucional*, p. 518.

CAPÍTULO 2
O FENÔMENO DA INCONSTITUCIONALIDADE POR OMISSÃO | 93

Numa análise simplista do tema, poder-se-ia se chegar à conclusão de que, uma vez iniciado o processo legislativo, não se justificaria a fiscalização abstrata, na medida em que não mais subsistiria o "estado de inércia", havendo, aliás, precedente[314] do STF nesse sentido. No entanto, não comungamos dessa opinião. Isso porque (e no que pese a necessidade de se cumprir todas as etapas do processo legislativo), o fato é que em alguns casos a inércia nessa fase pode perdurar por anos, havendo uma conduta manifestamente negligente ou desidiosa das Casas Legislativas, a qual pode pôr em risco a própria ordem constitucional.[315] Assim, somos do entendimento de que é possível o controle de constitucionalidade abstrato em razão da inércia em se deliberar, ressaltando que o próprio Supremo Tribunal Federal, mais recentemente, encampou tal exegese quando do julgamento da ADI nº 3.682, cujo aresto foi registrado alhures (item 3.7).

Vê-se, portanto, que a questão localiza-se na fronteira da discricionariedade (exprime, no caso, a ideia de liberdade e limitação) do legislador e do dever de legislar imposto em determinados casos, justificando, em suma, a fiscalização da omissão no princípio da hierarquia e supremacia da Constituição. Nesse pormenor, Gilmar Ferreira Mendes ensina que a omissão inconstitucional "pressupõe um dever constitucional de legislar", podendo decorrer de ordem concreta inserta na Constituição ou ainda de princípios extraídos por intermédio de exegese.[316]

Por fim, chama-se especial atenção para o entendimento mais recente da doutrina, com o qual concordamos, no sentido de admitir a ocorrência de omissão legislativa pelo não cumprimento da obrigação do legislador melhorar ou corrigir as normas de prognose (previsão) incorretas ou defasadas em razão de circunstâncias supervenientes. O vício consiste agora não mais na ausência total ou parcial da norma, mas na falta de adequação (de aperfeiçoamento) das leis existentes. Tal carência assumirá relevo jurídico constitucional quando a ausência da corrigenda gerar consequências gravosas para a efetividade de direitos fundamentais.[317]

Passaremos, em seguida, a examinar a seguinte indagação: qual o momento para se consubstanciar a omissão inconstitucional?

---

[314] AÇÃO DIRETA DE INCONSTITUCIONALIDADE POR OMISSÃO. ART. 37, X, DA CONSTITUIÇÃO FEDERAL (REDAÇÃO DA EC N.º 19, DE 4 DE JUNHO DE 1998). ESTADO DE SANTA CARTARINA. Mora inconstitucional que não se verifica, tendo o Chefe do Executivo estadual, em cumprimento ao dispositivo constitucional sob enfoque, enviado à Assembléia Legislativa projeto de lei sobre a revisão geral anual dos servidores catarinenses. Ação direta prejudicada (ADI nº 2.495, Relator(a): Min. Ilmar Galvão, Tribunal Pleno, julgado em 02.05.2002).

[315] Cf. MENDES. *Curso de direito constitucional*, p. 1293-1294.

[316] MENDES. *Jurisdição constitucional*: o controle abstrato de normas no Brasil e na Alemanha, p. 217.

[317] Cf. CANOTILHO. *Direito constitucional e teoria da Constituição*, p. 919.

2.5 Momento da caracterização da omissão inconstitucional

Buscaremos nesse tópico examinar a indagação formulada no final do item anterior, consistente em se saber qual é o momento para se caracterizar a omissão inconstitucional.

A omissão inconstitucional se dá quando a Constituição exige norma regulamentadora de determinada situação e o destinatário não a executa, nos termos exigidos, em tempo útil.[318] A questão, no entanto, atinente à execução de dado ato em tempo útil deve ser examinada, em nossa visão, sob duas óticas: i) casos em que a própria Constituição fixa o prazo de atuação, e ii) hipóteses em que o texto constitucional não estabelece prazo algum. Quando a própria Constituição fixa o tempo para se atuar, a omissão inconstitucional, por lógico, somente ocorrerá findo tal lapso de tempo. Exemplos disto são os arts. 20 e 48[319] do ADCT. Entrementes, no segundo caso a solução gira, em nossa ótica, em relação a qual prazo seria razoável para se caracterizar a omissão inconstitucional.

Recasen Siches defende, em linhas gerais, que a razoabilidade está limitada, condicionada e influenciada pela realidade concreta do mundo no qual se opera o Direito. Está, ainda, circunscrita, condicionada e influenciada pela realidade social, histórica e particular para a qual a regra foi produzida. Por fim, diz que para se encontrar o tempo razoável deve-se se aferir também os valores e critérios axiológicos, levando-se em conta todas as possibilidades e limites reais existentes.[320]

Pensamos que seria temerário estipular um prazo peremptório para se caracterizar a omissão inconstitucional, haja vista que cada inércia demanda uma análise percuciente e criteriosa para constatar se pode, com segurança, realizar tal constatação. Todavia, com base nos elementos ora registrados e no princípio da razoabilidade, pode-se chegar à sensata ilação de que se o ato podia e deveria ter sido editado ao longo do tempo, restar-se-ia consubstanciada a inconstitucionalidade, salientando-se que, com relação aos direitos e garantias fundamentais, a tolerância deve ser menor, até mesmo em razão do princípio da aplicabilidade imediata das normas definidoras de direitos e garantias fundamentais.[321]

---

[318] Cf. MIRANDA. *Manual de Direito Constitucional*, p. 313, 338, 507.

[319] Art. 20. Dentro de cento e oitenta dias, proceder-se-á à revisão dos direitos dos servidores públicos inativos e pensionistas e à atualização dos proventos e pensões a eles devidos, a fim de ajustá-los ao disposto na Constituição.
Art. 48. O Congresso Nacional, dentro de cento e vinte dias da promulgação da Constituição, elaborará código de defesa do consumidor.

[320] SICHES. *Nueva filosofia de la interpretación del derecho*, p. 289.

[321] Cf. PIOVESAN. *Proteção judicial contra omissões legislativas*: ação direta de inconstitucionalidade por omissão e mandado de injunção, p. 114.

Nesse caminho, é, pois, necessária a verificação, na concretude do caso, do decurso de "tempo razoável para a edição da norma regulamentadora",[322] destacando-se, por fim, a oportuna afirmação feita por Regina Maria Macedo Nery Ferrari, no sentido de que, se não houver a delimitação de um prazo para se suprir a inércia, "haveria inteira liberdade por parte dos poderes constituídos na realização de atos integrativos, o que acabaria por tornar ineficazes as imposições constitucionais".[323]

Em seguida, faremos um sucinto relato da experiência de outros povos acerca da inconstitucionalidade por omissão.

2.6 Breve relato da experiência de outros povos

Assim como no Brasil, outros países também possuem certo grau de preocupação e atenção quanto à inconstitucionalidade por omissão, objetivando, sobretudo, alcançar soluções viáveis, que não atentem contra o ordenamento jurídico. Jorge Miranda, debruçando-se sobre essa temática, deixa assente que

> Na Alemanha, na Áustria, na Itália e na Espanha, apesar de não haver norma constitucional expressa que institua a fiscalização, os respectivos Tribunais Constitucionais têm conseguido chegar a resultados muito semelhantes, através de técnicas apuradas de interpretação e integração, que resultam em sentenças aditivas, criativas ou apelativas.[324]

Nos Estados Unidos, apesar de inexistir norma expressa que cuide do tema, os tribunais exercem o "poder de solicitar aos órgãos legislativos que aprovem as leis que consideram necessárias à viabilização de direitos fundamentais dos cidadãos".[325] Já no Direito alemão, a inconstitucionalidade por omissão é denominada "arbitrária exclusão de benefício", caracterizada pela inobservância ao princípio da isonomia, ao se excluir do benefício da lei grupos em situações iguais ou semelhantes (inconstitucionalidade parcial). É interessante, assim, o surgimento da declaração de inconstitucionalidade sem a consequência da nulidade, exigindo, nessa hipótese, a intervenção do legislador para que supra o estado de inconstitucionalidade. Pontua, ainda, que a jurisprudência alemã tem admitido a possibilidade de os tribunais, nos casos de omissões, emprestarem "eficácia plena aos preceitos constitucionais através do processo de concretização".[326]

---

[322] Cf. CUNHA JÚNIOR. *Controle de constitucionalidade*: teoria e prática, p. 253-254.

[323] FERRARI. *Efeitos da declaração de inconstitucionalidade*, p. 227.

[324] Cf. MIRANDA. *Manual de direito constitucional*, p. 511.

[325] Cf. PIOVESAN. *Proteção judicial contra omissões legislativas*: ação direta de inconstitucionalidade por omissão e mandado de injunção, p. 111.

[326] Cf. PIOVESAN. *Proteção judicial contra omissões legislativas*: ação direta de inconstitucionalidade por omissão e mandado de injunção, p. 111-112.

Consoante ao consignado no primeiro tópico desse capítulo, a Constituição iugoslava de 1974, em seu art. 337,[327] foi o primeiro texto a consagrar expressamente o controle de constitucionalidade por omissão, seguida da Constituição portuguesa de 1976. Naquele tempo, na Iugoslávia, era possível instaurar de ofício o processo de fiscalização de constitucionalidade, observando que no caso de omissão, além de se informar à Assembleia esse fato, poder-se-ia também intervir objetivando suprir tal inércia, seja propondo a elaboração ou a modificação de leis, seja adotando outra providência com o fito de garantir a "constitucionalidade e legalidade, bem como a proteção de direitos e de outras liberdades dos cidadãos e das comunidades".[328]

Registra-se, ademais, que a Constituição portuguesa de 1976, em seu art. 283, previu que a ADO poderia ser iniciada a requerimento de algumas autoridades, dentre elas o Presidente da República, cabendo ao Tribunal Constitucional aferir o não cumprimento da Constituição em razão da inércia, dando ciência ao órgão legislativo competente para que providencie a norma faltante.[329]

Nesse pormenor, aliás, Ricardo Arnaldo Malheiros Fiuza deixa assente que o n° 2 do art. 283 da Constituição portuguesa estabelece que "quando o Tribunal Constitucional verificar a existência da inconstitucionalidade por omissão, dará disso conhecimento ao órgão legislativo competente". Observa que, na conformidade do texto original da Constituição, tal matéria era tratada no art. 279, competindo ao Conselho da Revolução, após parecer da Comissão Constitucional no sentido de que a Constituição não está sendo cumprida por omissão de medida legislativa, "recomendar aos órgãos legislativos competentes que as emitissem em tempo razoável". Assim, pelo texto atual o Tribunal dará "conhecimento ao órgão legislativo competente", registrando-se, por oportuno, que de acordo o art. 67° da Lei portuguesa n° 28, para o processamento do requerimento de fiscalização por omissão deve usar-se o mesmo regime aplicável aos processos de fiscalização repressiva ou sucessiva abstrata.[330]

Segundo as lições de Canotilho, cuida-se, afinal, de "um apelo do Tribunal Constitucional, com significado político e jurídico, aos órgãos

---

[327] PIOVESAN. *Proteção judicial contra omissões legislativas*: ação direta de inconstitucionalidade por omissão e mandado de injunção, p. 111-112.
Artigo 337. Se o Tribunal Constitucional da Iugoslávia verificar que o órgão competente não promulgou as prescrições necessárias à execução das disposições da Constituição da República Federativa da Iugoslávia, das leis federais e das outras prescrições federais e atos gerais, dará do fato conhecimento à Assembléia Federativa da Iugoslávia.

[328] Cf. PIOVESAN. *Proteção judicial contra omissões legislativas*: ação direta de inconstitucionalidade por omissão e mandado de injunção, p. 113.

[329] Cf. CLÈVE. *Atividade legislativa do Poder Executivo*, p. 337.

[330] FIUZA. *Direito constitucional comparado*, p. 136-137.

competentes no sentido de estes actuarem e emanarem actos legislativos necessários à exequibilidade das leis constitucionais".[331]

Paulo Bonavides, ao tecer comentário acerca da ADO no Brasil, afirma que:

> Esse novo instrumento, provavelmente de inspiração constitucional portuguesa, se dirige sem dúvida aos comportamentos omissivos do legislador como uma garantia destinada a resolver o problema da eficácia das normas constitucionais programáticas, principalmente em matéria de direitos sociais.[332]

Observa-se que tanto na Constituição portuguesa quanto na brasileira, a ADO importará, a princípio, na declaração de inconstitucionalidade por omissão e na ciência ao órgão que couber para que adote as providências para tornar exequíveis as normas constitucionais.

Finalizando o tópico, Flávia Piovesan salienta que em ambas as Constituições a decisão será declaratória, e não substitutiva, de sorte que o Judiciário apenas dará ciência ao órgão responsável pela edição do ato, observando, ainda, que o caráter substitutivo foi acolhido pela jurisprudência alemã que, em determinados casos, admite que o Tribunal confira plena eficácia aos dispositivos constitucionais.[333] Na sequência, teceremos breves considerações acerca do mandado de injunção.

2.7 Mandado de injunção

O mandado de injunção, assim como a ação direta de inconstitucionalidade por omissão, cuida-se de instrumento criado pelo Constituinte originário para combater as omissões inconstitucionais. Enquanto a ADO tem por escopo a fiscalização abstrata das omissões, o mandado de injunção destina-se ao controle incidental de tais vícios, sendo concebido para a tutela de direitos subjetivos constitucionais em razão da inércia ilegítima dos Poderes Públicos. Sua previsão está no art. 5º da Constituição da República, com a seguinte redação:

> LXXI – conceder-se-á mandado de injunção sempre que a falta de norma regulamentadora torne inviável o exercício dos direitos e liberdades constitucionais e das prerrogativas inerentes à nacionalidade, à soberania e à cidadania.

A competência para processar e julgar o mandado de injunção encontra-se localizada em dispositivos constitucionais, tais como os art.

---

[331] CANOTILHO. *Direito constitucional e teoria da Constituição*, p. 1039.

[332] BONAVIDES. *Curso de direito constitucional*, p. 261.

[333] PIOVESAN. *Proteção judicial contra omissões legislativas*: ação direta de inconstitucionalidade por omissão e mandado de injunção, p. 114.

102, I, "q", e II, "a" – STF; art. 105, I, "h" – STJ; art. 121, §4º, V – Tribunais Regionais Eleitorais.[334]

Considerando que a Constituição fixou a competência com espeque na fonte que deveria expedir a norma regulamentadora, formou-se o entendimento de que se cuida de critério *ratio personae* (em razão da pessoa) – no caso, órgão –,[335] sendo esse o entendimento do STF.[336] Entrementes, dissentimos dessa visão, em virtude de que o objeto do mandado de injunção é a efetivação de direito subjetivo e não declaração abstrata da omissão do órgão. Daí porque pensamos que o mais adequado seria que a pessoa responsável por atender a pretensão é que deveria figurar no polo passivo da demanda, podendo-se até se escutar a pessoa jurídica ou órgão, a fim de se ter uma melhor percepção e conhecimento do tema, tal como ocorre no caso no *amicus curie*. Clèmerson Merlin Clève afirma que no polo passivo residirá uma pessoa, órgão ou entidade de natureza pública, não se admitindo que particular ali figure, exceto se exercer, por força de lei ou contrato administrativo, parcela de autoridade pública.[337]

De outra banda, o titular do direito cujo exercício está obstado por ausência de norma regulamentadora figurará no polo ativo, podendo, inclusive, entidades de classe ou associativas e os sindicatos, substituindo processualmente seus membros ou filiados, impetrarem com tal remédio

---

[334] Art. 102. Compete ao Supremo Tribunal Federal, precipuamente, a guarda da Constituição, cabendo-lhe: I - processar e julgar, originariamente: q) o mandado de injunção, quando a elaboração da norma regulamentadora for atribuição do Presidente da República, do Congresso Nacional, da Câmara dos Deputados, do Senado Federal, das Mesas de uma dessas Casas Legislativas, do Tribunal de Contas da União, de um dos Tribunais Superiores, ou do próprio Supremo Tribunal Federal; II – julgar, em recurso ordinário: a) o "habeas-corpus", o mandado de segurança, o "habeas-data" e o mandado de injunção decididos em única instância pelos Tribunais Superiores, se denegatória a decisão;
Art. 105. Compete ao Superior Tribunal de Justiça: I - processar e julgar, originariamente: h) o mandado de injunção, quando a elaboração da norma regulamentadora for atribuição de órgão, entidade ou autoridade federal, da administração direta ou indireta, excetuados os casos de competência do Supremo Tribunal Federal e dos órgãos da Justiça Militar, da Justiça Eleitoral, do Trabalho e da Justiça Federal;
Art. 121. [...] §4º - Das decisões dos Tribunais Regionais Eleitorais somente caberá recurso quando: V - denegarem "habeas-corpus", mandado de segurança, "habeas-data" ou mandado de injunção.

[335] Cf. BARROSO. *O controle de constitucionalidade no direito brasileiro*: exposição sistemática e análise crítica da jurisprudência, p. 155.

[336] Esse entendimento foi adotado pelo Ministro Moreira Alves em seu voto na questão de ordem suscitada no MI nº 107, colhendo-se a seguinte passagem de seu pronunciamento: "De outra parte, como deflui dos artigos 102, I, g, e 105, I, h, na falta de regulamentação a que se refere o artigo 5º, é fixada *ratione personae*, ou seja, em razão da condição dos Poderes, órgãos, entidades ou autoridades a que seja imputada a omissão regulamentadora, o que, segundo a técnica processual, se dá quando essas pessoas estão em causa, participando, portanto, da relação jurídica processual, na defesa de interesse jurídico" (STF, QO no MI nº 107, Rel. Min. Moreira Alves, Pleno, julgado em 23.11.1989).

[337] Cf. CLÈVE. *Atividade legislativa do Poder Executivo*, p. 374.

constitucional.[338] Igualmente poderá o Ministério Público valer-se de tal via em se tratando de direitos difusos ou coletivos, por força do art. 6º, VIII, da Lei Complementar nº 75/93.[339] Registre-se, por oportuno, que as Constituições dos estados também podem instituir mandado de injunção no âmbito estadual, recaindo, em princípio, a competência para processar e julgar a ação aos Tribunais de Justiça, podendo, todavia, ser deferida tal competência aos juízes de primeiro grau, especialmente em se cuidando de omissão relativa à norma municipal.[340]

O objeto do mandado de injunção é tema sobre o qual não há consenso na doutrina. Por um lado, entende-se que dita demanda propicia apenas estimular a edição da norma, ao passo que, de outra banda, defende-se que tal via tem por escopo suprimir judicialmente a regra faltante.[341]

Uma parcela da doutrina[342] firmou entendimento de que o provimento judicial em mandado de injunção possui natureza constitutiva, de sorte que cabe ao magistrado criar a norma regulamentadora para a concretude do caso, com efeito entre as partes, aplicando-a à pretensão, desde que seja o caso. O caráter constitutivo, todavia, afigura-se no plano da criação da norma faltante, já que o mandado de injunção possui caráter instrumental. Suprida a omissão, competirá ao Judiciário fazê-la incidir, "sem solução de continuidade", objetivando resolver o problema da vida que foi levado ao seu crivo. Assim, poderá declarar nulo um ato, constituir uma nova relação jurídica, condenar a alguma prestação ou mesmo expedir um mandamento a ser cumprido.[343]

Noutro giro, outra parcela da doutrina defende que a decisão é de natureza mandamental.[344] Logo, o Judiciário deveria apenas dar ciência ao órgão da mora legislativa, a fim de que esse adote a providência cabível à espécie e, tratando-se de direito oponível contra o Estado, sustar os processos judiciais e administrativos que possam gerar para o impetrante dano

---

[338] BARROSO. *O controle de constitucionalidade no direito brasileiro*: exposição sistemática e análise crítica da jurisprudência, p. 156-157.

[339] Art. 6º Compete ao Ministério Público da União: VIII – promover outras ações, nelas incluído o mandado de injunção sempre que a falta de norma regulamentadora torne inviável o exercício dos direitos e liberdades constitucionais e das prerrogativas inerentes à nacionalidade, à soberania e à cidadania, quando difusos os interesses a serem protegidos.

[340] Cf. BARROSO. *O controle de constitucionalidade no direito brasileiro*: exposição sistemática e análise crítica da jurisprudência, p. 155-156.

[341] MENDES. *Curso de direito constitucional*, p. 1317-1319.

[342] Nesse sentido: PASSOS. *Mandado de segurança coletivo, mandado de injunção, "habeas data"*: Constituição e processo, p. 124; BARBI. Mandado de injunção. *In*: TEIXEIRA (Org.). *Mandado de segurança e de injunção*, p. 391.

[343] Cf. BARROSO. *O controle de constitucionalidade no direito brasileiro*: exposição sistemática e análise crítica da jurisprudência, p. 166.

[344] Nesse sentido: MEIRELLES. *Mandado de segurança, ação popular, ação civil pública, mandado de injunção, "habeas data"*, p. 144.

que não haveria se não houvesse a omissão.[345] Num primeiro momento, o STF acabou por seguir essa última linha de pensamento,[346] esvaziando o instituto em razão da ausência de uma decisão impositiva que, de fato, possibilitasse o exercício do direito inviabilizado. Embasou-se, para tanto, no princípio da divisão de poderes, equiparando o mandado de injunção à ação direta de inconstitucionalidade por omissão.[347]

Provavelmente, em razão das críticas pela posição adotada pelo Pretório Excelso e pela ineficácia que o instituto passou a ter, a Suprema Corte evoluiu em relação à postura primária, quando do julgamento do Mandado de Injunção nº 283-5, impetrado com base no art. 8º, §3º, do ADCT que, em resumo, previa que os cidadãos afetados por atos discricionários do Ministério da Aeronáutica faziam jus a uma "reparação econômica, na forma que dispuser lei de iniciativa do Congresso Nacional e a entrar em vigor no prazo de doze meses a contar da promulgação da Constituição". Na oportunidade, dentre outras providências, fixou-se o prazo de 60 (sessenta) dias para se realizar o processo legislativo e, caso ultrapassado tal prazo, reconheceu-se ao impetrante a faculdade de obter da União, pela via adequada, a reparação devida.[348] Mais adiante, quando do julgamento do Mandado de Injunção nº 284, em que se impugnava a mesma norma do

---

[345] Cf. CLÈVE. *Atividade legislativa do Poder Executivo*, p. 376-377.

[346] O caráter essencialmente mandamental da ação injuncional – consoante tem proclamado a jurisprudência do Supremo Tribunal Federal – impõe que se defina, como passivamente legitimado "ad causam", na relação processual instaurada, o órgão público inadimplente, em situação de inércia inconstitucional, ao qual é imputável a omissão causalmente inviabilizadora do exercício de direito, liberdade e prerrogativa de índole constitucional. [...] O novo "writ" constitucional, consagrado pelo art. 5., LXXI, da Carta Federal, não se destina a constituir direito novo, nem a ensejar ao Poder Judiciário o anômalo desempenho de funções normativas que lhe são institucionalmente estranhas. O mandado de injunção não é o sucedâneo constitucional das funções político-jurídicas atribuídas aos órgãos estatais inadimplentes. A própria excepcionalidade desse novo instrumento jurídico "impõe" ao Judiciário o dever de estrita observância do princípio constitucional da divisão funcional do poder (MI nº 284, Relator(a): Min. Marco Aurélio, Relator(a) p/ Acórdão: Min. Celso de Mello, Tribunal Pleno, julgado em 22.11.1992).

[347] Em face dos textos da Constituição Federal relativos ao mandado de injunção, é ele ação outorgada ao titular do direito, garantia ou prerrogativa a que alude o artigo 5º, LXXI, dos quais o exercício está inviabilizado pela falta de norma regulamentadora, e ação que visa a obter do Poder Judiciário a declaração de inconstitucionalidade dessa omissão se estiver caracterizada a mora em regulamentar por parte do Poder, órgão, entidade ou autoridade de que dependa, com a finalidade de que se dê ciência dessa declaração, para que adote as providências necessárias, à semelhança do que ocorre com a ação direta de inconstitucionalidade por omissão (artigo 103, §2º, da Carta Magna), e de que se determine, se se tratar de direito constitucional oponível contra o Estado, a suspensão dos processos judiciais ou administrativos de que possa advir para o impetrante dano que não ocorreria se não houvesse a omissão inconstitucional (MI nº 107 QO, Relator Min. Moreira Alves, Tribunal Pleno, julgado em 23.11.1989).

[348] Mandado de injunção: mora legislativa na edição da lei necessária ao gozo do direito a reparação econômica contra a União, outorgado pelo art. 8., par. 3., ADCT: deferimento parcial, com estabelecimento de prazo para a purgação da mora e, caso subsista a lacuna, facultando ao titular do direito obstado a obter, em juízo, contra a União, sentença liquida de indenização por perdas e danos. [...] (MI nº 283, Relator Min. Sepúlveda Pertence, Tribunal Pleno, julgado em 20 mar. 1991).

CAPÍTULO 2
O FENÔMENO DA INCONSTITUCIONALIDADE POR OMISSÃO | 101

ADCT, o STF entendeu ser prescindível nova comunicação ao Congresso Nacional, facultando desde logo aos impetrantes que ingressassem em juízo para obter a reparação assegurada.[349]

Evoluindo ainda mais em sua jurisprudência, o Supremo Tribunal Federal, em julgamento histórico, ocorrido em 2007, conferiu efetividade ao mandado de injunção. A questão da regulamentação do direito de greve dos servidores públicos civis, previsto no art. 37, VII,[350] da Constituição de 1988, serviu de mote para a mudança da orientação. O STF vinha entendendo que o direito de greve dos servidos públicos civis não poderia ser exercido em razão da ausência de lei específica.[351] No julgamento dos Mandados de Injunção nº 670, 708 e 712, o Tribunal, por maioria de votos, decidiu pela aplicação, por analogia e no que couber da Lei nº 7.783/1989, a qual regula o direito de greve dos empregados da iniciativa privada.[352]

---

[349] Reconhecido o estado de mora do Congresso Nacional – único destinatário do comando para satisfazer, no caso, a prestação legislativa reclamada – e considerando que, embora devidamente cientificado no Mandado de Injunção n. 283, absteve-se de adimplir a obrigação que lhe foi constitucionalmente imposta, torna-se *prescindível* nova comunicação à instituição parlamentar, assegurando-se aos impetrantes, *desde logo*, a possibilidade de ajuizarem, *imediatamente*, nos termos do direito comum ou ordinário, a ação de reparação de natureza econômica instituída em seu favor pelo preceito transitório (MI nº 284, Relator(a): Min. Marco Aurélio, Relator(a) p/ Acórdão: Min. Celso de Mello, Tribunal Pleno, julgado em 22.11.1992).

[350] Art. 37. VII. o direito de greve será exercido nos termos e nos limites definidos em lei específica;

[351] EMENTA: MANDADO DE INJUNÇÃO. DIREITO DE GREVE DO SERVIDOR PÚBLICO. ARTIGO 37, VII, DA CONSTITUIÇÃO FEDERAL. NECESSIDADE DE INTEGRAÇÃO LEGISLATIVA. OMISSÃO DO CONGRESSO NACIONAL. 1. Servidor público. Exercício do direito público subjetivo de greve. Necessidade de integralização da norma prevista no artigo 37, VII, da Constituição Federal, mediante edição de lei complementar, para definir os termos e os limites do exercício do direito de greve no serviço público. Precedentes. 2. Observância às disposições da Lei 7.783/89, ante a ausência de lei complementar, para regular o exercício do direito de greve dos serviços públicos. Aplicação dos métodos de integração da norma, em face da lacuna legislativa. Impossibilidade. A hipótese não é de existência de lei omissa, mas de ausência de norma reguladora específica. Mandado de injunção conhecido em parte e, nessa parte, deferido, para declarar a omissão legislativa (MI nº 485, Relator Min. MAURÍCIO CORRÊA, Tribunal Pleno, julgado em 25.04.2002, *DJ*, 23 ago. 2002).

[352] EMENTA: MANDADO DE INJUNÇÃO. GARANTIA FUNDAMENTAL (CF, ART. 5º, INCISO LXXI). DIREITO DE GREVE DOS SERVIDORES PÚBLICOS CIVIS (CF, ART. 37, INCISO VII). EVOLUÇÃO DO TEMA NA JURISPRUDÊNCIA DO SUPREMO TRIBUNAL FEDERAL (STF). DEFINIÇÃO DOS PARÂMETROS DE COMPETÊNCIA CONSTITUCIONAL PARA APRECIAÇÃO NO ÂMBITO DA JUSTIÇA FEDERAL E DA JUSTIÇA ESTADUAL ATÉ A EDIÇÃO DA LEGISLAÇÃO ESPECÍFICA PERTINENTE, NOS TERMOS DO ART. 37, VII, DA CF. EM OBSERVÂNCIA AOS DITAMES DA SEGURANÇA JURÍDICA E À EVOLUÇÃO JURISPRUDENCIAL NA INTERPRETAÇÃO DA OMISSÃO LEGISLATIVA SOBRE O DIREITO DE GREVE DOS SERVIDORES PÚBLICOS CIVIS, FIXAÇÃO DO PRAZO DE 60 (SESSENTA) DIAS PARA QUE O CONGRESSO NACIONAL LEGISLE SOBRE A MATÉRIA. MANDADO DE INJUNÇÃO DEFERIDO PARA DETERMINAR A APLICAÇÃO DAS LEIS Nos 7.701/1988 E 7.783/1989. 1. SINAIS DE EVOLUÇÃO DA GARANTIA FUNDAMENTAL DO MANDADO DE INJUNÇÃO NA JURISPRUDÊNCIA DO SUPREMO TRIBUNAL FEDERAL (STF). 1.1. No julgamento do MI nº 107/DF, Rel. Min. Moreira Alves, *DJ*, 21 set. 1990, o Plenário do STF consolidou entendimento que conferiu ao mandado de injunção os seguintes elementos operacionais: i) os direitos constitucionalmente garantidos por meio de mandado de

injunção apresentam-se como direitos à expedição de um ato normativo, os quais, via de regra, não poderiam ser diretamente satisfeitos por meio de provimento jurisdicional do STF; ii) a decisão judicial que declara a existência de uma omissão inconstitucional constata, igualmente, a mora do órgão ou poder legiferante, insta-o a editar a norma requerida; iii) a omissão inconstitucional tanto pode referir-se a uma omissão total do legislador quanto a uma omissão parcial; iv) a decisão proferida em sede do controle abstrato de normas acerca da existência, ou não, de omissão é dotada de eficácia erga omnes, e não apresenta diferença significativa em relação a atos decisórios proferidos no contexto de mandado de injunção; iv) o STF possui competência constitucional para, na ação de mandado de injunção, determinar a suspensão de processos administrativos ou judiciais, com o intuito de assegurar ao interessado a possibilidade de ser contemplado por norma mais benéfica, ou que lhe assegure o direito constitucional invocado; v) por fim, esse plexo de poderes institucionais legitima que o STF determine a edição de outras medidas que garantam a posição do impetrante até a oportuna expedição de normas pelo legislador. 1.2. Apesar dos avanços proporcionados por essa construção jurisprudencial inicial, o STF flexibilizou a interpretação constitucional primeiramente fixada para conferir uma compreensão mais abrangente à garantia fundamental do mandado de injunção. A partir de uma série de precedentes, o Tribunal passou a admitir soluções "normativas" para a decisão judicial como alternativa legítima de tornar a proteção judicial efetiva (CF, art. 5º, XXXV). Precedentes: MI nº 283, Rel. Min. Sepúlveda Pertence, *DJ*, 14 nov. 1991; MI no 232/RJ, Rel. Min. Moreira Alves, *DJ*, 27 mar. 1992; MI nº 284, Rel. Min. Marco Aurélio, Red. para o acórdão Min. Celso de Mello, *DJ*, 26 jun. 1992; MI nº 543/DF, Rel. Min. Octavio Gallotti, *DJ*, 24 maio 2002; MI nº 679/DF, Rel. Min. Celso de Mello, *DJ*, 17 dez. 2002; e MI nº 562/DF, Rel. Min. Ellen Gracie, *DJ*, 20 jun. 2003. 2. O MANDADO DE INJUNÇÃO E O DIREITO DE GREVE DOS SERVIDORES PÚBLICOS CIVIS NA JURISPRUDÊNCIA DO STF. 2.1. O tema da existência, ou não, de omissão legislativa quanto à definição das possibilidades, condições e limites para o exercício do direito de greve por servidores públicos civis já foi, por diversas vezes, apreciado pelo STF. Em todas as oportunidades, esta Corte firmou o entendimento de que o objeto do mandado de injunção cingir-se-ia à declaração da existência, ou não, de mora legislativa para a edição de norma regulamentar específica. Precedentes: MI nº 20/DF, Rel. Min. Celso de Mello, *DJ*, 22 nov. 1996; MI nº 585/TO, Rel. Min. Ilmar Galvão, *DJ*, 02 ago. 2002; e MI nº 485/MT, Rel. Min. Maurício Corrêa, *DJ*, 23 ago. 2002. 2.2. Em alguns precedentes (em especial, no voto do Min. Carlos Velloso, proferido no julgamento do MI nº 631/MS, Rel. Min. Ilmar Galvão, *DJ*, 02 ago. 2002), aventou-se a possibilidade de aplicação aos servidores públicos civis da lei que disciplina os movimentos grevistas no âmbito do setor privado (Lei nº 7.783/1989). 3. DIREITO DE GREVE DOS SERVIDORES PÚBLICOS CIVIS. HIPÓTESE DE OMISSÃO LEGISLATIVA INCONSTITUCIONAL. MORA JUDICIAL, POR DIVERSAS VEZES, DECLARADA PELO PLENÁRIO DO STF. RISCOS DE CONSOLIDAÇÃO DE TÍPICA OMISSÃO JUDICIAL QUANTO À MATÉRIA. A EXPERIÊNCIA DO DIREITO COMPARADO. LEGITIMIDADE DE ADOÇÃO DE ALTERNATIVAS NORMATIVAS E INSTITUCIONAIS DE SUPERAÇÃO DA SITUAÇÃO DE OMISSÃO. 3.1. A permanência da situação de não-regulamentação do direito de greve dos servidores públicos civis contribui para a ampliação da regularidade das instituições de um Estado democrático de Direito (CF, art. 1º). Além o tema envolver uma série de questões estratégicas e orçamentárias diretamente relacionadas aos serviços públicos, a ausência de parâmetros jurídicos de controle dos abusos cometidos na deflagração desse tipo específico de movimento grevista tem favorecido que o legítimo exercício de direitos constitucionais seja afastado por uma verdadeira "lei da selva". 3.2. Apesar das modificações implementadas pela Emenda Constitucional nº 19/1998 quanto à modificação da reserva legal de lei complementar para a de lei ordinária específica (CF, art. 37, VII), observa-se que o direito de greve dos servidores públicos civis continua sem receber tratamento legislativo minimamente satisfatório para garantir o exercício dessa prerrogativa em consonância com imperativos constitucionais. 3.3. Tendo em vista as imperiosas balizas jurídico-políticas que demandam a concretização do direito de greve a todos os trabalhadores, o STF não pode se abster de reconhecer que, assim como o controle judicial deve incidir sobre a atividade do legislador, é possível que a Corte Constitucional atue também nos casos de inatividade ou omissão do Legislativo. 3.4. A mora legislativa em questão já foi, por diversas vezes, declarada na ordem constitucional brasileira. Por esse motivo, a permanência dessa situação de ausência de regulamentação do direito de greve dos servidores públicos civis passa a invocar, para si, os riscos de consolidação de uma típica omissão judicial. 3.5. Na experiência do direito

CAPÍTULO 2
O FENÔMENO DA INCONSTITUCIONALIDADE POR OMISSÃO | 103

comparado (em especial, na Alemanha e na Itália), admite-se que o Poder Judiciário adote medidas normativas como alternativa legítima de superação de omissões inconstitucionais, sem que a proteção judicial efetiva a direitos fundamentais se configure como ofensa ao modelo de separação de poderes (CF, art. 2º). 4. DIREITO DE GREVE DOS SERVIDORES PÚBLICOS CIVIS. REGULAMENTAÇÃO DA LEI DE GREVE DOS TRABALHADORES EM GERAL (LEI Nº 7.783/1989). FIXAÇÃO DE PARÂMETROS DE CONTROLE JUDICIAL DO EXERCÍCIO DO DIREITO DE GREVE PELO LEGISLADOR INFRACONSTITUCIONAL. 4.1. A disciplina do direito de greve para os trabalhadores em geral, quanto às "atividades essenciais", é especificamente delineada nos arts. 9º a 11 da Lei nº 7.783/1989. Na hipótese de aplicação dessa legislação geral ao caso específico do direito de greve dos servidores públicos, antes de tudo, afigura-se inegável o conflito existente entre as necessidades mínimas de legislação para o exercício do direito de greve dos servidores públicos civis (CF, art. 9º, caput, c/c art. 37, VII), de um lado, e o direito a serviços públicos adequados e prestados de forma contínua a todos os cidadãos (CF, art. 9º, §1º), de outro. Evidentemente, não se outorgaria ao legislador qualquer poder discricionário quanto à edição, ou não, da lei disciplinadora do direito de greve. O legislador poderia adotar um modelo mais ou menos rígido, mais ou menos restritivo do direito de greve no âmbito do serviço público, mas não poderia deixar de reconhecer direito previamente definido pelo texto da Constituição. Considerada a evolução jurisprudencial do tema perante o STF, em sede do mandado de injunção, não se pode atribuir amplamente ao legislador a última palavra acerca da concessão, ou não, do direito de greve dos servidores públicos civis, sob pena de se esvaziar direito fundamental positivado. Tal premissa, contudo, não impede que, futuramente, o legislador infraconstitucional confira novos contornos acerca da adequada configuração da disciplina desse direito constitucional. 4.2 Considerada a omissão legislativa alegada na espécie, seria o caso de se acolher a pretensão, tão-somente no sentido de que se aplique a Lei nº 7.783/1989 enquanto a omissão não for devidamente regulamentada por lei específica para os servidores públicos civis (CF, art. 37, VII). 4.3 Em razão dos imperativos da continuidade dos serviços públicos, contudo, não se pode afastar que, de acordo com as peculiaridades de cada caso concreto e mediante solicitação de entidade ou órgão legítimo, seja facultado ao tribunal competente impor a observância a regime de greve mais severo em razão de tratar-se de "serviços ou atividades essenciais", nos termos do regime fixado pelos arts. 9º a 11 da Lei nº 7.783/1989. Isso ocorre porque não se pode deixar de cogitar dos riscos decorrentes das possibilidades de que a regulação dos serviços públicos que tenham características afins a esses "serviços ou atividades essenciais" seja menos severa que a disciplina dispensada aos serviços privados ditos "essenciais". 4.4. O sistema de judicialização do direito de greve dos servidores públicos civis está aberto para que outras atividades sejam submetidas a idêntico regime. Pela complexidade e variedade dos serviços públicos e atividades estratégicas típicas do Estado, há outros serviços públicos, cuja essencialidade não está contemplada pelo rol dos arts. 9º a 11 da Lei nº 7.783/1989. Para os fins desta decisão, a enunciação do regime fixado pelos arts. 9º a 11 da Lei nº 7.783/1989 é apenas exemplificativa (numerus apertus). 5. O PROCESSAMENTO E O JULGAMENTO DE EVENTUAIS DISSÍDIOS DE GREVE QUE ENVOLVAM SERVIDORES PÚBLICOS CIVIS DEVEM OBEDECER AO MODELO DE COMPETÊNCIAS E ATRIBUIÇÕES APLICÁVEL AOS TRABALHADORES EM GERAL (CELETISTAS), NOS TERMOS DA REGULAMENTAÇÃO DA LEI Nº 7.783/1989. A APLICAÇÃO COMPLEMENTAR DA LEI Nº 7.701/1988 VISA À JUDICIALIZAÇÃO DOS CONFLITOS QUE ENVOLVAM OS SERVIDORES PÚBLICOS CIVIS NO CONTEXTO DO ATENDIMENTO DE ATIVIDADES RELACIONADAS A NECESSIDADES INADIÁVEIS DA COMUNIDADE QUE, SE NÃO ATENDIDAS, COLOQUEM "EM PERIGO IMINENTE A SOBREVIVÊNCIA, A SAÚDE OU A SEGURANÇA DA POPULAÇÃO" (LEI Nº 7.783/1989, PARÁGRAFO ÚNICO, ART. 11). 5.1. Pendência do julgamento de mérito da ADI nº 3.395/DF, Rel. Min. Cezar Peluso, na qual se discute a competência constitucional para a apreciação das "ações oriundas da relação de trabalho, abrangidos os entes de direito público externo e da administração pública direta e indireta da União, dos Estados, do Distrito Federal e dos Municípios" (CF, art. 114, I, na redação conferida pela EC nº 45/2004). 5.2. Diante da singularidade do debate constitucional do direito de greve dos servidores públicos civis, sob pena de injustificada e inadmissível negativa de prestação jurisdicional nos âmbitos federal, estadual e municipal, devem-se fixar também os parâmetros institucionais e constitucionais de definição de competência, provisória e ampliativa, para a apreciação de dissídios de greve instaurados entre o Poder Público e os servidores públicos civis. 5.3. No plano procedimental, afigura-se recomendável aplicar ao caso concreto a disciplina da Lei nº 7.701/1988 (que versa sobre especialização das turmas dos Tribunais do Trabalho em processos coletivos), no que tange à competência para apreciar e julgar eventuais conflitos judiciais referentes à greve de servidores públicos que sejam suscitados até o momento de colmatação legislativa específica da lacuna ora declarada, nos termos do inciso VII do art. 37 da CF. 5.4. A adequação e a necessidade da definição dessas questões de organização e procedimento dizem respeito a elementos de fixação de competência constitucional de modo a assegurar, a um só tempo, a possibilidade e, sobretudo, os limites ao exercício do direito constitucional de greve dos servidores públicos, e a continuidade na prestação dos serviços públicos. Ao adotar essa medida, este Tribunal passa a assegurar o direito de greve constitucionalmente garantido no art. 37, VII, da Constituição Federal, sem desconsiderar a garantia da continuidade de prestação de serviços públicos – um elemento fundamental para a preservação do interesse público em áreas que são extremamente demandadas pela sociedade. 6. DEFINIÇÃO DOS PARÂMETROS DE COMPETÊNCIA CONSTITUCIONAL PARA APRECIAÇÃO DO TEMA NO ÂMBITO DA JUSTIÇA FEDERAL E DA JUSTIÇA ESTADUAL ATÉ A EDIÇÃO DA LEGISLAÇÃO ESPECÍFICA PERTINENTE, NOS TERMOS DO ART. 37, VII, DA CF. FIXAÇÃO DO PRAZO DE 60 (SESSENTA) DIAS PARA QUE O CONGRESSO NACIONAL LEGISLE SOBRE A MATÉRIA. MANDADO DE INJUNÇÃO DEFERIDO PARA DETERMINAR A APLICAÇÃO DAS LEIS Nºs 7.701/1988 E 7.783/1989. 6.1. Aplicabilidade aos servidores públicos civis da Lei nº 7.783/1989, sem prejuízo de que, diante do caso concreto e mediante solicitação de entidade ou órgão legítimo, seja facultado ao juízo competente a fixação de regime de greve mais severo, em razão de tratarem de "serviços ou atividades essenciais" (Lei nº 7.783/1989, arts. 9º a 11). 6.2. Nessa extensão do deferimento do mandado de injunção, aplicação da Lei nº 7.701/1988, no que tange à competência para apreciar e julgar eventuais conflitos judiciais referentes à greve de servidores públicos que sejam suscitados até o momento de colmatação legislativa específica da lacuna ora declarada, nos termos do inciso VII do art. 37 da CF. 6.3. Até a devida disciplina legislativa, devem-se definir as situações provisórias de competência constitucional para a apreciação desses dissídios no contexto nacional, regional, estadual e municipal. Assim, nas condições acima especificadas, se a paralisação for de âmbito nacional, ou abranger mais de uma região da justiça federal, ou ainda, compreender mais de uma unidade da federação, a competência para o dissídio de greve será do Superior Tribunal de Justiça (por aplicação analógica do art. 2º, I, "a", da Lei nº 7.701/1988). Ainda no âmbito federal, se a controvérsia estiver adstrita a uma única região da justiça federal, a competência será dos Tribunais Regionais Federais (aplicação analógica do art. 6º da Lei nº 7.701/1988). Para o caso da jurisdição no contexto estadual ou municipal, se a controvérsia estiver adstrita a uma unidade da federação, a competência será do respectivo Tribunal de Justiça (também por aplicação analógica do art. 6º da Lei nº 7.701/1988). As greves de âmbito local ou municipal serão dirimidas pelo Tribunal de Justiça ou Tribunal Regional Federal com jurisdição sobre o local da paralisação, conforme se trate de greve de servidores municipais, estaduais ou federais. 6.4. Considerados os parâmetros acima delineados, a par da competência para o dissídio de greve em si, no qual se discuta a abusividade, ou não, da greve, os referidos tribunais, nos âmbitos de sua jurisdição, serão competentes para decidir acerca do mérito do pagamento, ou não, dos dias de paralisação em consonância com a excepcionalidade de que esse juízo se reveste. Nesse contexto, nos termos do art. 7º da Lei nº 7.783/1989, a deflagração da greve, em princípio, corresponde à suspensão do contrato de trabalho. Como regra geral, portanto, os salários dos dias de paralisação não deverão ser pagos, salvo no caso em que a greve tenha sido provocada justamente por atraso no pagamento aos servidores públicos civis, ou por outras situações excepcionais que justifiquem o afastamento da premissa da suspensão do contrato de trabalho (art. 7º da Lei nº 7.783/1989, in fine). 6.5. Os tribunais mencionados também serão competentes para apreciar e julgar medidas cautelares eventualmente incidentes relacionadas ao exercício do direito de greve dos servidores públicos civis, tais como: i) aquelas nas quais se postule a preservação do objeto da querela judicial, qual seja, o percentual mínimo de servidores públicos que deve continuar trabalhando durante o movimento paredista, ou mesmo a proibição de qualquer tipo de paralisação; ii) os interditos possessórios para a desocupação de dependências dos órgãos públicos eventualmente tomados por grevistas; e iii) as demais medidas cautelares que apresentem conexão direta com o dissídio coletivo de greve. 6.6. Em razão da evolução jurisprudencial sobre o tema da interpretação da omissão legislativa do direito de greve dos servidores públicos civis e em respeito aos ditames de segurança jurídica, fixa-se

Barroso diz que o STF trouxe um avanço capaz de tirar do limbo o mandado de injunção ao admitir a possibilidade de atribuir à decisão eficácia *erga omnes*, apesar da inexistência de previsão legal ou constitucional, salientando ainda que a possibilidade de um regramento temporário, como sói ocorrer no caso do julgamento de referidos mandados de injunção, não viola o princípio da divisão de poderes. A uma porque a própria Constituição instituiu o mandado de injunção para controlar as omissões inconstitucionais, sendo que a atribuição de eficácia geral à disciplina temporária confere racionalidade ao sistema e observa o princípio da isonomia, impedindo decisões contraditórias sobre o mesmo tema. A duas porque a legitimação do Judiciário se dá justamente pela omissão de outro poder, que não cumpriu seu papel satisfatoriamente, não se podendo admitir a perpetuação do desrespeito à força normativa da Constituição. Por fim, observa, com razão, que o Poder omisso poderá, oportunamente, regulamentar o tema, afastando o regime provisório instituído pelo Judiciário.[353] Gilmar Ferreira Mendes e Paulo Branco afirmam que o STF proferiu, em tais casos, uma sentença de viés aditivo, destacando-se a seguinte passagem de suas lições:

> Interessante ressaltar, ainda, a extensão possível dos efeitos advindos de decisão em mandado de injunção. O que se evidencia é a possibilidade de as decisões nos mandados de injunção surtirem efeitos não somente em razão do interesse jurídico de seus impetrantes, estendendo também seus efeitos normativos para os demais casos que guardam similitude. Assim, em regra, a decisão em mandado de injunção, ainda que dotada de caráter subjetivo, comporta uma dimensão objetiva, com eficácia *erga omnes*, que serve para tantos quantos forem os casos que demandem a concretização de uma omissão geral do Poder Público, seja em relação a uma determinada conduta, seja em relação a uma determinada lei.[354]

Antes de finalizarmos o tópico, alguns apontamentos se fazem pertinentes para fins de diferenciação do mandado de injunção (MI) da ADO. Como dito alhures, no que pese a ambos os institutos se dirigirem à ausência de regulamentação de normas constitucionais, eles são bastante diferentes. Senão vejamos: i) enquanto os "legitimados ativos" da ADO estão taxativamente previstos no art. 103 da Constituição de 1988, no MI, o legitimado será qualquer pessoa que se encontra na impossibilidade de

---

o prazo de 60 (sessenta) dias para que o Congresso Nacional legisle sobre a matéria. 6.7. Mandado de injunção conhecido e, no mérito, deferido para, nos termos acima especificados, determinar a aplicação das Leis nºs 7.701/1988 e 7.783/1989 aos conflitos e às ações judiciais que envolvam a interpretação do direito de greve dos servidores públicos civis (MI nº 708, Relator(a): Min. Gilmar Mendes, Tribunal Pleno, julgado em 25.10.2007).

[353] Cf. BARROSO. *O controle de constitucionalidade no direito brasileiro*: exposição sistemática e análise crítica da jurisprudência, p. 173-174.

[354] MENDES, BRANCO. *Curso de direito constitucional*, p. 1334-1335.

exercer "os direitos e liberdades constitucionais e as prerrogativas inerentes à nacionalidade, à soberania e à cidadania"; ii) na ADO cuida-se de "processo objetivo" – defesa da ordem fundamental contra condutas com ela incompatíveis –, alcançando todos indistintamente (efeitos *erga omnes*), ao passo que no MI a proteção é de "direitos subjetivos", isto é, atinge – ao menos em regra – apenas as partes que integram a demanda; iii) a competência privativa para apreciar a ADO é do STF e a do MI não é privativa do Pretório Excelso, como expusemos nesse tópico, e iv) há ainda outras diferenças, a saber: a) quanto ao procedimento (a ADO, por exemplo, possui procedimento específico, conforme se pode conferir do item 3.4 dessa pesquisa); b) a legitimidade passiva (defendemos que não há legitimado passivo na ADO no item 3.3 desse trabalho, já no MI tal legitimado seria o responsável por atender a pretensão – nesse pormenor, remetemos o leitor ao início do tópico); c) a natureza da decisão (longe de querer exaurir esse tema, que, aliás, é bastante controvertido, no MI a decisão seria, em princípio, satisfativa – mandamental ou constitutiva; na ADO, *a priori*, o decisório seria declaratório, isto é, declararia a mora e daria ciência ao poder competente para a adoção de medida a fim de supri-la) etc.

Feita essa breve digressão, e já concluindo, pensamos que a evolução da jurisprudência do STF no trato do tema fez com que, de fato, o mandado de injunção cumprisse a sua função, qual seja, concretizar direitos constitucionalmente assegurados, justificando-se tal decisão nas razões declinadas anteriormente pelo professor Barroso. Observamos ainda que a nova orientação acabou por emprestar eficácia *erga omnes*, ou seja, para atingir todos, tal como ocorre no processo objetivo (ações de inconstitucionalidades, inclusive por omissão), o que se justifica pelas seguintes razões: i) evitar decisões contraditórias, afastando insegurança jurídica, e ii) economia processual e operacional, eis que por intermédio de uma só decisão se atinge a pretensão de várias pessoas que ingressariam com várias demandas, muitas delas individuais, para ter sua pretensão atendida.

Essa orientação nos leva a refletir por que o STF não adota igual posição com relação às decisões proferidas em ADO. Noutras palavras, como justificar tal decisão prolatada em demanda de natureza subjetiva (mandado de injunção), emprestando-lhe efeitos de ação objetiva, como o é a ADO, e simplesmente manter essa última demanda ineficaz? Essas indagações e outras reflexões sobre o tema serão realizadas no próximo capítulo, salientando, desde já, que numa análise perfunctória do problema da vida ora consignado, essa linha de raciocínio adotada pelo STF tende a nos levar a igual evolução em ADO. Porém, é precipitado, por hora, cravar tal afirmativa, na medida em que se trata de demandas que, apesar de terem o mesmo fim, possuem peculiaridades distintas.

CAPÍTULO 3

AÇÃO DIRETA DE INCONSTITUCIONALIDADE POR OMISSÃO

3.1 Generalidades

A experiência constitucional brasileira, ao longo dos anos, mostrou a inoperância na concretização de direitos, inclusive daqueles assegurados pelo texto constitucional. As constituições, segundo Luís Roberto Barroso, acabavam por "proclamar o que não era verdade e a prometer o que não seria cumprido. Boa parte da responsabilidade por essa disfunção pode ser creditada à omissão dos Poderes Públicos em dar cumprimento às normas constitucionais".[355] Em razão de tal ausência de efetividade das normas, sobretudo as constitucionais, o Constituinte de 1988 buscou arrostar esse problema da vida instituindo o mandado de injunção[356] como meio a tutelar direitos subjetivos diante de dada omissão que impossibilitasse a sua fruição, e a ação direta de inconstitucionalidade por omissão (ADO) como instrumento para combater abstratamente tal inércia.[357]

No que concerne à ADO, diz o art. 103, §2º, da Constituição de 1988:

> Declarada a inconstitucionalidade por omissão de medida para tornar efetiva norma constitucional, será dada ciência ao Poder competente para a adoção das providências necessárias e, em se tratando de órgão administrativo, para fazê-lo em trinta dias.

Gilmar Mendes e Paulo Gustavo Branco, discorrendo acerca da ação direta de inconstitucionalidade por omissão, afiançam que:

---

[355] BARROSO. *O controle de constitucionalidade no direito brasileiro*: exposição sistemática e análise crítica da jurisprudência, p. 270.

[356] Art. 5º. LXXI - conceder-se-á mandado de injunção sempre que a falta de norma regulamentadora torne inviável o exercício dos direitos e liberdades constitucionais e das prerrogativas inerentes à nacionalidade, à soberania e à cidadania;

[357] Cf. MENDES; BRANCO. *Curso de direito constitucional*, p. 1285.

Ela é fundamental sobretudo para a concretização da Constituição como um todo, isto é, para a realização do próprio Estado de Direito democrático, fundado na soberania, cidadania, na dignidade da pessoa humana, nos valores sociais do trabalho, da iniciativa privada e no pluralismo político, tal como estabelecido no art. 1º da Carta Magna.[358]

Destacam, ainda, os referidos juristas, que "muitas questões sobre a omissão inconstitucional continuam em aberto, ou parecem não ter encontrado, ainda, uma resposta adequada". E continuam em seus dizeres, salientando que "pode-se afirmar, com certa margem de segurança, que elas hão de continuar sem uma resposta satisfatória ainda por algum tempo!".[359] Javier Tajadura Tejada, por seu turno, pontua que

> Los dos argumentos fundamentales que, em mi opinión, cabe alegar en defesa de la admisión del instituto de la inconstitucionalidad por omisión son lós siguintes: el primero no es outro dogma sobre el cual se há construído todo el edifício del moderno estado constitucional, a saber, la supremacia constitucional, es decir, el caráter de norma suprema que la Constitución reviste en el derecho constitucional de nuestros dias; el segundo la funcíon transformadora de la sociedad de lós textos fundamentales del constitucionalismo social.[360]

O instituto em questão apresenta-se como instrumento apto a resolver abstratamente os problemas de omissão, tratando-se de processo objetivo de guarda do ordenamento constitucional com o cunho de solucionar "lacuna" ou insuficiente regulação de norma de índole constitucional.[361] Guilherme Peña de Moraes, por sua vez, afirma que a ação direta de inconstitucionalidade por omissão cuida-se de instrumento apto para provocar a jurisdição constitucional concentrada, com o escopo de tornar efetiva norma constitucional federal.[362]

Noutras palavras, a ADO tem por escopo a defesa da integralidade da vontade constitucional, a fim de declarar a mora do legislador e de que este supra a inércia e, por consequência, torne efetiva norma constitucional federal,[363] não se admitindo a desistência da demanda, consoante, aliás, dispõem os arts. 12-D[364] da Lei nº 9.868, e 169, §1º[365] do Regimento Interno

---

[358] MENDES; BRANCO. *Curso de direito constitucional*, p. 1285.

[359] MENDES; BRANCO. *Curso de direito constitucional*, p. 1285-1286.

[360] TEJADA. Reflexiones em torno a una figura polémica: la inconstitucionalidade por omisión. *In*: BAZÁN (Coord.). *Defensa de la Constitución*: garantismo y controles, p. 823.

[361] Cf. BARROSO. *O controle de constitucionalidade no direito brasileiro*: exposição sistemática e análise crítica da jurisprudência, p. 271.

[362] MORAES. *Curso de direito constitucional*, p. 250.

[363] Cf. MORAES. *Curso de direito constitucional*, p. 251.

[364] Art. 12-D. Proposta a ação direta de inconstitucionalidade por omissão, não se admitirá desistência.

[365] Art. 169. [...]. §1º Proposta a representação, não se admitirá desistência, ainda que afinal o Procurador-Geral se manifeste pela sua improcedência.

do STF. Dessa forma, e segundo os ensinamentos ora registrados, tem-se que a ADO é cabível, portanto, para a implementação de medida necessária para tornar efetivo o texto constitucional,[366] tendo como objeto norma estatuída na Constituição tida como de eficácia limitada, instituidora de princípio institutivo ou programático, que não foi regulamentada ou o foi de forma insuficiente. Nos casos de revogação da norma constitucional em que era omissa ou de sua regulamentação durante o processamento da ADO, deve-se extinguir a demanda.[367]

Barroso ressalta que a fiscalização das omissões constitucionais possui maior relevância nos sistemas em que a Constituição é compromissória e dirigente, sendo pois o caso da brasileira que, além de organizar e limitar o poder político, contemplou "direitos consubstanciados em prestações materiais exigíveis", impondo, outrossim, metas a serem atingidas. E finaliza o citado jurista pontuando que "não se deve acreditar na judicialização da política", entrementes "nos casos extremos, quando a inefetividade se instala, frustrando a supremacia da Constituição, cabe ao Judiciário suprir o déficit de legitimidade democrática da atuação do Legislativo".[368]

Teceremos, em seguida, considerações acerca da ADO e suas peculiaridades, buscando-se investigar, dentre outros aspectos, se o instituto vem cumprindo satisfatoriamente o seu papel constitucional.

3.2 Competência

O legislador dispensou tratamento à jurisdição constitucional abstrata como uma unidade, diferenciando-a especialmente quanto ao petitório, que pode ser a declaração de (in)constitucionalidade ou inconstitucionalidade por omissão. A competência para processar e julgar a ADO, assim como para as demais demandas que visam o controle de constitucionalidade abstrato em âmbito nacional, é da Suprema Corte, consoante à inteligência do art. 102, inc. I, alínea "a",[369] da vigente Constituição da República brasileira. Apesar do citado dispositivo não dispor expressamente acerca da competência para apreciar a ADO, isso "não impediu sua aplicação, baseada na já referida identidade substancial entre a ação direta por ação e por omissão".[370]

---

[366] Cf. MORAES. *Curso de direito constitucional*, p. 251.

[367] Cf. MORAES. *Curso de direito constitucional*, p. 251.

[368] BARROSO. *O controle de constitucionalidade no direito brasileiro*: exposição sistemática e análise crítica da jurisprudência, p. 272.

[369] Art. 102. Compete ao Supremo Tribunal Federal, precipuamente, a guarda da Constituição, cabendo-lhe: I – processar e julgar, originariamente: a) a ação direta de inconstitucionalidade de lei ou ato normativo federal ou estadual e a ação declaratória de constitucionalidade de lei ou ato normativo federal.

[370] BARROSO. *O controle de constitucionalidade no direito brasileiro*: exposição sistemática e análise crítica da jurisprudência, p. 276.

Clèmerson Merlin Clève, ao comentar dito instituto, nos ensina que "o §2º do art. 103 da Constituição, na verdade, elastece o conceito de inconstitucionalidade e o papel da jurisdição constitucional, ao atribuir ao Supremo Tribunal Federal competência para proferir novo tipo de provimento judicial".[371] Dirley da Cunha Júnior, após deixar assente que compete originariamente ao STF processar e julgar a ADO, salienta que essa atribuição para sanar a omissão pode atingir quaisquer dos entes federados e não apenas a União.[372] É digno de nota que com o advento da Lei nº 12.063, de 27 de outubro de 2009, acrescentou-se à Lei nº 9.868 de 1999 o capítulo II-A, destinado ao processo e julgamento da ADO, salientando Barroso que, em linhas gerais, a nova lei positivou as orientações jurisprudenciais firmadas pelo STF.[373]

A título de registro, apesar de não haver disposição expressa, admite-se a criação de ADO em sede estadual, o que se justifica ante a autonomia deferida aos Estados em matéria de auto-organização e autogoverno, bem como em razão da unicidade do fenômeno da inconstitucionalidade.[374] Aliás, sobre esse ponto, Victor Bazán afirma que:

> Por conducto de las *Constituciones estadales* en países de estructura federal, puden computarse los siguintes casos: - *Brasil*, donde existen disposiciones relativas al control de las omisiones inconstitucionales en las Constituciones de numerosos Estados, v. gr., Rio Grande do Sul (art. 95, inc. XII, letra 'd'), Rio de Janeiro (art. 162, §2), São Paulo (arts. 74, inc. VI y 90 §4) y Santa Catarina (art. 85, §3);[375]

Em nossa visão, deve-se, sim, admitir, por simetria constitucional, a criação de ADO no âmbito estadual, na medida em que as constituições estaduais possuem normas garantidoras de direitos que dependem de regulamentação, cuja inércia do legislador, portanto, deve, em muitos dos casos, ser superada. Ademais, outra razão para se admitir tal possibilidade advém da autonomia organizacional e governamental atribuída aos Estados federados. Enfim, e como dito alhures, compete ao Supremo Tribunal Federal apreciar a ação direta de inconstitucionalidade por omissão, podendo em nossa ótica o referido instituto ser criado em âmbito estadual, como, aliás, já o foi em alguns entes federados, conforme registrado por Victor Bazán.

Na sequência, teceremos considerações acerca da legitimidade atinente à ADO.

---

[371] CLÈVE. *A fiscalização abstrata da constitucionalidade*, p. 339.

[372] CUNHA JÚNIOR. *Controle judicial das omissões do poder público*: em busca de uma dogmática constitucional transformadora à luz do direito fundamental à efetivação da Constituição, p. 563.

[373] BARROSO. *O controle de constitucionalidade no direito brasileiro*: exposição sistemática e análise crítica da jurisprudência, p. 276.

[374] Cf. BARROSO. *O controle de constitucionalidade no direito brasileiro*: exposição sistemática e análise crítica da jurisprudência, p. 277.

[375] BAZÁN. Neoconstitucionalismo e inconstitucionalidad por omisión. *Revista Brasileira de Direito Constitucional – RBDC*, p. 287.

3.3 Legitimidade

Guilherme Peña ensina que os legitimados para ingressar com a ação direta de inconstitucionalidade por omissão estão taxativamente elencados no art. 103[376] da Constituição de 1988, no exercício da legitimação extraordinária.[377] Aliás, o art. 12-A[378] da Lei nº 12.063/2009 acabou por expressar tal legitimação, ao nos remeter ao citado dispositivo constitucional. Barroso ensina que a legitimidade ativa do Presidente da República, Mesas do Senado Federal e da Câmara dos Deputados, Procurador-Geral da República, Conselho Federal da Ordem dos Advogados do Brasil e partidos políticos com representação no Congresso Nacional "independe de demonstração de interesse jurídico próprio especificamente afetado pela omissão, como, aliás, é natural em se tratando de processo objetivo". Esses são os legitimados ativos universais.[379]

De outra banda, os demais legitimados, quais sejam, Mesa de Assembleia Legislativa, Governador de Estado e confederações sindicais ou entidades de classe de âmbito nacional, devem demonstrar "pertinência temática". Apesar de tal exigência afastar-se do "processo objetivo", a jurisprudência[380] do STF vem exigindo a comprovação de relação entre a omissão inconstitucional e as atribuições ou áreas de atuação.[381] Apesar de os órgãos legislativos (Mesas do Senado, da Câmara, de Assembleia ou Câmara Distrital) possuírem legitimidade para propor ADO, dificilmente ingressam com tal demanda, posto que, em regra, a omissão que culmina na propositura dessa ação é de responsabilidade deles.[382]

Barroso afiança que a legitimidade passiva recairá sobre a pessoa ou órgão responsável pela edição do ato exigido pelo texto constitucional

---

[376] Art. 103. Podem propor a ação direta de inconstitucionalidade e ação declaratória de constitucionalidade: I – o Presidente da República; II – a Mesa do Senado Federal; III – a Mesa da Câmara dos Deputados; IV – a Mesa de Assembléia Legislativa ou da Câmara Legislativa do Distrito Federal; V – o Governador de Estado ou do Distrito Federal; VI – o Procurador-Geral da República; VII – o Conselho Federal da Ordem dos Advogados do Brasil; VIII – partido político com representação no Congresso Nacional; IX – confederação sindical ou entidade de classe de âmbito nacional.

[377] MORAES. *Curso de direito constitucional*, p. 250-252.

[378] Art. 12-A. Podem propor a ação direta de inconstitucionalidade por omissão os legitimados à propositura da ação direta de inconstitucionalidade e a ação declaratória de constitucionalidade.

[379] BARROSO. *O controle de constitucionalidade no direito brasileiro*: exposição sistemática e análise crítica da jurisprudência, p. 279.

[380] A jurisprudência do STF erigiu o vínculo de pertinência temática à condição objetiva de requisito, qualificador da própria legitimidade ativa *ad causam* do Autor, somente naquelas hipóteses de ação direta ajuizada por confederações sindicais, por entidades de classe de âmbito nacional, por Mesas das Assembléias Legislativas estaduais ou da Câmara Legislativa do Distrito Federal e, finalmente, por Governadores dos Estados-membros e do Distrito Federal (STF, ADIn nº 1.096-RS, Rel. Min. Celso de Mello, *DJU*, 22 set. 1995).

[381] Cf. BARROSO. *O controle de constitucionalidade no direito brasileiro*: exposição sistemática e análise crítica da jurisprudência, p. 279.

[382] Cf. CUNHA JÚNIOR. *Controle judicial das omissões do poder público*: em busca de uma dogmática constitucional transformadora à luz do direito fundamental à efetivação da Constituição, p. 562.

e que se quedou inerte.[383] Na mesma linha, Dirley da Cunha Júnior afirma que a legitimidade passiva na ADO recai sobre os órgãos e autoridades omissas que devem elaborar a medida para fins de tornar efetiva norma constitucional, dizendo, ainda, que como se cuida de processo objetivo de controle de constitucionalidade, não há partes nem controvérsia.[384]

Com o devido respeito, cuidando-se de processo objetivo, não vislumbramos a existência de um legitimado passivo (parte)[385] em sua acepção restrita. Em nossa ótica, e partindo da premissa de que quando a Constituição impõe um fazer ela dirige sua determinação a certa pessoa jurídica ou órgão, justifica-se a oitiva do responsável em corrigir a omissão, até mesmo para que se amplie o horizonte do Tribunal para tomar sua decisão com maiores chances de acerto, e na devida medida, mas não como parte. Entender que seria ela "parte" poderia nos levar à conclusão de que, uma vez não indicado o sujeito passivo ou incluído pessoa errada, a demanda deveria ser extinta, sem resolução de mérito, com espeque no art. 267, inc. VI,[386] do CPC, o que não coaduna com o controle de constitucionalidade abstrato, já que esse, em resumo, objetiva a proteção do próprio ordenamento jurídico, a fim de mantê-lo claro e coerente.

Abordaremos, na sequência, o procedimento a ser seguido em ação direta de inconstitucionalidade por omissão.

3.4 Procedimento

O procedimento da ADO encontra-se disciplinado nos arts. 12-B a 12-H da Lei nº 9.868/1999, acrescidos pela Lei nº 12.063, de 2009, bem como pelos dispositivos 169 a 175 do Regimento Interno do Pretório Excelso. Em seguida, teceremos algumas considerações acerca do procedimento da ADO, abordando os seguintes pontos: i) petição inicial; ii) Despacho liminar; iii) Informações; iv) Necessidade de manifestação do Procurador-Geral da República e do Advogado-Geral da República; v) Possibilidade de dilação probatória, e vi) Quórum necessário para inauguração da sessão e

---

[383] BARROSO. *O controle de constitucionalidade no direito brasileiro*: exposição sistemática e análise crítica da jurisprudência, p. 279.

[384] CUNHA JÚNIOR. *Controle judicial das omissões do poder público*: em busca de uma dogmática constitucional transformadora à luz do direito fundamental à efetivação da constituição, p. 563.

[385] Segundo Ovídio Baptista, "parte, portanto, segundo este conceito, será aquele que pede (autor) para si alguma providência judicial, capaz de corresponder ao que Chiovenda denomina de 'bem da vida'; e aquele contra quem se pede esta providência (réu)" (*Curso de processo civil*, p. 187-188).
De acordo com Frederico Marques "partes são as pessoas que pedem e contra as quais se pede, em nome próprio, a tutela jurisdicional. Aquele que pede a tutela jurisdicional tem o nome de autor; e de réu aquele contra quem essa tutela é pedida" (*Manual de direito processual civil*, p. 339).

[386] Art. 267. Extingue-se o processo sem resolução de mérito: VI. quando não concorrer qualquer das condições da ação, como a possibilidade jurídica, a legitimidade das partes e o interesse processual;

CAPÍTULO 3
AÇÃO DIRETA DE INCONSTITUCIONALIDADE POR OMISSÃO | 113

deliberação. A medida liminar, a decisão final e os efeitos em sede de ADO serão examinados nos tópicos seguintes, em que pretendemos ser mais percucientes no trato de tais institutos.

A petição inicial, na ADO, deve indicar a norma constitucional de eficácia limitada consagradora de princípio institutivo ou programático que deveria ser regulamentada, bem como a inércia durante período de tempo razoável, sob pena de inépcia. Deve, outrossim, ser instruída com os documentos necessários para se provar a impugnação e com procuração, no caso de ser subscrita por advogado.[387] A propósito, nesse sentido é a redação do art. 12-B[388] da Lei nº 9.868/99.

Segundo a dicção do art. 12-C[389] da citada lei regulamentadora da ADO, o relator poderá indeferir liminarmente a petição inepta, não fundamentada ou manifestamente improcedente, cabendo o recurso de agravo dessa decisão. Guilherme Peña salienta que, em caso de despacho liminar positivo, competirá igualmente ao relator determinar o processamento da ação direta.[390]

Como dito alhures, a objetividade do processo não permite a desistência da ADO, sendo o art. 12-D[391] da Lei nº 9.868/99 expresso nesse sentido. De acordo com o art. 12-E da Lei nº 9.868, aplica-se, no que couber, ao procedimento da ADO, as disposições constantes na Seção I, do Capítulo II, da referida lei. E, assim, o art. 6º, parágrafo único,[392] da citada lei há de ser utilizado, posto que trata do prazo para a apresentação de informações, fixando-o em "trinta dias, contados do recebimento do pedido". Destarte, possui semelhante redação o art. 170, §2º,[393] do Regimento Interno do STF, o qual admite dispensa das informações no caso de urgência. Igualmente se afigura razoável admitir a aplicação do art. 7º, §2º, da Lei nº 9.868/99, segundo o qual o relator, considerando a relevância da matéria e a representatividade do postulante, pode, por despacho irrecorrível, aceitar a manifestação de outros órgãos ou entidades.

No tocante às informações na ADO, Guilherme Penã salienta que "embora não existam autoridades ou órgãos responsáveis pela produção de lei ou ato normativo impugnado cuja audiência possa ser requisita,

---

[387] Cf. MORAES. *Curso de direito constitucional*, p. 251.
[388] Art. 12-B. A petição indicará: I – a omissão inconstitucional total ou parcial quanto ao cumprimento de dever constitucional de legislar ou quanto à adoção de providência de índole administrativa; II – o pedido, com suas especificações.
[389] Art. 12-C. A petição inicial inepta, não fundamentada, e a manifestamente improcedente serão liminarmente indeferidas pelo relator.
Parágrafo único. Cabe agravo da decisão que indeferir a petição inicial.
[390] Cf. MORAES. *Curso de direito constitucional*, p. 253.
[391] Art. 12-D. Proposta a ação direta de inconstitucionalidade por omissão, não se admitirá desistência.
[392] Art. 6º. [...] Parágrafo único. As informações serão prestadas no prazo de trinta dias contado do recebimento do pedido.
[393] Art. 170. [...] §2º As informações serão prestadas no prazo de trinta dias, contados do recebimento do pedido, podendo ser dispensadas, em caso de urgência, pelo Relator, *ad referendum* do Tribunal.

pode ser prestadas por *amicus curiae*".[394] O mesmo raciocínio deve ser feito com relação ao art. 9º, §1º, da referida norma federal, de sorte que resta autorizada a designação de peritos ou a realização de audiência pública para a oitiva de pessoas com experiência e autoridade na matéria objeto de ADO. No que tange à oitiva do Advogado-Geral da União, o STF vinha entendendo pela desnecessidade de ouvi-lo no processo de ADO.[395] Entrementes, a Lei nº 9.868/99, em seu art. 12-E, §2º,[396] previu a possibilidade de o relator solicitar a manifestação do chefe da Advocacia Geral, devendo ocorrer, quando for o caso, após a apresentação das informações pela(s) autoridade(s) responsável(is) pela omissão, no prazo de quinze dias.

Guilherme Peña adverte que no caso de omissão inconstitucional absoluta não há participação do Advogado Geral da União (AGU), já que não há ato normativo cuja presunção de constitucionalidade deva ser tutelada. Logo, para o autor, o AGU só funcionará na ADO nos casos de omissão relativa, na qualidade de curador da presunção de constitucionalidade do ato normativo impugnado. Já o Procurador Geral da República atuará sempre na qualidade de órgão interveniente, ainda que o Ministério Público tenha ingressado com a demanda.[397]

Gilmar Ferreira Mendes e Paulo Gustavo Gonet Branco afirmam que o Procurador Geral da República será ouvido nas demandas em que não seja o autor, após as informações, no prazo de 15 (quinze) dias, o que se justifica "na medida em que apenas muito raramente o parecer do Procurador-Geral, quando for ele o autor da ação direta, será contrário à procedência do pedido formulado na inicial".[398] Nesse sentido, aliás, é a redação do art. 12-E, §3º,[399] da Lei nº 9.868/99.

Pensamos que, com as alterações legislativas introduzidas pela Lei nº 12.063/2009, a oitiva ou não do AGU passou a ser uma faculdade do

---

[394] MORAES. *Curso de direito constitucional*, p. 253.

[395] EMENTA: AÇÃO DIRETA DE INCONSTITUCIONALIDADE POR OMISSAO. CUMULAÇÃO DE PEDIDO: DECLARAÇÃO DE AUTO-APLICABILIDADE DE NORMA CONSTITUCIONAL. 1. Não é necessária a manifestação do Advogado Geral da União, art. 103, par. 3., da Constituição, em ação direta de inconstitucionalidade por omissão. Precedente. [...] (ADI nº 480, Relator(a): Min. Paulo Brossard, Tribunal Pleno, julgado em 13.10.1994, *DJ*, 25 nov. 1994).
A audiência do advogado-geral da União, prevista no art. 103, §3º, da CF de 1988, é necessária na ação direta de inconstitucionalidade, em tese, de norma legal, ou ato normativo (já existentes), que se manifestar sobre o ato ou texto impugnado. Não, porém, na ação direta de inconstitucionalidade, por omissão, prevista no §2º do mesmo dispositivo, pois nesta se pressupõe, exatamente, a inexistência de norma ou ato normativo (ADI nº 23-QO, Rel. Min. Sydney Sanches, julgamento em 04.08.1989).

[396] Art. 12-E. §2º O relator poderá solicitar a manifestação do Advogado-Geral da União, que deverá ser encaminhada no prazo de 15 (quinze) dias.

[397] MORAES. *Curso de direito constitucional*, p. 252-253.

[398] MENDES, BRANCO. *Curso de direito constitucional*, p. 1304.

[399] Art. 12-E. §3º. O Procurador-Geral da República, nas ações em que não for autor, terá vista do processo, por 15 (quinze) dias, após o decurso do prazo para informações.

CAPÍTULO 3
AÇÃO DIRETA DE INCONSTITUCIONALIDADE POR OMISSÃO | 115

relator, posto que a norma é explícita ao utilizar o vocábulo "poderá", cabendo a sua fala tanto na omissão total quanto na parcial, haja vista que a lei não excluiu uma delas. Já o PGR, quando não for autor da demanda, será obrigatoriamente ouvido, na medida em que a norma assim impõe ao se valer do imperativo "terá". Valendo-se da interpretação literal, a contrário senso, sendo o PGR autor da ação, não se exige a sua oitiva.

Entrementes, em nossa ótica, e dependendo da concretude do caso, pensamos que é possível, em tese, a sua fala ainda que seja o autor da demanda, ficando tal possibilidade a critério do relator. Pensemos, por exemplo, em uma ação em que o responsável pela edição do ato ou até mesmo o *amicus curiae*[400] admitido traz novos elementos, alguns deles estritamente técnicos, capazes de infirmar os argumentos trazidos na exordial, deixando o relator na dúvida de qual decisão tomar. Nesse caso, portanto, poderia o relator escutar novamente o PGR – podendo esse, em tese, até mesmo modificar diametralmente sua posição – a fim de formar sua convicção com maior segurança.

Sendo necessária a dilação probatória, em razão da necessidade de se apreciar de forma integrada elementos fáticos e jurídicos, o relator pode admitir a produção de provas técnicas, as quais, por lógico, poderão ser utilizadas quando do julgamento do pedido deduzido na inicial da ADO.[401] Ouvido o Procurador Geral da República, devem os autos do processo ser submetidos ao relator que, após concluída sua análise, lançará o relatório e pedirá dia para o julgamento.

O acórdão na ADO é prolatado na sessão de julgamento, demandando o *quórum* especial – oito ministros – para instalação, e de maioria absoluta para deliberação – seis votos –, podendo ser alcançados em sessões diferentes, sendo que a decisão de (im)procedência, conforme o art. 12-G[402] da Lei nº 9.868, "opera efeitos a partir de sua publicação, em seção especial do *Diário da Justiça* e do *Diário Oficial da União*, no prazo de dez dias após o trânsito em julgado da decisão de mérito".[403]

Feitas tais considerações, passemos a discorrer acerca da medida liminar em ação direta de inconstitucionalidade por omissão.

---

[400] Sobre *amicus curiae*, ver trabalho do professor Cássio Scarpinella Bueno, intitulado Amicus curiae *no processo civil brasileiro: um terceiro enigmático*.

[401] Cf. MORAES. *Curso de direito constitucional*, p. 254.

[402] Art. 12-G. Concedida a medida cautelar, o Supremo Tribunal Federal fará publicar, em seção especial do Diário Oficial da União e do Diário da Justiça da União, a parte dispositiva da decisão no prazo de 10 (dez) dias, devendo solicitar as informações à autoridade ou ao órgão responsável pela omissão inconstitucional, observando-se, no que couber, o procedimento estabelecido na Seção I do Capítulo II desta Lei.

[403] MORAES. *Curso de direito constitucional*, p. 254.

3.5 Medida liminar

Gilmar Ferreira Mendes nos ensina que o STF tem entendido não ser cabível cautelar em ADO, haja vista que a decisão final autoriza o Tribunal apenas a dar ciência ao órgão responsável pela omissão para que adote as providências cabíveis objetivando superar a omissão inconstitucional.[404] Tal orientação, a propósito, iniciou-se, segundo pesquisa realizada no *site*/sítio da Suprema Corte, quando do julgamento da ADI nº 267, oportunidade em que se firmou entendimento no sentido de que

> a suspensão liminar de eficácia de atos normativos, questionados em sede de controle concentrado, não se revela compatível com a natureza e a finalidade da ação direta de inconstitucionalidade por omissão, eis que, nesta, a única conseqüência político-jurídica possível traduz-se na mera comunicação formal, ao órgão estatal inadimplente, de que está em mora constitucional.

Já na ADI nº 1.458, o Pretório Excelso deixou assente que:

> Não assiste ao Supremo Tribunal Federal, contudo, em face dos próprios limites fixados pela Carta Política em tema de inconstitucionalidade por omissão (CF, art. 103, §2º), a prerrogativa de expedir provimentos normativos com o objetivo de suprir a inatividade do órgão legislativo inadimplente.

Com o advento da Lei nº 12.063/09, que inseriu o art. 12-F[405] à Lei nº 9.868/99, houve percuciente evolução do tema. Isso porque, a partir de tal alteração legislativa, é possível a concessão de cautelar em sede de ADO, em caso de excepcional urgência e relevância da matéria, podendo a medida implicar a suspensão da aplicação do ato normativo, no caso de omissão relativa, como ainda suspensão dos processos judiciais ou procedimentos administrativos, além de outra providência a ser fixada pelo STF.

---

[404] MENDES. *Controle abstrato de constitucionalidade*: ADI, ADC e ADO: comentários à Lei nº 9.868/99, p. 411-412.

[405] Art. 12-F. Em caso de excepcional urgência e relevância da matéria, o Tribunal, por decisão da maioria absoluta de seus membros, observado o disposto no art. 22, poderá conceder medida cautelar, após a audiência dos órgãos ou autoridades responsáveis pela omissão inconstitucional, que deverão pronunciar-se no prazo de 5 (cinco) dias.
§1º A medida cautelar poderá consistir na suspensão da aplicação da lei ou do ato normativo questionado, no caso de omissão parcial, bem como na suspensão de processos judiciais ou de procedimentos administrativos, ou ainda em outra providência a ser fixada pelo Tribunal.
§2º O relator, julgando indispensável, ouvirá o Procurador-Geral da República, no prazo de 3 (três) dias.
§3º No julgamento do pedido de medida cautelar, será facultada sustentação oral aos representantes judiciais do requerente e das autoridades ou órgãos responsáveis pela omissão inconstitucional, na forma estabelecida no Regimento do Tribunal.

CAPÍTULO 3
AÇÃO DIRETA DE INCONSTITUCIONALIDADE POR OMISSÃO | 117

Barroso afiança que "essa última previsão, de conteúdo aberto, parece abrir caminho para eventuais decisões de conteúdo aditivo, não apenas em sede de liminar, mas também nos provimentos finais".[406] A prevalecer tal entendimento, ter-se-á uma mutação na ADPF, na medida em que, como dito alhures, o STF vem admitindo a sua propositura para cuidar da omissão inconstitucional parcial. Em alguns casos, o sobrestamento da norma, em sede cautelar, acarretará igual providência dos processos judiciais ou administrativos que dependem daquela espécie normativa. Destaca-se, ademais, que em alguns casos a dita cautelar, em verdade, terá cunho de tutela antecipada em relação à decisão meritória.[407]

Examinando a dicção do art. 12-F da citada lei federal, somos por concordar com os professores Barroso e Mendes. Visto que, se, por um lado, contempla-se a concessão de medida acautelatória ao se admitir o sobrestamento do ato – no caso de omissão parcial – e também a suspensão de processos judiciais ou administrativos, de outro, o legislador não só quis como foi além, admitindo inclusive o deferimento de antecipação dos efeitos da tutela ao positivar na parte final de dito dispositivo legal "cláusula aberta" que permite ao STF adotar providência que entenda adequada para o caso concreto.

Em suma, a complexidade das questões atinentes à omissão inconstitucional e à necessidade de se dar uma resposta urgente a determinadas situações justifica a fórmula genérica contemplada pelo legislador, confiando ao STF a solução de tais questões. Salienta-se, ainda, que o relator, além de poder ouvir o PGR no prazo de três dias, poderia, em tese, escutar o AGU, assegurando o direito de sustentação oral aos representantes judiciais do requerente e responsável pela edição do ato ou pela completa confecção deste (omissão relativa), no prazo de quinze minutos, concedendo-se igual direito ao PGR, e ao *amicus curie*, caso admitido.[408] Consoante à inteligência do art. 12-G[409] da Lei nº 9.868/99, concedida a medida cautelar, o STF deve publicar sua parte dispositiva no prazo de dez dias, devendo solicitar informações à autoridade ou ao órgão responsável pela omissão.

Por fim, Gilmar Mendes observa que a duplicidade do pedido de informações para a cautelar e para a decisão definitiva pode levar o relator

---

[406] BARROSO. *O controle de constitucionalidade no direito brasileiro*: exposição sistemática e análise crítica da jurisprudência, p. 286.

[407] Cf. MENDES. *Controle abstrato de constitucionalidade*: ADI, ADC e ADO: comentários à Lei nº 9.868/99, p. 413.

[408] Cf. MENDES. *Controle abstrato de constitucionalidade*: ADI, ADC e ADO: comentários à Lei nº 9.868/99, p. 414.

[409] Art.12-G. Concedida a medida cautelar, o Supremo Tribunal Federal fará publicar, em seção especial do Diário Oficial da União e do Diário da Justiça da União, a parte dispositiva da decisão no prazo de 10 (dez) dias, devendo solicitar as informações à autoridade ou ao órgão responsável pela omissão inconstitucional, observando-se, no que couber, o procedimento estabelecido na Seção I do Capítulo II desta Lei.

a dispensar as informações no segundo momento, caso considere que as já prestadas para fins de análise da medida de urgência sejam suficientes para o deslinde meritório da ação.[410] Na sequência faremos apontamos acerca do "ativismo judicial".

3.6 Apontamentos sobre o "ativismo judicial"

Tratar do dito "ativismo judicial", a nosso ver, remete-nos primeiramente à interpretação, a qual significa "penetrar os pensamentos, inspirações e linguagem de outras pessoas com vistas a compreendê-los e – no caso do juiz, não menos que no da musicista, por exemplo, reproduzi-los, 'aplicá-los', e 'realizá-los' em novo e diverso contexto, de tempo e lugar".[411]

Segundo o escólio de Peter Häberle, interpretar um ato normativo significa colocá-lo no tempo, ou, ainda, integrá-lo na realidade pública.[412] Mauro Cappelletti adverte que a atividade interpretativa possui certo grau de discricionariedade e criatividade, as quais são inerentes a toda interpretação, porém não de forma absolutamente livre.[413] Luís Roberto Barroso anota, em linhas gerais, que não se deve buscar a vontade do legislador histórico, mas, sim, a vontade autônoma que emana da norma. O mais importante não é a conjuntura na qual a espécie normativa foi concebida, mas a *ratio legis*, o fundamento racional que a acompanha ao longo de toda a sua vigência". Eis o fundamento do que denomina "interpretação evolutiva".[414]

---

[410] MENDES. *Controle abstrato de constitucionalidade*: ADI, ADC e ADO: comentários à Lei nº 9.868/99, p. 414.

[411] CAPPELLETTI. *Juízes legisladores?* , p. 21.
Paolo Barile, Enzo Cheli e Stefano Grassi ensinam que "interpretare la norma significa identificare l'esatta volontà del legislatore" (*Instituzioni di diritto pubblico*, p. 38).

[412] HÄBERLE. *Hermenêutica constitucional*: a sociedade aberta dos intérpretes da Constituição: contribuição para a interpretação pluralista e "procedimental" da Constituição, p. 14.

[413] CAPPELLETTI. *Juízes Legisladores?*, p. 21.

[414] BARROSO. *Interpretação e aplicação da Constituição*: fundamentos de uma dogmática constitucional transformadora, p. 151.
Luís Roberto Barroso cita, como exemplo de aplicação evolutiva da Lei Fundamental, por intermédio de interpretação criativa dos tribunais, a "chamada *doutrina brasileira do 'habeas corpus'*, consubstanciada na extensão do instituto a outras situações de ilegalidade e abuso de poder que não aquelas relativas à liberdade de locomoção" (Interpretação e aplicação da Constituição: *fundamentos de uma dogmática constitucional transformadora*, p. 151).
Outro exemplo de interpretação evolutiva é o precedente abaixo selecionado da jurisprudência do Tribunal de Justiça do Estado do Rio Grande do Sul. Confira-se:
Ementa: CASA DE PROSTITUIÇÃO. FAVORECIMENTO DA PROSTITUIÇÃO. ATIPICIDADE. Os delitos de 'casa de prostituição' e de 'favorecimento da prostituição', este quando não envolve menores, são condutas atípicas por força da adequação social. À sociedade civil é reconhecida a prerrogativa de descriminalização do tipo penal configurado pelo legislador. A eficácia da norma penal nos casos de casa de prostituição mostra-se prejudicada em razão do anacronismo histórico, ou seja, a manutenção da penalização em nada contribui para o fortalecimento do Estado Democrático de Direito, e somente resulta num tratamento hipócrita diante da prostituição institucionalizada com rótulos como 'acompanhantes', 'massagistas', motéis, etc, que, ainda que

CAPÍTULO 3
AÇÃO DIRETA DE INCONSTITUCIONALIDADE POR OMISSÃO | 119

Nesse passo, as normas devem ser interpretadas levando-se em consideração a realidade em que estão inseridas, tendo novos contornos e/ou sentidos/significados. Temos que a atividade exegética para a ciência do Direito reclama uma relação dialética em que o intérprete/aplicador busca o sentido de um texto normativo. Falo, portanto, da possibilidade legítima de mutação por intermédio de vias interpretativas, no caso, através da interpretação evolutiva. Tal interpretação tem por escopo atribuir novo(s) conteúdo(s) à norma constitucional, sem, todavia, alterar a sua literalidade, o que se justifica em razão de mudanças históricas ou mesmo fatores políticos e sociais que não foram pensados pelo Constituinte.[415]

É, pois, natural que a interpretação seja criativa. Daí porque "falar-se no exercício da jurisdição como atividade criadora, diante do exposto, não mais causa polêmica".[416] Nessa esteira, aliás, Lord Radcliffe, na convenção anual da *Law Society*, em 1964, deixou assente que "jamais houve controvérsia mais estéril do que a concernente à questão de se o juiz é criador do direito. É obvio que é. Como poderia não sê-lo?"[417] A criatividade do julgador, em nossa ótica, tem por escopo a construção da normatividade, a fim de se levar a efeito o processo de concretização.

Dentro dessa percepção, a interpretação extensiva, isto é, aquela que elastece o sentido da norma, ultrapassando, portanto, a sua literalidade, busca propiciar tal concretização/efetividade.[418] Barroso, por seu turno, adverte que a doutrina busca catalogar as hipóteses de interpretação restritiva e extensiva. Observa que há certo consenso de que a primeira alcança "as normas gerais, as que estabelecem benefícios, as punitivas em geral e as de natureza fiscal. Comportam interpretação extensiva as normas que asseguram direitos, estabelecem garantias e fixam prazos".[419] Nesse diapasão, sendo, portanto, a ação direta de inconstitucionalidade por omissão uma garantia constitucional, justifica-se que se empreste interpretação extensiva ou mesmo "evolutiva" ao instituto, objetivando extrair dele os efeitos que se esperam, notadamente que, de fato, seja instrumento capaz de garantir a efetivação de direitos em razão de omissão inconstitucional.

---

extremamente publicizada, não sofre qualquer reprimenda do poder estatal, em razão de tal conduta, já há muito, tolerada, com grande sofisticação, e divulgada diariamente pelos meios de comunicação, não é crime, bem assim não será as de origem mais modesta. Recurso improvido (Apelação Crime nº 70023513120, Quinta Câmara Criminal, Tribunal de Justiça do RS, Relator: Aramis Nassif, Julgado em 07.05.2008).

[415] Cf. FERRAZ. *Processos informais de mudança da Constituição*, p. 45.

[416] RAMOS. *Ativismo judicial*: parâmetros dogmáticos, p. 83.

[417] RADCHLIFFE, Lord *apud* CAPPELLETTI. *Juízes Legisladores?*, p. 25, nota 24.

[418] Inocêncio Mártires Coelho leciona que "estreitamente vinculado ao princípio da força normativa da Constituição, em relação ao qual configura um subprincípio, o cânone hermenêutico da *máxima efetividade* orienta os aplicadores da Lei Maior para que interpretem as suas normas em ordem a otimizar-lhes a eficácia [...]" (*Interpretação constitucional*, p. 166).

[419] BARROSO. *Interpretação e aplicação da constituição*: fundamentos de uma dogmática constitucional transformadora, p. 126.

O ativismo judicial, seguindo de certa forma essa linha de pensamento, tem por escopo "chamar a atenção dos magistrados e autolegitimá-los para a participação efetiva no controle de constitucionalidade", buscando fazer valer os anseios do texto constitucional, bem como tutelar os valores de relevância social, posicionando-se pela "necessidade em face de potencial ação ou omissão danosa do processo político majoritário". Em suma, tal atividade acaba por "ampliar a consciência de força dos Tribunais no controle dos demais poderes, via hermenêutica constitucional. Essa posição é legítima, na medida em que o sistema jurídico outorga ao Supremo Tribunal Federal o papel de guardião da Constituição".[420]

Destaca-se, ainda, que deflui do próprio princípio da proteção judicial efetiva (art. 5º, inc. XXXV,[421] da Constituição de 1988) que o Poder Judiciário possui vários instrumentos para levar a cabo o ativismo judicial. A propósito, Gilmar Ferreira Mendes leciona que:

> Conceberam-se novas garantias judiciais de proteção da ordem constitucional objetiva e do sistema de direitos subjetivos, a exemplo da ação direta de inconstitucionalidade, da ação declaratória de constitucionalidade, da ação direta de inconstitucionalidade por omissão, do mandado de injunção, do habeas data e do mandado de segurança coletivo.[422]

Impõe consignar que o STF, quando da apreciação da ADPF nº 45/DF,[423] manifestou-se favorável ao "ativismo judicial", ainda que

---

[420] MONTEIRO. Ativismo judicial: um caminho para concretização dos direitos fundamentais. *In*: AMARAL JÚNIOR. *Estado de direito e ativismo judicial*, p. 163-164.

[421] Artigo 5º. XXXV. a lei não excluirá da apreciação do Poder Judiciário lesão ou ameaça a direito.

[422] MENDES; COELHO; BRANCO. *Curso de direito constitucional*, p. 883.

[423] É certo que não se inclui, ordinariamente, no âmbito das funções institucionais do Poder Judiciário – e nas desta Suprema Corte, em especial – a atribuição de formular e de implementar políticas públicas (ANDRADE. *Os direitos fundamentais na Constituição portuguesa de 1976*, p. 207, item n. 05), pois, nesse domínio, o encargo reside, primariamente, nos Poderes Legislativo e Executivo. Tal incumbência, no entanto, embora em bases excepcionais, poderá atribuir-se ao Poder Judiciário, se e quando os órgãos estatais competentes, por descumprirem os encargos político-jurídicos que sobre eles incidem, vierem a comprometer, com tal comportamento, a eficácia e a integridade de direitos individuais e/ou coletivos impregnados de estatura constitucional, ainda que derivados de cláusulas revestidas de conteúdo programático. Cabe assinalar, presente esse contexto – consoante já proclamou esta Suprema Corte – que o caráter programático das regras inscritas no texto da Carta Política "não pode converter-se em promessa constitucional inconseqüente, sob pena de o Poder Público, fraudando justas expectativas nele depositadas pela coletividade, substituir, de maneira ilegítima, o cumprimento de seu impostergável dever, por um gesto irresponsável de infidelidade governamental ao que determina a própria Lei Fundamental do Estado" (STF, ADPF nº 45, Min. Rel. Celso de Mello. Julgado em 29 de abril de 2004. Notícia veiculada pelo Informativo nº 345/2004). Registra-se, por oportuno, o seguinte aresto emanado do corpo da decisão da ADPF nº 45: DESRESPEITO À CONSTITUIÇÃO - MODALIDADES DE COMPORTAMENTOS INCONSTITUCIONAIS DO PODER PÚBLICO. O desrespeito à Constituição tanto pode ocorrer mediante ação estatal quanto mediante inércia governamental. A situação de inconstitucionalidade pode derivar de um comportamento ativo do Poder Público, que age ou edita normas em desacordo com o que dispõe a Constituição, ofendendo-lhe, assim, os preceitos e os princípios que nela se

CAPÍTULO 3
AÇÃO DIRETA DE INCONSTITUCIONALIDADE POR OMISSÃO

121

excepcionalmente, quando os outros poderes não cumprem seus encargos político-jurídicos, comprometendo, com tal postura, a eficácia e a integralidade dos direitos constitucionalmente assegurados, repudiando, ademais, que a Constituição vire apenas um documento com promessas não cumpridas por aqueles que as deveriam executar. Preocupação e ao mesmo tempo uma das principais críticas que se faz ao "ativismo judicial" é que tal atuação violaria, em tese, o princípio da "separação" (divisão) de poderes.

O princípio da divisão dos poderes[424] envolve uma articulação entre os órgãos e as funções do Estado. O ativismo judicial permite que se ultrapassem as "linhas demarcatórias da função jurisdicional, em detrimento principalmente da função legislativa, mas, também, da função administrativa e, até mesmo, da função de governo", descaracterizando a função típica do Judiciário, "com incursão insidiosa sobre o *núcleo essencial* de funções constitucionalmente atribuídas a outros Poderes".[425]

A função jurisdicional caracteriza-se como instrumento para a atuação do direito objetivo. Eis que, ao criá-la, o Estado objetivou justamente garantir que as regras de direito material constantes do ordenamento jurídico sejam efetivadas, isto é, que se obtenham os resultados práticos assegurados pelo direito substancial garantindo, assim, a pacificação social. Esta última, aliás, deve albergar tanto o contencioso subjetivo quanto o objetivo, "muito embora no controle abstrato de normas esse objetivo seja atingido, indiretamente, fora dos limites estritos do processo (que não compõe lide

---

acham consignados. Essa conduta estatal, que importa em um facere (atuação positiva), gera a inconstitucionalidade por ação. Se o Estado deixar de adotar as medidas necessárias à realização concreta dos preceitos da Constituição, em ordem a torná-los efetivos, operantes e exeqüíveis, abstendo-se, em conseqüência, de cumprir o dever de prestação que a Constituição lhe impôs, incidirá em violação negativa do texto constitucional. Desse non facere ou non praestare, resultará a inconstitucionalidade por omissão, que pode ser total, quando é nenhuma a providência adotada, ou parcial, quando é insuficiente a medida efetivada pelo Poder Público. A omissão do Estado – que deixa de cumprir, em maior ou em menor extensão, a imposição ditada pelo texto constitucional – qualifica-se como comportamento revestido da maior gravidade político-jurídica, eis que, mediante inércia, o Poder Público também desrespeita a Constituição, também ofende direitos que nela se fundam e também impede, por ausência de medidas concretizadoras, a própria aplicabilidade dos postulados e princípios da Lei Fundamental (RTJ nº 185/794-796, Rel. Min. Celso de Mello, Pleno).

[424] Segundo o professor Anderson Sant'ana Pedra, "o conceito de separação de poderes é histórico. A separação de poderes não é um fim em si mesma, mas um meio e instrumento de realização de valores essenciais de convivência humana, que se traduzem basicamente nos direitos fundamentais do homem. A separação de poderes não é mero conceito político, abstrato e estático, mas sim um processo de afirmação do povo, de garantia e de plena eficácia dos direitos fundamentais que o povo foi e vai conquistando no decorrer da história, variando de maneira considerável as posições doutrinárias acerca do que se há de entender por separação de poderes" (O tribunal constitucional e o exercício da função legislativa *strito sensu* para a efetivação dos direitos fundamentais em decorrência de uma omissão legislativa inconstitucional. *Revista de Direitos e Garantias Fundamentais*, p. 225-226.

[425] RAMOS. *Ativismo judicial*: parâmetros dogmáticos, p. 116-117.

alguma), dada a ampla eficácia subjetiva da decisão nele proferida".[426] Ressalta-se, por oportuno, que a ideia de "Tribunal Constitucional"[427] – órgão constitucional de soberania – e as funções que este assume – defender e efetivar a Constituição – não mais permitem manter a estrutura clássica da tripartição de "poderes", na medida em que dito órgão possui funções diversas da originária (capacidades, como a legislativa e a de governo).[428] André Ramos Tavares, ao tecer comentários acerca da atribuição de uma mesma função para diversos "poderes", pontua que

> Outra importante decorrência do modelo de Justiça Constitucional e o exercício, pelo Tribunal, de funções como a de controle, legislativa, governativa, dentre outras, indica um desmembramento da própria unidade da função. Assim, enquanto a função legislativa concebia-se como exercida em sua integralidade (com raríssimas e excepcionais ressalvas) pelo Parlamento, ocorre, desde o marco do Tribunal Constitucional, uma "divisão interna" da própria função, que, agora, passa a ser exercida, em caráter principal, por mais de uma instância orgânica. Assim, há um compartilhamento de funções por mais de um órgão constitucional. Supera-se, portanto, a idéia de que cada função estatal corresponda a um único órgão ou de que haja concentração de cada função em termos orgânicos.[429]

---

[426] RAMOS. *Ativismo judicial*: parâmetros dogmáticos, p. 117-118.

[427] Segundo as lições de Anderson Sant'ana Pedra, "paralelamente ao controle de constitucionalidade das leis, os Tribunais Constitucionais assumiram e vêm desenvolvendo outras relevantes funções constitucionais, podendo-se elencar as seguintes categorias funcionais fundamentais (estruturais ou próprias): *a*) interpretativa; *b*) estruturante; *c*) arbitral; *d*) governativa; *e*) legislativa *stricto sensu*, e, *f*) comunitarista, não sendo demais afirmar que tais funções não são excludentes, de modo que, em uma mesma decisão, podem ser manifestadas mais de uma dessas funções" (O tribunal constitucional e o exercício da função legislativa *strito sensu* para a efetivação dos direitos fundamentais em decorrência de uma omissão legislativa inconstitucional. *Revista de Direitos e Garantias Fundamentais*, p. 238.

[428] Cf. TAVARES. *Teoria da justiça constitucional*, p. 174-175.
Anderson Sant'ana Pedra, tecendo considerações acerca da "função legislativa", leciona que ela "pode ser empregada quando outro órgão estatal, que não o Legislativo, edita enunciados normativos gerais (generalidade pelo destinatário – em oposição à individualidade) e abstratos – em oposição ao concreto –, ou seja, com alcance erga omnes. A função legislativa *stricto sensu* pode se manifestar por diversas espécies, destacando: a) competência para elaborar leis; b) controle preventivo da constitucionalidade; c) controle das omissões legislativas inconstitucionais; d) decisões aditivas, redutoras e substitutivas; e) elaboração de seu regimento interno; f) interpretação conforme; g) declaração de nulidade sem redução de texto, e, h) decisões transitivas" (O tribunal constitucional e o exercício da função legislativa *strito sensu* para a efetivação dos direitos fundamentais em decorrência de uma omissão legislativa inconstitucional. *Revista de Direitos e Garantias Fundamentais*, p. 239.

[429] TAVARES. *Teoria da justiça constitucional*, p. 176.
Preleciona Anderson Sant'ana Pedra que "[...] a função legislativa *stricto sensu*, exercida no controle das omissões legislativas inconstitucionais, ocorre quando o Tribunal Constitucional desempenha, temporariamente, função legislativa, a fim de suprir uma lacuna legislativa deixada pelo legislador (de qualquer órgão estatal – Legislativo, Executivo, *v.g.*), e que seja ofensiva à plena eficácia de um direito fundamental, até que esse legislador saia da inércia e exerça a competência da qual é titular" (O tribunal constitucional e o exercício da função legislativa *strito sensu* para a efetivação dos direitos fundamentais em decorrência de uma omissão legislativa inconstitucional. *Revista de Direitos e Garantias Fundamentais*, p. 239).

CAPÍTULO 3
AÇÃO DIRETA DE INCONSTITUCIONALIDADE POR OMISSÃO | 123

O referido autor observa também que o Tribunal Constitucional, no exercício de suas funções, exerce um "controle" sobre os demais poderes, possuindo superioridade sobre eles, a qual deriva do dito "controle". Tal supremacia decorreria da própria vontade do povo expressa no texto constitucional.[430] Em nossa ótica, o ativismo judicial acabou por romper o sistema estanque de tripartição de poderes, dando ensejo a um novo modelo institucional, concedendo-se poderes ao Judiciário, que passa a gozar de maior *status* político e social. Passa-se, assim, a haver a migração de discussões do Legislativo para o Judiciário, o qual torna-se mais atuante.

Clèmerson Merlin Clève, após observar que Montesquieu criou para sua época um sistema de equilíbrio de poder, o qual necessariamente não corresponde a um sistema de equilíbrio entre os poderes, pontua que "a missão atual dos juristas é a de adaptar a ideia de Montesquieu à realidade constitucional de nosso tempo".[431] Evocando-se as palavras de José Ribas Vieira,

> O problema advindo de tal mudança não se funda, contudo, apenas no rompimento da divisão de Poderes ora estabelecida por Montesquieu, mas sim na modalidade de ativismo a que se vinculam os magistrados. Isto porque a atuação do juiz ao interpretar a norma pode implicar na retirada dos poderes originários do Legislativo e, portanto, representativos do sistema democrático, fazendo nascer o juiz-legislador.[432]

Assim, não há mais espaço para uma "separação" (divisão) de poderes rígida, necessitando tal cláusula de uma transformação, até mesmo porque uma "separação" rígida só "fortalece" os poderes (órgãos), e, não, o ator principal da Constituição (o cidadão), devendo, portanto, referida cláusula ser concebida como instituto protetivo do cidadão, permitindo que o Estado cumpra melhor suas finalidades. Logo, a escorreita formulação da divisão de poderes nos permite afirmar que a um poder pode, licitamente, exercer qualquer direito ou faculdade, desde que a Constituição permita.[433]

Registre-se, por oportuno, que Mauro Cappelletti aponta certos limites processuais e substanciais à liberdade judicial. Aqueles envolveriam a "natureza do processo judiciário", ao passo que estes variam de acordo com a época e a sociedade, podendo-se citar, como exemplo, os precedentes judiciários, códigos, decisões de assembleias etc.[434] Sandro Ballande Romanelli

---

[430] Cf. TAVARES. *Teoria da justiça constitucional*, p. 179-180.

[431] CLÈVE. *Atividade legislativa do Poder Executivo*, p. 44.

[432] VIEIRA. O Supremo Tribunal Federal em tempos de mudança: parâmetros explicativos. *In*: MACHADO; CATTONI (Coord.). *Constituição e processo*: entre o direito e a política, p. 183.

[433] Cf. PEDRA. O tribunal constitucional e o exercício da função legislativa *strito sensu* para a efetivação dos direitos fundamentais em decorrência de uma omissão legislativa inconstitucional. *Revista de Direitos e Garantias Fundamentais*, p. 227, 241.

[434] Cf. CAPPELLETTI. *Juízes Legisladores?*, p. 24.

comenta que "com relação aos limites da atuação do Judiciário, não há resposta definitiva ou estrutura atual que garanta sua contenção em termos de políticas públicas. No entanto, ainda assim o Judiciário desempenha um papel importante ao fornecer um espaço para o embate democrático".[435]

Noutro giro, de acordo com as lições de Mauro Cappelletti, a diferença de jurisdição e legislação é de quantidade, na medida em que "o legislador se depara com limites substanciais menos frequentes e menos precisos que aqueles com os quais, em regra, se depara o juiz", salientando, ainda, que a criatividade do legislador pode ser quantitativamente diferente da do julgador, mas não qualitativamente. Isso explica porque os juízes também podem e devem determinar positivamente o conteúdo da norma. A propósito, o citado jurista afirma que "do ponto de vista substancial, portanto, não é diversa a 'natureza' dos dois processos, o legislativo e o jurisdicional. *Ambos constituem processos de criação do direito*".[436] Anderson Sant'ana Pedra, por sua vez, pontua que a diferença entre a função legislativa realizada pelo Legislativo e o Tribunal Constitucional é de que "aquele produz enunciados normativos para regular a vida em sociedade com uma maior liberdade de atuação", ao passo que o Tribunal Constitucional, quando edita enunciados normativos, o faz apenas para tonar efetivo o texto constitucional.[437] Sandro Ballande Romanelli defende que são benéficos os efeitos da judicialização da política, quando coerentes com os valores constitucionais, de sorte a garantir a manutenção dos pré-compromissos estabelecidos no texto constitucional, dizendo, ainda, que o Judiciário poderá servir de espaço legítimo para o exercício democrático, representando a vontade das minorias sem acesso às estruturas políticas, desde que possuam participação ativa no debate e influência argumentativa sobre o decisório.[438]

Pensamos que o ativismo judicial se dá não só em razão da ineficiência do Legislativo no desempenhar de sua atividade típica, mas também pelas exigências fundamentais da sociedade moderna, tais como econômicas, políticas, constitucionais e sociais. Ademais, a própria criação de um "Tribunal Constitucional" acaba por romper a estrutura clássica de tripartição de poderes, até mesmo porque possui, dentre suas funções, a de garantir que as regras de direito material sejam efetivadas, sobretudo as de estatura

---

[435] ROMANELLI. A atividade política da jurisdição constitucional brasileira: algumas dimensões. *In*: CLÈVE (Coord.). *Constituição, democracia e justiça*: aportes para um constitucionalismo igualitário, p. 51.

[436] CAPPELLETTI. *Juízes Legisladores?*, p. 26-27.

[437] Cf. PEDRA. O tribunal constitucional e o exercício da função legislativa *strito sensu* para a efetivação dos direitos fundamentais em decorrência de uma omissão legislativa inconstitucional. *Revista de Direitos e Garantias Fundamentais*, p. 243.

[438] Cf. ROMANELLI. A atividade política da jurisdição constitucional brasileira: algumas dimensões. *In*: CLÈVE (Coord.). *Constituição, democracia e justiça*: aportes para um constitucionalismo igualitário.

CAPÍTULO 3
AÇÃO DIRETA DE INCONSTITUCIONALIDADE POR OMISSÃO | 125

constitucional. Saliente-se, outrossim, que quando o STF confecciona, por exemplo, uma súmula vinculante,[439] nada mais faz do que, valendo-se da interpretação, editar uma regra geral e abstrata, atuando com competência legislativa. Igualmente ocorreu quando o Conselho Nacional de Justiça (CNJ) editou, por exemplo, a Resolução nº 07/2005[440] dispondo sobre o nepotismo

---

[439] Art. 103-A. O Supremo Tribunal Federal poderá, de ofício ou por provocação, mediante decisão de dois terços dos seus membros, após reiteradas decisões sobre matéria constitucional, aprovar súmula que, a partir de sua publicação na imprensa oficial, terá efeito vinculante em relação aos demais órgãos do Poder Judiciário e à administração pública direta e indireta, nas esferas federal, estadual e municipal, bem como proceder à sua revisão ou cancelamento, na forma estabelecida em lei.
Cita-se a título de exemplo as seguintes súmulas vinculantes:
Súmula vinculante nº 11 do STF. Só é lícito o uso de algemas em casos de resistência e de fundado receio de fuga ou de perigo à integridade física própria ou alheia, por parte do preso ou de terceiros, justificada a excepcionalidade por escrito, sob pena de responsabilidade disciplinar, civil e penal do agente ou da autoridade e de nulidade da prisão ou do ato processual a que se refere, sem prejuízo da responsabilidade civil do Estado.
Súmula vinculante nº 13 do STF. A nomeação de cônjuge, companheiro ou parente em linha reta, colateral ou por afinidade, até o terceiro grau, inclusive, da autoridade nomeante ou de servidor da mesma pessoa jurídica investido em cargo de direção, chefia ou assessoramento, para o exercício de cargo em comissão ou de confiança ou, ainda, de função gratificada na administração pública direta e indireta em qualquer dos Poderes da União, dos Estados, do Distrito Federal e dos Municípios, compreendido o ajuste mediante designações recíprocas, viola a Constituição Federal.

[440] Resolução nº 07, de 18 de outubro de 2005. O Presidente do Conselho Nacional de Justiça, no uso de suas atribuições, Considerando que, nos termos do disposto no art. 103-B, §4º, II, da Constituição Federal, compete ao Conselho zelar pela observância do art. 37 e apreciar, de ofício ou mediante provocação, a legalidade dos atos administrativos praticados por membros ou órgãos do Poder Judiciário, podendo desconstituí-los, revê-los ou fixar prazo para que se adotem as providências necessárias ao exato cumprimento da lei; Considerando que a Administração Pública encontra-se submetida aos princípios da moralidade e da impessoalidade consagrados no art. 37, *caput*, da Constituição; RESOLVE:
Art. 1º É vedada a prática de nepotismo no âmbito de todos os órgãos do Poder Judiciário, sendo nulos os atos assim caracterizados.
Art. 2º Constituem práticas de nepotismo, dentre outras:
I - o exercício de cargo de provimento em comissão ou de função gratificada, no âmbito da jurisdição de cada Tribunal ou Juízo, por cônjuge, companheiro ou parente em linha reta, colateral ou por afinidade, até o terceiro grau, inclusive, dos respectivos membros ou juízes vinculados;
II - o exercício, em Tribunais ou Juízos diversos, de cargos de provimento em comissão, ou de funções gratificadas, por cônjuges, companheiros ou parentes em linha reta, colateral ou por afinidade, até o terceiro grau, inclusive, de dois ou mais magistrados, ou de servidores investidos em cargos de direção ou de assessoramento, em circunstâncias que caracterizem ajuste para burlar a regra do inciso anterior mediante reciprocidade nas nomeações ou designações;
III - o exercício de cargo de provimento em comissão ou de função gratificada, no âmbito da jurisdição de cada Tribunal ou Juízo, por cônjuge, companheiro ou parente em linha reta, colateral ou por afinidade, até o terceiro grau, inclusive, de qualquer servidor investido em cargo de direção ou de assessoramento; [...].
O STF, ao processar e julgar a ADC nº 12, cujo objeto era a Resolução nº 07/2005 do CNJ, assim se manifestou:
EMENTA: AÇÃO DECLARATÓRIA DE CONSTITUCIONALIDADE, AJUIZADA EM PROL DA RESOLUÇÃO Nº 07, de 18.10.05, DO CONSELHO NACIONAL DE JUSTIÇA. ATO NORMATIVO QUE "DISCIPLINA O EXERCÍCIO DE CARGOS, EMPREGOS E FUNÇÕES

no Poder Judiciário, espécie normativa essa posteriormente declarada constitucional pelo STF. Em seguida, cuidaremos da decisão final em ADO e seus efeitos, tópico em que buscaremos responder ao problema central do presente trabalho.

3.7 Decisão final e efeitos

De início, cabe-nos consignar que quando tratamos do tema "decisão", em sede de ação direta de inconstitucionalidade por omissão, há diferentes posições que o Tribunal Supremo ou Constitucional pode adotar. Nesse particular, Javier Tajadura Tejada pontua que

> En síntesis el órgano de justicia constitucional podría actuar de três formas distintas: a) Uma sería dictar la norma legal necesaria para dar plena efectividad al precepto constitucional, la vigência de esa norma sería provisional y tocaría a su fin cuando el legislador actuase. b) Otra sería que el Tribunal Constitucional ordenara al legislador dictar la norma. c) Una tercera sería formular uma recomendación al legislador en tal sentido.[441]

Clèmerson Merlin Clève, por sua vez, afirma que o Constituinte perdeu a oportunidade de conferir à decisão em sede de ADO outros efeitos políticos compatíveis com os princípios democráticos e da divisão de poderes. Poderia, segundo o citado jurista, a decisão: i) autorizar a aplicação direta da norma pelo Judiciário; ii) afastar os riscos que a ausência da norma regulamentadora causar, e iii) permitir a deflagração de mecanismos políticos para superar a omissão inconstitucional.[442] Victor Bazán, citando a

---

POR PARENTES, CÔNJUGES E COMPANHEIROS DE MAGISTRADOS E DE SERVIDORES INVESTIDOS EM CARGOS DE DIREÇÃO E ASSESSORAMENTO, NO ÂMBITO DOS ÓRGÃOS DO PODER JUDICIÁRIO E DÁ OUTRAS PROVIDÊNCIAS". PROCEDÊNCIA DO PEDIDO. 1. Os condicionamentos impostos pela Resolução nº 07/05, do CNJ, não atentam contra a liberdade de prover e desprover cargos em comissão e funções de confiança. As restrições constantes do ato resolutivo são, no rigor dos termos, as mesmas já impostas pela Constituição de 1988, dedutíveis dos republicanos princípios da impessoalidade, da eficiência, da igualdade e da moralidade. 2. Improcedência das alegações de desrespeito ao princípio da separação dos Poderes e ao princípio federativo. O CNJ não é órgão estranho ao Poder Judiciário (art. 92, CF) e não está a submeter esse Poder à autoridade de nenhum dos outros dois. O Poder Judiciário tem uma singular compostura de âmbito nacional, perfeitamente compatibilizada com o caráter estadualizado de uma parte dele. Ademais, o art. 125 da Lei Magna defere aos Estados a competência de organizar a sua própria Justiça, mas não é menos certo que esse mesmo art. 125, caput, junge essa organização aos princípios "estabelecidos" por ela, Carta Maior, neles incluídos os constantes do art. 37, cabeça. 3. Ação julgada procedente para: a) emprestar interpretação conforme à Constituição para deduzir a função de chefia do substantivo "direção" nos incisos II, III, IV, V do artigo 2º do ato normativo em foco; b) declarar a constitucionalidade da Resolução nº 07/2005, do Conselho Nacional de Justiça (ADC nº 12, Rel. (a): Min. Carlos Britto, Tribunal Pleno, julgado em 20.08.2008).

[441] TEJADA. Reflexiones em torno a una figura polémica: la inconstitucionalidade por omisión. *In*: BAZÁN (Coord.). *Defensa de la Constitución*: garantismo y controles, p. 829.

[442] CLÈVE. *A fiscalização abstrata da constitucionalidade*, p. 349.

CAPÍTULO 3
AÇÃO DIRETA DE INCONSTITUCIONALIDADE POR OMISSÃO | 127

título de exemplo Alemanha, Áustria, Espanha e Itália, registra as seguintes formas de suprir as omissões inconstitucionais:

> *remedios unilaterales,* que suponen la reparación inmediata de la omisión por la própria sentencia del Tribunal Constitucional, por ejemplo, las "sentencias interpretativas" y, dentro de éstas, las "manipulativas" y, más específicamente las "aditivas" y de *remédios bilaterales,* que generan la necesidad de colaboración entre el Tribunal Constitucional y el legislador, por caso, las declaraciones de mera incompatibilidad sin nulidad, las "sentencias de apelación", las que declaram que la ley "todavía no es inconstitucional", el retraso de los efectos de la sentencia para dar tiempo a la intervención del legislador y las "sentencias aditivas de principio" o las "sentencias-de-legación".[443]

Conforme a inteligência dos arts. 103, §2º,[444] da atual Constituição, e 12-H[445] da Lei nº 9.868/1999, alterada pela Lei nº 12.063/2009, a decisão de procedência na ADO limita-se a dar ciência ao poder competente para que adote as providências cabíveis e, em se cuidando de órgão administrativo, para supri-la em 30 (trinta) dias. A deliberação no controle abstrato é reservada ao Plenário ou órgão especial (cláusula de reserva de Plenário),[446] conforme a inteligência do art. 97[447] da Constituição da República de 1988, demandando a presença de 8 (oito) ministros – quórum especial – para a instalação da sessão, e o voto de 6 (seis) deles – maioria absoluta – para se tomar tal decisório, consonante se pode conferir da redação dos arts. 22 e

---

[443] BAZÁN. Neoconstitucionalismo e inconstitucionalidad por omisión. *Revista Brasileira de Direito Constitucional – RBDC,* p. 287.

[444] Art. 103. §2º. Declarada a inconstitucionalidade por omissão de medida para tornar efetiva norma constitucional, será dada ciência ao Poder competente para a adoção das providências necessárias e, em se tratando de órgão administrativo, para fazê-lo em trinta dias.

[445] Art. 12-H. Declarada a inconstitucionalidade por omissão, com observância do disposto no art. 22, será dada ciência ao Poder competente para a adoção das providências necessárias.
§1º Em caso de omissão imputável a órgão administrativo, as providências deverão ser adotadas no prazo de 30 (trinta) dias, ou em prazo razoável a ser estipulado excepcionalmente pelo Tribunal, tendo em vista as circunstâncias específicas do caso e o interesse público envolvido.

[446] Controle incidental de constitucionalidade de normas: reserva de plenário (CF, art. 97): viola o dispositivo constitucional o acórdão proferido por órgão fracionário, que declara a inconstitucionalidade de lei, ainda que parcial, sem que haja declaração anterior proferida por órgão especial ou plenário (RE nº 544.246, Rel. Min. Sepúlveda Pertence, julgamento em 15-5-2007, Primeira Turma, *DJ,* 08 jun. 2007). No mesmo sentido: RE nº 585.702, Rel. Min. Marco Aurélio, decisão monocrática, julgamento em 10-12-2008, *DJE,* 03 mar. 2009, com repercussão geral: RE nº 486.168-AgR, Rel. Min. Marco Aurélio, julgamento em 23-9-2008, Primeira Turma, *DJE,* 27 fev. 2009. Aplicação direta de norma constitucional que implique juízo de desconsideração de preceito infraconstitucional só pode dar-se com observância da cláusula de reserva de plenário prevista no art. 97 da CR (RE nº 463.278-AgR, Rel. Min. Cézar Peluso, julgamento em 14-8-2007, Segunda Turma, *DJ,* 14 set. 2007).

[447] Art. 97. Somente pelo voto da maioria absoluta de seus membros ou dos membros do respectivo órgão especial poderão os tribunais declarar a inconstitucionalidade de lei ou ato normativo do Poder Público.

23[448] da Lei nº 9.868/99. Registre-se, por oportuno, que a dita "cláusula de reserva de plenário" foi excepcionada pelo art. 481, parágrafo único,[449] do Código de Processo Civil.

Flávia Piovesan afiança que a sistemática adotada pelo texto constitucional não assegura o efetivo cumprimento do preceito constitucional, ou seja, não obriga o Legislativo a realizar a sua atividade e superar a omissão inconstitucional, não havendo como imputar sanção ao comportamento de dito poder.[450] Na mesma linha, Guilherme Peña afirma que em observância ao princípio da independência e harmonia entre os poderes, o Legislativo não está sujeito a prazo para suprir a omissão inconstitucional, nem o Judiciário dispõe de competência para a realização da medida que se pretende para tornar efetiva a norma constitucional, fazendo o autor referência a uma decisão[451] do STF nesse sentido.[452] Gilmar Mendes e Paulo Branco registram que o STF deixou assente no julgamento da Questão de Ordem no MI nº 107[453]

---

[448] Art. 22. A decisão sobre a constitucionalidade ou a inconstitucionalidade da lei ou do ato normativo somente será tomada se presentes na sessão pelo menos oito Ministros.
Art. 23. Efetuado o julgamento, proclamar-se-á a constitucionalidade ou a inconstitucionalidade da disposição ou da norma impugnada se num ou noutro sentido se tiverem manifestado pelo menos seis Ministros, quer se trate de ação direta de inconstitucionalidade ou de ação declaratória de constitucionalidade. Parágrafo único. Se não for alcançada a maioria necessária à declaração de constitucionalidade ou de inconstitucionalidade, estando ausentes Ministros em número que possa influir no julgamento, este será suspenso a fim de aguardar-se o comparecimento dos Ministros ausentes, até que se atinja o número necessário para prolação da decisão num ou noutro sentido.

[449] Art. 481. Se a alegação for rejeitada, prosseguirá o julgamento; se for acolhida, será lavrado o acórdão, a fim de ser submetida a questão ao tribunal pleno.
Parágrafo único. Os órgãos fracionários dos tribunais não submeterão ao plenário, ou ao órgão especial, a argüição de inconstitucionalidade, quando já houver pronunciamento destes ou do plenário do Supremo Tribunal Federal sobre a questão (Incluído pela Lei nº 9.756, de 17.12.1998).

[450] PIOVESAN. *Proteção judicial contra omissões legislativas*: ação direta de inconstitucionalidade por omissão e mandado de injunção, p. 104.

[451] [...] A procedência da ação direta de inconstitucionalidade por omissão, importando em reconhecimento judicial do estado de inércia do Poder Público, confere ao Supremo Tribunal Federal, unicamente, o poder de cientificar o legislador inadimplente, para que este adote as medidas necessárias à concretização do texto constitucional.- Não assiste ao Supremo Tribunal Federal, contudo, em face dos próprios limites fixados pela Carta Política em tema de inconstitucionalidade por omissão (CF, art. 103, §2º), a prerrogativa de expedir provimentos normativos com o objetivo de suprir a inatividade do órgão legislativo inadimplente (STF, ADI nº 1.458 MC, Relator(a): Min. Celso de Mello, Tribunal Pleno, julgado em 23/05/1996, DJ, 20 set. 1996).

[452] MORAES. *Curso de direito constitucional*, p. 254-255.

[453] MANDADO DE INJUNÇÃO. QUESTÃO DE ORDEM SOBRE SUA AUTO-APLICABILIDADE, OU NÃO. – Em face dos textos da Constituição Federal relativos ao mandado de injunção, é ele ação outorgada ao titular de direito, garantia ou prerrogativa a que alude o artigo 5º, LXXI, dos quais o exercício está inviabilizado pela falta de norma regulamentadora, é ação que visa a obter do Poder Judiciário a declaração de inconstitucionalidade dessa omissão se estive caracterizada a mora em regulamentar por parte do Poder, órgão, entidade ou autoridade de que ela dependa, com a finalidade de que se lhe dê ciência dessa declaração, para que adote as providências necessárias, à semelhança do que ocorre com a ação direta de inconstitucionalidade por omissão (artigo 103, Par-2., da Carta Magna), e de que se determine, se se tratar de direito constitucional oponível contra o Estado, a suspensão dos processos judiciais ou administrativos de que possa

CAPÍTULO 3
AÇÃO DIRETA DE INCONSTITUCIONALIDADE POR OMISSÃO | 129

e da ADI nº 1439[454] que o Tribunal deve limitar-se a declarar a omissão inconstitucional, impondo ao legislador que a supra, não estando autorizado a proferir uma decisão para o caso concreto ou a editar norma geral e abstrata, na medida em que tal conduta não guardaria harmonia com os princípios da democracia e divisão de poderes.[455]

Geovany Cardoso Jeveaux pontua que, se a omissão provém do Legislativo, a pronúncia da inconstitucionalidade é meramente declaratória, limitando-se a constatar a omissão e sua inconstitucionalidade, cientificando o poder para cumprir seu papel constitucional sem impor qualquer coação judicial para supri-la ou fazer as vezes do responsável pela edição do ato.[456] Todavia, o mesmo autor defende, com razão em nossa visão, que se a omissão é do Executivo, a pronúncia da inconstitucionalidade é "declaratória da omissão inconstitucional e condenatória da edição do preceito ou providência, no prazo de 30 (trinta) dias", salientando, ainda, que se a omissão não for superada, como se cuida de obrigação de fazer, seria viável a imposição da pena prevista no art. 287[457] do CPC, dirigida

---

advir para o impetrante dano que não ocorreria se não houvesse a omissão inconstitucional. – Assim fixada a natureza desse mandado, é ele, no âmbito da competência desta Corte – que está devidamente definida pelo artigo 102, I, "Q" –, auto-executável, uma vez que, para ser utilizado, não depende de norma jurídica que o regulamente, inclusive quanto ao procedimento, aplicável que lhe é analogicamente o procedimento do mandado de segurança, no que couber. Questão de ordem que se resolve no sentido da auto-aplicabilidade do mandado de injunção, nos terms do voto do Relator (MI nº 107 QO, Relator(a): Min. Moreira Alves, Tribunal Pleno, julgado em 23.11.1989, *DJ*, 21 set. 1990).

[454] Desrespeito à Constituição. Modalidades de comportamentos inconstitucionais do Poder Público. [...] Salário mínimo. Satisfação das necessidades vitais básicas. Garantia de preservação de seu poder aquisitivo. [...] Salário mínimo. Valor insuficiente. Situação de inconstitucionalidade por omissão parcial. [...] Inconstitucionalidade por omissão. Descabimento de medida cautelar. A jurisprudência do STF firmou-se no sentido de proclamar incabível a medida liminar nos casos de ação direta de inconstitucionalidade por omissão (*RTJ* 133/569, Rel. Min. Marco Aurélio; ADI 267/DF, Rel. Min. Celso de Mello), eis que não se pode pretender que mero provimento cautelar antecipe efeitos positivos inalcançáveis pela própria decisão final emanada do STF. A procedência da ação direta de inconstitucionalidade por omissão, importando em reconhecimento judicial do estado de inércia do Poder Público, confere ao STF, unicamente, o poder de cientificar o legislador inadimplente, para que este adote as medidas necessárias à concretização do texto constitucional. Não assiste ao STF, contudo, em face dos próprios limites fixados pela Carta Política em tema de inconstitucionalidade por omissão (CF, art. 103, §2º), a prerrogativa de expedir provimentos normativos com o objetivo de suprir a inatividade do órgão legislativo inadimplente. Impossibilidade de conversão da ação direta de inconstitucionalidade, por violação positiva da Constituição, em ação de inconstitucionalidade por omissão (violação negativa da Constituição) (ADI nº 1.439-MC, Rel. Min. Celso de Mello, julgamento em 22-5-1996, Plenário, *DJ*, 30 maio 2003).

[455] MENDES; BRANCO. *Curso de direito constitucional*, p. 1307-1308.

[456] JEVEAUX. *Direito constitucional*: teoria da Constituição, p. 171.

[457] Art. 287. Se o autor pedir que seja imposta ao réu a abstenção da prática de algum ato, tolerar alguma atividade, prestar ato ou entregar coisa, poderá requerer cominação de pena pecuniária para o caso de descumprimento da sentença ou da decisão antecipatória de tutela (arts. 461, §4º, e 461-A).

à pessoa do responsável, podendo, inclusive, ser aplicada de ofício, como ocorre nos casos dos arts. 461, §4º, 644 e 645[458] da Lei Adjetiva Civil.[459]

Em nossa visão, o art. 461, §5º, do Código de Processo Civil, com muito mais razão, permite-nos chegar à ilação proposta pelo professor Geovany, podendo-se, inclusive, ir além dela. Vejamos a redação do aludido dispositivo legal:

> §5º Para a efetivação da tutela específica ou a obtenção do resultado prático equivalente, poderá o juiz, de ofício ou a requerimento, determinar as medidas necessárias, tais como a imposição de multa por tempo de atraso, busca e apreensão, remoção de pessoas e coisas, desfazimento de obras e impedimento de atividade nociva, se necessário com requisição de força policial.

Com efeito, pela simples leitura do citado dispositivo de lei, verifica-se que o julgador passou a poder atuar de múltiplas formas para fins de efetivação da tutela específica, na medida em que lhe foi conferido poder para tomar "as medidas necessárias", isto é, a que melhor se aplicar ao caso concreto, objetivando realizar a entrega da tutela específica ao jurisdicionado. Observe-se que o legislador elencou várias hipóteses de atuação do magistrado, porém não as exauriu, dado que adotou rol meramente exemplificativo. Dessa forma, e com espeque no referido comando legal, quer nos parecer que o Estado-juiz poderia, nos casos de omissão inconstitucional, adotar qualquer medida lícita a fim de garantir o cumprimento da tutela específica, inclusive ditar, ainda que provisoriamente, a espécie normativa faltante.

Em nossa ótica, houve tímido avanço da jurisprudência do Supremo Tribunal Federal acerca do tema. Exemplo disso é o julgamento da ADI nº 3.682,[460] de relatoria do Ministro Gilmar Mendes, em que apenas se assinalou

---

[458] Art. 461. Na ação que tenha por objeto o cumprimento de obrigação de fazer ou não fazer, o juiz concederá a tutela específica da obrigação ou, se procedente o pedido, determinará providências que assegurem o resultado prático equivalente ao do adimplemento. [...]
§3º Sendo relevante o fundamento da demanda e havendo justificado receio de ineficácia do provimento final, é lícito ao juiz conceder a tutela liminarmente ou mediante justificação prévia, citado o réu. A medida liminar poderá ser revogada ou modificada, a qualquer tempo, em decisão fundamentada.
§4º O juiz poderá, na hipótese do parágrafo anterior ou na sentença, impor multa diária ao réu, independentemente de pedido do autor, se for suficiente ou compatível com a obrigação, fixando-lhe prazo razoável para o cumprimento do preceito.
Art. 644. A sentença relativa a obrigação de fazer ou não fazer cumpre-se de acordo com o art. 461, observando-se, subsidiariamente, o disposto neste Capítulo.

[459] Art. 645. Na execução de obrigação de fazer ou não fazer, fundada em título extrajudicial, o juiz, ao despachar a inicial, fixará multa por dia de atraso no cumprimento da obrigação e a data a partir da qual será devida. Cf. JEVEAUX. *Direito constitucional*: teoria da Constituição, p. 171-172.

[460] Ação direta de inconstitucionalidade por omissão. Inatividade do legislador quanto ao dever de elaborar a lei complementar a que se refere o §4º do art. 18 da CF, na redação dada pela EC 15/1996. Ação julgada procedente. A EC 15, que alterou a redação do §4º do art. 18 da Constituição, foi publicada no dia 13-9-1996. Passados mais de dez anos, não foi editada a lei complementar federal definidora do período dentro do qual poderão tramitar os procedimentos tendentes

CAPÍTULO 3
AÇÃO DIRETA DE INCONSTITUCIONALIDADE POR OMISSÃO | 131

à criação, incorporação, desmembramento e fusão de municípios. Existência de notório lapso temporal a demonstrar a inatividade do legislador em relação ao cumprimento de inequívoco dever constitucional de legislar, decorrente do comando do art. 18, §4º, da Constituição. Apesar de existirem no Congresso Nacional diversos projetos de lei apresentados visando à regulamentação do art. 18, §4º, da Constituição, é possível constatar a omissão inconstitucional quanto à efetiva deliberação e aprovação da lei complementar em referência. As peculiaridades da atividade parlamentar que afetam, inexoravelmente, o processo legislativo, não justificam uma conduta manifestamente negligente ou desidiosa das Casas Legislativas, conduta esta que pode pôr em risco a própria ordem constitucional. A *inertia deliberandi* das Casas Legislativas pode ser objeto da ação direta de inconstitucionalidade por omissão. A omissão legislativa em relação à regulamentação do art. 18, §4º, da Constituição, acabou dando ensejo à conformação e à consolidação de estados de inconstitucionalidade que não podem ser ignorados pelo legislador na elaboração da lei complementar federal. Ação julgada procedente para declarar o estado de mora em que se encontra o Congresso Nacional, a fim de que, em prazo razoável de dezoito meses, adote ele todas as providências legislativas necessárias ao cumprimento do dever constitucional imposto pelo art. 18, §4º, da Constituição, devendo ser contempladas as situações imperfeitas decorrentes do estado de inconstitucionalidade gerado pela omissão. Não se trata de impor um prazo para a atuação legislativa do Congresso Nacional, mas apenas de fixação de um parâmetro temporal razoável, tendo em vista o prazo de 24 meses determinado pelo Tribunal nas ADI 2.240, 3.316, 3.489 e 3.689 para que as leis estaduais que criam municípios ou alteram seus limites territoriais continuem vigendo, até que a lei complementar federal seja promulgada contemplando as realidades desses municípios (ADI nº 3.682, Rel. Min. Gilmar Mendes, julgamento em 9-5-2007, Plenário, *DJ*, 06 set. 2007).

Colhe-se, por oportuno, a seguinte passagem da parte final do decisório – ADI nº 3682 –, a qual, aliás, cuida dos efeitos da declaração de inconstitucionalidade por omissão: "Um dos problemas da dogmática constitucional refere-se aos efeitos de eventual declaração de inconstitucionalidade da omissão. Não se pode afirmar, simplesmente, que a decisão que constata a existência da omissão inconstitucional e determina ao legislador que empreenda as medidas necessárias à colmatação da lacuna inconstitucional não produz maiores alterações na ordem jurídica. Em verdade, tem-se aqui sentença de caráter nitidamente mandamental, que impõe ao legislador em mora o dever, dentro de um prazo razoável, de proceder à eliminação do estado de inconstitucionalidade. O dever dos Poderes Constitucionais ou dos órgãos administrativos de proceder à imediata eliminação do estado de inconstitucionalidade parece ser uma das consequências menos controvertidas da decisão que porventura venha a declarar a inconstitucionalidade de uma omissão que afete a efetividade de norma constitucional. O princípio do Estado de Direito (art. 1º), a cláusula que assegura a imediata aplicação dos direitos fundamentais (art. 5º, §1º) e o disposto no art. 5º, LXXI que, ao conceder o mandado de injunção para garantir os direitos e liberdades constitucionais, impõe ao legislador o dever de agir para a concretização desses direitos, exigem ação imediata para eliminar o estado de inconstitucionalidade. Considerando que o estado de inconstitucionalidade decorrente da omissão pode ter produzido efeitos no passado – sobretudo se se tratar de omissão legislativa –, faz-se mister, muitas vezes, que o ato destinado a corrigir a omissão inconstitucional tenha caráter retroativo. Evidentemente, a amplitude dessa eventual retroatividade somente poderá ser aferida em cada caso. Parece certo, todavia, que, em regra, deve a lei retroagir, pelo menos até à data da decisão judicial em que restou caracterizada a omissão indevida do legislador.

No caso em questão, a omissão legislativa inconstitucional produziu evidentes efeitos durante esse longo período transcorrido desde o advento da EC n. 15/96. Diante da inexistência da lei complementar federal, vários Estados da federação legislaram sobre o tema e diversos municípios foram efetivamente criados ao longo de todo o país. Municípios criados, eleições realizadas, poderes municipais devidamente estruturados, tributos municipais recolhidos, domicílios fixados para todos os efeitos da lei, etc.; enfim, toda uma realidade fática e jurídica criada sem qualquer base legal ou constitucional. É evidente que a omissão legislativa em relação à regulamentação do art. 18, §4º, da Constituição acabou dando ensejo à conformação e à consolidação de estados de inconstitucionalidade que não podem ser ignorados pelo legislador na elaboração da lei complementar federal. Assim sendo, voto no sentido de declarar o estado de mora em que se encontra o Congresso Nacional, a fim de que, em prazo razoável de 18 (dezoito) meses, adote ele todas as providências legislativas necessárias ao cumprimento do dever constitucional prazo razoável para o legislador superar o estado de inconstitucionalidade derivado da omissão. Vale o registro que o Congresso Nacional cumpriu parcialmente tal decisão ao editar a Emenda Constitucional nº 57, de 18 de dezembro de 2008, pela qual foram convalidadas as leis de criação dos municípios publicadas até 31 de dezembro de 2006, desde que estivessem em harmonia com a legislação estadual.[461]

No que concerne à inconstitucionalidade parcial ou relativa, em que há a edição de uma norma, mas que inobserva o princípio da igualdade, a doutrina é dividida quanto à possibilidade de o STF prolatar decisão aditiva ou manipulativa, de forma a estender os efeitos da lei, por meio de ADO, àqueles que deveriam, mas não foram alcançados.[462] Autores como Canotilho e Rui Medeiros inadmitem tal possibilidade, pois o Tribunal Constitucional desempenha função jurisdicional e não legislativa, havendo, no caso de se admitir tal adição, violação dos princípios da democracia e divisão de poderes. De outro lado, Jorge Miranda e Jónatas Machado admitem tal possibilidade, haja vista que, nesse caso, o órgão judicial não atuaria como legislador positivo, apenas restabeleceria a igualdade.[463]

Gilmar Mendes e Paulo Branco observam que, no caso da omissão parcial, a ordem jurídica, em muitos casos, impõe a aplicação do direito anterior, e buscam demonstrar tal afirmativa utilizando-se como exemplo o art. 7º, IV, do texto constitucional, que garante ao trabalhador

> salário mínimo, fixado em lei, nacionalmente unificado, capaz de atender a suas necessidades vitais básicas e às de sua família com moradia, alimentação, educação, saúde, lazer, vestuário, higiene, transporte e previdência social, com reajustes periódicos que lhe preservem o poder aquisitivo.

Tal norma, portanto, exige que o legislador fixe salário mínimo que corresponda às necessidades básicas dos trabalhadores. Se o STF chegasse à conclusão de que a lei que regulamentou o tema não atende à finalidade expressa no comando constitucional e viesse a declará-la inconstitucional, "acabaria por agravar o estado de inconstitucionalidade, uma vez que não haveria

---

imposto pelo art. 18, §4º, da Constituição, devendo ser contempladas as situações imperfeitas decorrentes do estado de inconstitucionalidade gerado pela omissão.

Não se trata de impor um prazo para a atuação legislativa do Congresso Nacional, mas apenas da fixação de um parâmetro temporal razoável, tendo em vista o prazo de 24 meses determinado pelo Tribunal nas ADI n. 2.240, 3.316, 3.489 e 3.689 para que as leis estaduais que criam municípios ou alteram seus limites territoriais continuem vigendo, até que a lei complementar federal seja promulgada contemplando as realidades desses municípios".

[461] A emenda introduziu o art. 96 ao ADCT, com a seguinte redação: "Ficam convalidados os atos de criação, fusão, incorporação e desmembramento de Municípios, cuja lei tenha sido publicada até 31 de dezembro de 2006, atendidos os requisitos estabelecidos na legislação do respectivo Estado à época de sua criação".

[462] Cf. MORAES. *Curso de direito constitucional*, p. 255.

[463] Cf. MORAES. *Curso de direito constitucional*, p. 255.

CAPÍTULO 3
AÇÃO DIRETA DE INCONSTITUCIONALIDADE POR OMISSÃO | 133

lei aplicável à espécie".[464] A declaração positiva de inconstitucionalidade da norma que concede, por exemplo, reajuste a uns e não a outros restabeleceria a isonomia, com a generalização da situação menos favorável, não sendo essa fórmula a que mais satisfaça.[465] Para Barroso, a outra possibilidade é a declaração de inconstitucionalidade por omissão parcial, com a ciência do poder competente que, se não for superada, faz com que persista a injustiça.[466]

Resta pensar na hipótese de a decisão estender a norma ao grupo que foi injustamente excluído do benefício (decisão aditiva). No direito brasileiro, a rejeição a essa tese tem predominado, havendo, entrementes, um precedente[467] do STF, afastando-se de sua jurisprudência tradicional que, em mandado de segurança, estendeu aos servidores civis um reajuste concedido aos militares.[468] O STF firmou exegese pela impossibilidade das decisões aditivas ou manipulativas sob o fundamento de isonomia, de sorte que não seria possível estender dado benefício à categoria que não foi contemplada pela lei, sob pena de violação do princípio da divisão funcional do poder, podendo-se citar, a título de exemplo, o enunciado da Súmula nº 339[469] da Suprema Corte.[470]

---

[464] MENDES; BRANCO. *Curso de direito constitucional*, p. 1314-1315.

[465] Foi o que aferiu o Ministro Sepúlveda Pertence, em voto na ADInMC nº 526-DF, *DJU*, 05 mar. 1993, da qual foi relator: "Se, entretanto, admitida a plausibilidade da arguição assim dirigida ao art. 1º da MP 296/91, se entende ser o caso de inconstitucionalidade por ação e se defere a suspensão do dispositivo questionado, o provimento cautelar apenas prejudicaria o reajuste necessário dos vencimentos da parcela mais numerosa do funcionalismo civil e militar, sem nenhum benefício para os excluídos do seu alcance. Se, ao contrário, se divisa, no caso, inconstitucionalidade por omissão parcial, jamais se poderia admitir a extensão cautelar do benefício aos excluídos, efeito que nem a declaração definitiva da invalidade da lei poderá gerar (CF, art. 103, §2º)".

[466] Cf. BARROSO. *O controle de constitucionalidade no direito brasileiro*: exposição sistemática e análise crítica da jurisprudência, p. 295.

[467] Extrai-se a seguinte passagem do voto do Ministro Relator, Marco Aurélio: "Sob pena de caminhar-se para verdadeiro paradoxo, fulminando-se princípio tão caro à sociedades que se dizem democráticas, como é o da isonomia, não vejo como adotar ótica diversa em relação ao pessoal civil do Executivo Federal, já que o militar foi contemplado. As premissas assentadas por esta Corte quando da deliberação administrativa continuam de pé e mostram-se adequadas ao caso vertente. Houve revisão geral de vencimentos, deixando-se de fora os servidores civis. Apanhada esta deficiência em face da autoaplicabilidade do preceito constitucional, Legislativo, Judiciário e Ministério Público determinam a inclusão do reajuste nas folhas de pagamento, tendo como data-base janeiro de 1993. Nisso, deram fidedigna observância ao preceito constitucional que prevê a revisão a ser feita na mesma data sem distinção entre civis e militares. Assim, o ato omisso exsurge contrário à ordem jurídico-constitucional em vigor, valendo notar que de duas uma: ou Judiciário, Legislativo e Ministério Público agiram em homenagem à Carta da República, e então procede a irresignação das recorrentes, ou vulneraram. Excluo essa última conclusão pelas razões acima lançadas" (RMS nº 22.307, *DJU*, 23 jun. 1997).

[468] Cf. BARROSO. *O controle de constitucionalidade no direito brasileiro*: exposição sistemática e análise crítica da jurisprudência, p. 296.

[469] Súmula 339. Não cabe ao Poder Judiciário, que não tem função legislativa, aumentar vencimentos de servidores públicos sob o fundamento de isonomia.

[470] Cf. MORAES. *Curso de direito constitucional*, p. 255.

Entrementes, Luís Roberto Barroso adverte que nos casos de flagrante injustiça seria legítimo proferir uma sentença aditiva – que estende o benefício a quem tenha indevidamente sido excluído –, podendo, nas hipóteses extremas, o STF fixar um prazo – por exemplo, início do exercício financeiro seguinte – para que se levasse a cabo a inclusão ou se desse outra solução constitucionalmente legítima. Assim, estar-se-ia conciliando os princípios da supremacia da Constituição e da isonomia, de um lado, e os princípios do orçamento, da separação de poderes e da legalidade, de outro.[471]

Norberto Bobbio detectou que

> o problema que temos diante de nós não é filosófico, mas jurídico e, num sentido mais amplo, político. Não se trata de saber quais e quantos são esses direitos, qual é a sua natureza e seu fundamento, se são direitos naturais ou históricos, absolutos ou relativos, mais sim qual é o modo mais seguro para garanti-los, para impedir que, apesar das solenes declarações, eles sejam continuamente violados.[472]

Nesse particular, aliás, surge a seguinte indagação: por que o Legislativo não atua a contento? Em nossa ótica, há uma série de razões para o poder legiferante não exercer satisfatoriamente sua função típica. De um lado, se deve levar em consideração que o Congresso Nacional possui considerável número de políticos (513 deputados federais e 81 senadores), representantes do povo, dos estados federados e do Distrito Federal, de sorte que não se pode deixar de se levar em consideração que devido a ideologias, convicções e culturas distintas, o debate tende a se prolongar. Igualmente não se pode ignorar que o Congresso vez ou outra está atolado por medidas provisórias e demandas do Poder Executivo, o que corrobora para tal lentidão. Noutro giro, pensamos que há também recusa em decidir alguns assuntos de interesse nacional, notadamente quando o tema é polêmico (exemplo: relação homoafetiva) ou mesmo "antipopular" frente à opinião pública (exemplo: regulamentação de greve para servidores públicos), além de outras questões que envolvem "interesses políticos". Para nós, tais fatores não justificam que temas e projetos importantes, como exemplo, os – mais de 20 – que tratam da relação homoafetiva tramitem durante anos e anos e fiquem até hoje sem uma solução legislativa. Ora, nos dias de hoje, até mesmo o Judiciário possui metas a serem cumpridas. E o Legislativo, simplesmente, poderá continuar a atuar "no seu tempo"? Ora, não se deve mais admitir isso, devendo-se, por sensível, traçar metas para o Legislativo cumprir, a fim de que desempenhe a contento suas funções.

---

[471] BARROSO. *O controle de constitucionalidade no direito brasileiro*: exposição sistemática e análise crítica da jurisprudência, p. 296.

[472] BOBBIO. *Era dos direitos*, p. 25.

CAPÍTULO 3
AÇÃO DIRETA DE INCONSTITUCIONALIDADE POR OMISSÃO | 135

Aliás, para nossa triste surpresa, o Legislativo, mais especificamente a Câmara dos Deputados Federais, recentemente – em 18 de outubro de 2012 – aprovou e publicou a Resolução nº 19,[473] alterando alguns dispositivos de seu Regimento Interno, dentre eles o art. 65, oficializando que as sessões deliberativas ordinárias ocorrerão apenas uma vez por dia e tão somente de terça a quinta-feira. Com efeito, a aludida resolução, em nossa ótica, só confirma que o Legislativo, no caso a Câmara dos Deputados Federais, está pouco preocupado em realizar em tempo hábil (de forma célere) e de modo eficiente sua função principal (legislativa),[474] fortificando-se, assim, a ideia de criação de metas a serem atingidas pelo Legislativo, notadamente o Federal. Tal postura, em nossa visão, corrobora o entendimento de o Legislativo não estar incomodado e/ou preocupado com a atuação supletiva do Judiciário, fortalecendo, dessa forma, dita atuação judicial; do contrário, o aludido poder estaria criando normas em sentido oposto, tudo em prol de se prestar uma atividade célere e eficiente.

Noutro giro, pensamos que independentemente da omissão do Poder Público, seja total, seja parcial, tal inércia não pode obstar a realização

---

[473] BRASIL. Câmara dos Deputados Federais.
Art. 65. As sessões da Câmara dos Deputados serão: I - preparatórias, as que precedem a inauguração dos trabalhos do Congresso Nacional na primeira e na terceira sessões legislativas de cada legislatura; II - deliberativas: a) ordinárias, as de qualquer sessão legislativa, realizadas apenas uma vez por dia, de terça a quinta-feira, iniciando-se às quatorze horas; b) extraordinárias, as realizadas em dias ou horas diversos dos prefixados para as ordinárias; III - não deliberativas: de debates, as realizadas de forma idêntica às ordinárias, porém sem Ordem do Dia, apenas uma vez às segundas e sextas-feiras, iniciando-se às quatorze horas nas segundas e às nove horas nas sextas-feiras;

[474] Câmara esvazia sessões e críticas tomam rede social
Resolução defendida pelo presidente da Casa, Marco Maia, exclui votações às segundas e sextas-feiras. A polêmica mudança do regimento interno da Câmara dos Deputados – que oficializa a semana de três dias para os deputados – foi recebida ontem com uma série de críticas em sites e redes sociais. Revoltados com a resolução que formalizou as sessões ordinárias de segunda e sexta-feira em "reuniões de debates", internautas protestaram contra o presidente da Casa, o gaúcho Marco Maia (PT-RS). A conta do parlamentar no Twitter foi inundada por reclamações durante toda a quinta-feira. As críticas à medida não se restringiram ao plano virtual. Na Câmara, o líder do PPS, Rubens Bueno (PR), ironizou a alteração: É a oficialização da gazeta – debochou. Em nota, Maia rebateu afirmando que se o colega tivesse "inteligência emocional", procuraria se informar sobre o funcionamento do Congresso em outros países. O gaúcho classificou a manifestação como "um devaneio de quem desconhece o regimento da Câmara e a prática legislativa". A substituição do dispositivo apenas oficializa o que já ocorria no Legislativo. Sob a explicação de que tem de visitar as suas bases eleitorais, a maioria dos parlamentares não comparece nas segundas e sextas-feiras. A prática comum era de que o presidente da sessão a transformasse em reunião de debate. Na última segunda-feira, apenas 14 dos 513 legisladores registraram presença no plenário. Até quarta-feira, pelo regimento, os ausentes seriam obrigados a justificar a falta. Mas, com a resolução, isso não será necessário, porque o novo texto classifica essas sessões como não deliberativas. Atualmente, os parlamentares só têm o salário descontado quando se ausentam de votações. Além do aval de Maia, a nova redação também teve o apoio dos demais integrantes da Mesa Diretora, que levaram o projeto à votação de maneira simbólica na noite de quarta-feira, sem que os deputados tivessem de se posicionar a favor ou contra. Como se trata de alteração do regimento interno, a medida não tem de ser aprovada pelo Senado e já está em vigor.

dos direitos assegurados constitucionalmente, sobretudo daqueles de ordem social e política, haja vista que a Constituição de 1988 é marcada por um texto dirigente, isto é, comprometido com os ideais de justiça social e de dignidade da pessoa humana. Nesse caminho, cabe ao exegeta encontrar uma solução que, de fato, possibilite a efetivação de tais garantias asseguradas.[475]

Nesse passo, a atuação supletiva do Judiciário, tratando da matéria que competia a outro órgão ou poder, atende ao princípio da supremacia da Constituição e ao direito à efetividade do texto constitucional.[476] E não se vislumbra lesão à divisão de poderes, na medida em que o Judiciário só realizará a integração da ordem jurídica justamente em razão da inércia ou não comprometimento do responsável por tal atividade.[477] Noutras palavras, o Judiciário, quando decide, não viola o princípio da divisão dos poderes nem exorbita poderes do Legislativo; apenas profere decisão imprescindível para o próprio Estado, desincumbindo-se do seu dever de tutelar a ordem constitucional, até mesmo porque, em nosso ver, o aludido princípio não é absoluto,[478] impondo atuação ativa do Judiciário no caso de inação de outro poder que teria a obrigação de atuar.[479] Evocando,

---

[475] Jürgen Habermas afiança que "a concretização do direito constitucional através de um controle judicial da constitucionalidade serve, em última análise, para a clareza do direito e para a manutenção de uma ordem jurídica coerente" (*Direito e democracia*: entre facticidade e validade, p. 302.

[476] Teori Albino Zavascki afirma que "a função jurisdicional tem, hoje, também a finalidade de dar proteção à própria ordem jurídica, independentemente da consideração de um específico fenômeno de incidência e de surgimento de relação jurídicas concretas. É o que se dá nas ações destinadas ao controle concentrado da constitucionalidade das leis e demais atos normativos (ação direta de inconstuicionalidade, ação declaratória de constitucionalidade, ação de inconstitucionalidade por omissão), notavelmente expandidas em nosso sistema a partir da Constituição de 1988". Afiança ainda que "não há como negar que o sistema de controle de constitucionalidade constitui, mais que modo de tutelar a ordem jurídica, um poderoso instrumento para tutelar, ainda que indiretamente, direitos subjetivos individuais, tutela que acaba sendo potencializada em elevado grau, na sua dimensão instrumental, pela eficácia vinculante das decisões" (*Processo coletivo*: tutela de direitos coletivos e tutela coletiva de direitos, p. 50-51).

[477] Manuel García-Pelayo ensina que "[...] en Inglaterra siempre ha predominado un poder sobre los demás; poder que en otro tiempo fue el Parlamento y ahora es el Gobierno en virtud de su dominio de la Cámara de los Comunes y de la práctica de la legislación delegada" (*Derecho constitucional comparado*, p. 283).

[478] Como ensina André Tavares "uma separação absoluta dos poderes deve ser considerada inaceitável ou impraticável". E continua em seus dizeres: "Assim se compreenderá, pois, que na esfera funcional do Tribunal Constitucional possam aparecer funções como a legislativa, sem que isso viole o princípio da separação dos poderes" (*Teoria da justiça constitucional*, p. 169).

[479] Nesse sentido, Luiz Guilherme Marioni pontua que: "O princípio da separação dos poderes confere ao Legislativo o poder de elaborar leis, mas, evidentemente, não lhe dá o poder de inviabilizar a normatividade da Constituição. Aliás, tal poder certamente não é, nem poderia ser absoluto ou imune. Bem por isso, nos casos em que a Constituição depende de lei ou tutela infraconstitucional, a inação do Legislativo, exatamente por não ser vista como discricionária ou manifestação de liberdade e sim como violação de dever, deve ser suprida pelo Judiciário mediante a elaboração da norma que deixou de ser editada" (O surgimento do controle judicial de constitucionalidade no direito comparado e a sua evolução no direito brasileiro. *In*: SARLET *et al. Curso de direito constitucional*, p. 1117).

CAPÍTULO 3
AÇÃO DIRETA DE INCONSTITUCIONALIDADE POR OMISSÃO | 137

nesse particular, as palavras de Anderson Sant'ana Pedra, "verificada uma omissão legislativa, deve o Tribunal Constitucional atuar como órgão de normação positiva, desempenhando, assim, não só seu papel de *defensor* da Constituição e dos direitos fundamentais, mas também de *curador*".[480] Assim, e com espeque também no exposto no item 3.6 deste trabalho, ter-se-ia como decorrência do modelo de Justiça Constitucional e de seu exercício pelo Tribunal Constitucional funções como a de controle, legislativa, governativa, dentre outras, havendo, portanto, um desmembramento da divisão interna da própria função, que passa a ser exercida por mais de um órgão constitucional.[481]

A professora Sandra Joyce Motta Villaverde pontua que a atuação política do Pretório Excelso vai além da declaração de inconstitucionalidade das normas e de se garantir segurança jurídica, transformando-se o Tribunal em "verdadeiro legislador, a fim de harmonizar a velocidade das mudanças sociais e econômicas da nação com a constituição em vigor, sem que sejam subvertidos quaisquer fundamentos da democracia".[482]

Em nossa ótica, portanto, não deve prosperar a tese de que os princípios da democracia e da divisão de poderes obstaculizam a atuação judicial supletiva.[483] Isso porque, nesse caso, o Judiciário não estará obrigando o

---

[480] PEDRA. O tribunal constitucional e o exercício da função legislativa *strito sensu* para a efetivação dos direitos fundamentais em decorrência de uma omissão legislativa inconstitucional. *Revista de Direitos e Garantias Fundamentais*, p. 231.
O referido autor deixa assente ainda – na página 239 do artigo acima mencionado – que "a constatação de que a omissão compromete a concretude de determinado direito fundamental é condição *sine qua non* para que o Tribunal Constitucional atue como órgão dotado de capacidade legislativa *stricto sensu* superveniente, provisória e específica".

[481] Michel Temer, refletindo sobre o controle de constitucionalidade, afirma que: "A primeira afirmação que se deve fazer é aquela referente à finalidade desse controle: é a de realizar, na sua plenitude, a vontade constituinte. Seja: nenhuma norma constitucional deixará de alcançar eficácia plena. Os preceitos que demandarem regulamentação legislativa ou aqueles simplesmente programáticos não deixarão de ser invocáveis e exequíveis em razão da inércia do legislador. O que se quer é que a inação (omissão) do legislador não venha a impedir o auferimento de direitos por aqueles a quem a norma constitucional se destina. Quer-se – com tal forma de controle – passar da abstração para a concreção; da inação para a ação; do descritivo para o realizado. O legislador constituinte de 1988 baseou-se nas experiências constitucionais anteriores, quando muitas normas não foram regulamentadas por legislação integrativa e, por isso, tornaram-se ineficazes" (*Elementos de direito constitucional*, p. 51-52).

[482] VILLAVERDE. *As razões de decidir do Supremo Tribunal Federal*: formas de procedimentalização do direito, p. 158.

[483] Por exemplo, a coleta do lixo: "Ressoa evidente que toda imposição jurisdicional à Fazenda Pública implica em dispêndio e atuar, sem que isso infrinja a harmonia dos poderes, porquanto no regime democrático e no estado de direito o Estado soberano submete-se à própria justiça que instituiu. Afastada, assim, a ingerência entre os poderes, o judiciário, alegado o malferimento da lei, nada mais fez do que cumpri-la ao determinar a realização prática da promessa constitucional. 'A questão do lixo é prioritária, porque está em jogo a saúde pública e o meio ambiente.' Ademais, 'A coleta do lixo e a limpeza dos logradouros públicos são classificados como serviços públicos essenciais e necessários para a sobrevivência do grupo social e do próprio Estado, porque visam a atender as necessidades inadiáveis da comunidade, conforme

legislador a legislar, não perdendo esse poder sua autonomia. O Judiciário estaria, em verdade, fazendo valer o direito à efetividade e à aplicação integral da Constituição como plano normativo-material do Estado, isto é, estaria realizando, na sua plenitude, a vontade do constituinte. Logo, nada mais escorreito para nós do que ir adiante, superando velhos dogmas, a fim de que sejam atendidas as aspirações do povo, que espera justamente poder usufruir dos direitos que lhe foram assegurados. Além do mais, entendemos que não atende ao princípio da razoabilidade[484] e ao real intento do constituinte limitar-se a interpretar literalmente o art. 103, §2º, da Constituição de 1988, aceitando-se como único efeito a ciência da inércia legislativa, dado que, dessa forma, não se resolverá o problema das omissões inconstitucionais, devendo-se, em última análise, atribuir interpretação extensiva e sistemática ao dispositivo, entendendo-se que o legislador, ao preceituar que se dará "ciência ao Poder competente para a adoção das providências necessárias", disse menos do que se pretendeu positivar. Admitir essa visão vai em direção às próprias lições de Konrad Hesse, registradas no capítulo 1 deste trabalho, as quais podem ser resumidas na garantia da "vontade de Constituição". Entendimento em sentido contrário implicaria o fato de que a sociedade continuaria a ser refém da "boa vontade" do legislador[485] e, o que é pior, a garantir até mesmo a perpetuação do "estado de inconstitucionalidade".[486] Além do mais, quando o Tribunal Constitucional atua como "legislador negativo" há uma maior interferência no Legislativo do que quando atua como "legislador

---

estabelecem os arts. 10 e 11 da Lei n.º 7.783/89. Por tais razões, os serviços públicos desta natureza são regidos pelo PRINCÍPIO DA CONTINUIDADE'. 11. Recurso especial provido" (REsp nº 575998/MG, Rel. Ministro Luiz Fux, Primeira Turma, julgado em 07.10.2004, *DJ*, 16 nov. 2004).

[484] Samuel Meira Brasil Júnior entende "ser possível aplicar a proporcionalidade em problemas abstratos". Ademais, afirma ainda que "a ponderação é o método mais adequado para assegurar a efetividade de um processo de resultado justo [...]" (BRASIL JÚNIOR. *Justiça, direito e processo*: a argumentação e o direito processual de resultados justos, p. 102; 111).

[485] Sobre o tema, Luiz Guilherme Marinoni preleciona que: "Ao não se conceber a elaboração da norma faltante ao Judiciário, confere-se ao Legislativo, implicitamente, o poder de anular a Constituição, retornando-se, assim, ao tempo em que a Constituição dependia da 'boa vontade' do legislador. Ora, não há como compatibilizar o princípio da supremacia da constituição com a idéia de que esta pode vir a falhar em virtude da não atuação legislativa. Isso seria, bem vistas as coisas, dar ao legislador o poder de fazer a constituição desaparecer. Ademais, admitir que o Judiciário nada pode fazer quando o legislador se nega a tutelar as normas constitucionais é não perceber que o dever de tutela da constituição é acometido ao Estado e não apenas ao Legislativo. Quando o Legislativo não atua, um Tribunal Supremo ou uma Corte Constitucional têm inescondível dever de proteger a Constituição. Assim, se é a norma legislativa que falta para dar efetividade à Constituição, cabe ao Judiciário, sem qualquer dúvida, elaborá-la, evitando, assim, a desintegração da ordem constitucional" (O surgimento do controle judicial de constitucionalidade no direito comparado e a sua evolução no direito brasileiro. *In*: SARLET *et al. Curso de direito constitucional*, p. 1116.

[486] A expressão "estado de inconstitucionalidade" deve ser compreendida, para fins deste trabalho, como a continuidade de uma inconstitucionalidade, no caso, por omissão em se efetivar o texto constitucional.

CAPÍTULO 3
AÇÃO DIRETA DE INCONSTITUCIONALIDADE POR OMISSÃO | 139

positivo", eis que como "legislador negativo" sua manifestação se sobrepõe à atuação anterior do Poder Legislativo, dizendo que ela colide com o texto constitucional, ao passo que como "legislador positivo" atuará apenas de maneira supletiva, isto é de forma secundária, até que o legislador atue.[487]

Quanto ao princípio da democracia, após reflexão, vale ainda o registro de que o Brasil adotou, em seu art. 1º, parágrafo único,[488] da Constituição de 1988, a dita "democracia híbrida", isto é, o poder tanto pode ser exercido diretamente pelo próprio provo (exemplos: plebiscito, referendo, iniciativa popular etc.), quanto por seus representantes (democracia indireta). Nesse passo, pela tradição brasileira, o Presidente da República "indica" a pessoa que preencha os requisitos constitucionais para o cargo de Ministro do STF, cabendo ao Senado Federal aprovar o nome por maioria absoluta e, uma vez chancelado, é nomeado pelo Chefe do Poder Executivo Federal.[489] Nessa toada, em nossa visão, não se pode deixar de reconhecer que os Ministros do STF gozam de certo grau de legitimidade democrática para a confecção, ainda que provisória, da espécie normativa faltante, na medida em que a sua aprovação e nomeação se dá por legítimos "representantes do povo".

Defendemos, todavia, na linha do professor Barroso, que o STF ao proferir "sentença aditiva"[490] ("de gasto" ou "de garantia"), de natureza provisória – isto é, com validade até o responsável cumprir a sua atividade –, deve assinalar, apenas no caso de provimento "aditivo de gasto" ou "prestação" de considerável repercussão econômica, cuja análise deve ser realizada caso a caso, prazo razoável para o pronunciamento efetivamente surtir efeitos, sendo, em princípio, o início do exercício financeiro seguinte um marco racional e responsável para tal efetivação, observando-se, na medida

---

[487] Cf. PEDRA. O tribunal constitucional e o exercício da função legislativa *strito sensu* para a efetivação dos direitos fundamentais em decorrência de uma omissão legislativa inconstitucional. *Revista de Direitos e Garantias Fundamentais*, p. 245.

[488] Art. 1º [...] Parágrafo único. Todo o poder emana do povo, que o exerce por meio de representantes eleitos ou diretamente, nos termos desta Constituição.

[489] Art. 101. O Supremo Tribunal Federal compõe-se de onze Ministros, escolhidos dentre cidadãos com mais de trinta e cinco e menos de sessenta e cinco anos de idade, de notável saber jurídico e reputação ilibada. Parágrafo único. Os Ministros do Supremo Tribunal Federal serão nomeados pelo Presidente da República, depois de aprovada a escolha pela maioria absoluta do Senado Federal.
Art. 84. Compete privativamente ao Presidente da República: XIV - nomear, após aprovação pelo Senado Federal, os Ministros do Supremo Tribunal Federal e dos Tribunais Superiores, os Governadores de Territórios, o Procurador-Geral da República, o presidente e os diretores do banco central e outros servidores, quando determinado em lei;

[490] Segundo Cerri Augusto, não se admite a prolação de sentenças manipulativas aditivas em todos os casos. A Corte Constitucional italiana, com espeque no princípio da legalidade em matéria penal, não admite tais provimentos *in malam partem*. Observa ainda que atenta ao problema financeiro que a decisão judicial pode gerar, a doutrina italiana tem diferenciado decisórios "aditivos de gastos" ou "prestação" daqueles "aditivos de garantias" (*Corso di giustizia constitucionale*, p. 237-238).

do possível, o "limite do orçamento" ("reserva do possível").[491] Em linhas gerais, a reserva do possível – cuja ideia pode ser extraída da inteligência do art. 167, incs. I e II, da Constituição, que preceitua ser vedado "o início de programas ou projetos não incluídos na lei orçamentária anual" e "a realização de despesas ou assunção de obrigações diretas que excedam os créditos orçamentários ou adicionais" – significa que qualquer orçamento possui um limite, o qual deve ser usado em conformidade com exigências de harmonização econômica em geral. Nessa linha, deve-se observar e ter a devida cautela orçamentária ao se implementar a decisão, a fim de que o direito a ser efetivado não torne inviável a execução de outros direitos e/ou "políticas públicas" de suma importância para a sociedade.[492] Como exemplo disso, podemos citar o direito à efetividade do art. 37, X,[493] da Constituição, que assegura aos servidores o direito da revisão geral anual, o qual poderia ser realizado por ordem judicial, surtindo efeitos a partir de determinado marco temporal (por exemplo, no exercício financeiro seguinte), como ainda o direito de regulação de greve para servidores públicos, os arts. 32, §4º e 196, da CR,[494] além das normas programáticas –

---

[491] Roberto Romboli afiança que o art. 81, §4º, da Constituição italiana – dispositivo esse que seria "equivalente", porém muito mais rigoroso que o art. 63 da Constituição brasileira, o qual, em síntese, não admite aumento de despesa dos projetos de inciativa do Presidente da República, de organização do Legislativo Federal, Tribunais Federais etc. – que prevê indicação da fonte de custeio não vincula diretamente os pronunciamentos judiciais, devendo, contudo, ser visto como princípio a ser considerado e valorado pela Corte no momento do julgamento da legitimidade da norma (La tipologia de las decisiones de la Corte Constituicional en el processo sobre la constitucionalidade de las leyes planteado en vía incidental. Revista Española de Derecho Constitucional, p. 35-80).

[492] Cf. SARLET; TIMM (Org.). Direitos fundamentais: orçamento e "reserva do possível, p. 143; 151-153.

[493] Art. 37. X - a remuneração dos servidores públicos e o subsídio de que trata o §4º do art. 39 somente poderão ser fixados ou alterados por lei específica, observada a iniciativa privativa em cada caso, assegurada revisão geral anual, sempre na mesma data e sem distinção de índices; Nesse caso, o STF vem se manifestando no seguinte sentido: "EMENTA: AGRAVO REGIMENTAL EM RECURSO EXTRAORDINÁRIO. SERVIDORES PÚBLICOS ESTADUAIS. DIREITO À REVISÃO GERAL DE QUE TRATA O INCISO X DO ARTIGO 37 DA MAGNA CARTA (REDAÇÃO ORIGINÁRIA). NECESSIDADE DE LEI ESPECÍFICA. IMPOSSIBILIDADE DE O PODER JUDICIÁRIO FIXAR O ÍNDICE OU DETERMINAR QUE O CHEFE DO EXECUTIVO ENCAMINHE O RESPECTIVO PROJETO DE LEI. JURISPRUDÊNCIA DO STF. Mesmo que reconheça mora do Chefe do Poder Executivo, o Judiciário não pode obrigá-lo a apresentar projeto de lei de sua iniciativa privativa, tal como é o que trata da revisão geral anual da remuneração dos servidores, prevista no inciso X do artigo 37 da Lei Maior, em sua redação originária. Ressalva do entendimento pessoal do Relator. Precedentes: ADI 2.061, Relator Ministro Ilmar Galvão; MS 22.439, Relator Ministro Maurício Corrêa; MS 22.663, Relator Ministro Néri da Silveira; AO (sic) 192, Relator Ministro Sydney Sanches; e RE 140.768, Relator Ministro Celso de Mello. Agravo regimental desprovido" (RE nº 527622 AgR, Relator(a): Min. Carlos Britto, Primeira Turma, julgado em 22 maio 2007).

[494] Art. 32. §4º - Lei federal disporá sobre a utilização, pelo Governo do Distrito Federal, das polícias civil e militar e do corpo de bombeiros.
Art. 196. A saúde é direito de todos e dever do Estado, garantido mediante políticas sociais e econômicas que visem à redução do risco de doença e de outros agravos e ao acesso universal e igualitário às ações e serviços para a promoção, proteção e recuperação.

CAPÍTULO 3
AÇÃO DIRETA DE INCONSTITUCIONALIDADE POR OMISSÃO | 141

cuja concentração principal se encontra nos títulos VII e VIII da CR – e/ou daquelas que asseguram direitos sociais, tal como é o caso da norma constitucional do salário-mínimo (art. 7º, IV, da CR) que, para se efetivar, impõe atuação positiva estatal no sentido de fixar-lhe adequado valor e reajustá-lo periodicamente, o que se justifica na medida em que a natureza jurídica do direito social em questão cuida-se de imposição constitucional permanente e concreta. Agindo dessa forma, harmonizam-se os princípios da supremacia da Constituição e da efetividade, de um lado, e os princípios do orçamento, da separação de poderes e da legalidade, de outro.

Flávia Piovesan, por sua vez, lembrando, por exemplo, que o Poder Executivo exerce função atípica quando se utiliza de medida provisória, instrumento cabível apenas nos casos de relevância e urgência, sugere que se dispense igual tratamento à ADO, de sorte que nas hipóteses de relevância e urgência o STF pode resolver a "lide proposta", prolatando uma decisão provisória até a supressão da omissão, salientando, ainda, que a proposta que se faz esteja inspirada na jurisprudência alemã.[495] Além disso, não vislumbramos justificativa plausível e razoável capaz de sustentar que o STF adote no mandado de injunção posição que concretize direitos em abstrato, típico do processo objetivo, como fez quando estendeu, por analogia e no que couber, a aplicação da lei de greve da iniciativa privada para os servidores públicos, e quando do exame da ADO encampe orientação diferente (de viés conservador). Em nossa visão, dita posição adotada em sede de mandado de injunção fortifica o entendimento de que se deve dispensar igual tratamento à ADO, até mesmo porque esta é, sim, instrumento típico para soluções abstratas/gerais.

Portanto, e volvendo os olhos para o problema posto na introdução, pensamos que o STF não dá efetividade às decisões em sede de ADO por realizar interpretação literal – que não coaduna com os anseios atuais – do art. 103, §2º, da Constituição e "conservadora" do princípio da divisão dos poderes. Todavia, tal entendimento é incoerente até mesmo com outras posições adotadas pela Suprema Corte, conforme registrado neste trabalho, possuindo o Pretório Excelso o dever de dar efetividade a tais decisórios, assegurando, assim, o exercício do direito garantido constitucionalmente, com observância das ponderações ora levadas a efeito. Para tanto, é claro, deve-se observar ainda os apontamentos formulados no tópico denominado "momento para caracterização da omissão inconstitucional". Perfilhar tal exegese vai de encontro às aspirações e trabalhos que vêm sendo desempenhados no âmbito do direito processual civil, na medida em que, dessa forma, evitar-se-á o ajuizamento de considerável número

---

[495] Cf. PIOVESAN. Proteção judicial contra omissões legislativas: ação direta de inconstitucionalidade por omissão e mandado de injunção, p. 109-110.

de demandas, levando-se em consideração a prática forense, em que, cada vez mais, vem-se judicializando os problemas da vida.

Com isso, o Pretório Excelso, como consignado alhures, vem adotando uma postura proativa (ativismo judicial) em determinados casos. E não estamos nos referindo aqui apenas ao citado caso da greve para servidores públicos, mas de outros, como exemplo, o julgamento da ADI nº 4.177, em que ao se atribuir "interpretação conforme a Constituição" do art. 1.723[496] do Código Civil de 2002, valendo-se de princípios como o da dignidade da pessoa humana e do art. 3º, IV[497], da CR, passou-se a garantir direitos conferidos por lei àqueles que vivem em uniões estáveis heterossexuais às pessoas que vivem em união homoafetiva, conforme se pode conferir do capítulo dispositivo do voto do eminente Ministro Relator, Carlos Ayres Britto:

> Isto posto, pelo meu voto, julgo procedente as presentes ações diretas de inconstitucionalidade para que sejam aplicadas às uniões homoafetivas, caracterizadas como entidades familiares, as prescrições legais relativas às uniões estáveis heterossexuais, excluídas aquelas que exijam a diversidade de sexo para o seu exercício, até que sobrevenham disposições normativas específicas que regulem tais relações.

Outro exemplo disso é a judicialização do direito a medicamento (saúde).[498] O STF vem se manifestando reiteradamente acerca do tema, colhendo-se o seguinte aresto a título de exemplo:

> Consolidou-se a jurisprudência desta Corte no sentido de que, embora o art. 196 da Constituição de 1988 traga norma de caráter programático, o Município não pode furtar-se do dever de propiciar os meios necessários ao gozo do direito à saúde por todos os cidadãos. Se uma pessoa necessita, para garantir o seu direito à saúde, de tratamento médico adequado, é dever solidário da União, do Estado e do Município providenciá-lo. (AI nº 550.530-AgR, rel. min. Joaquim Barbosa, julgamento em 26-6-2012, Segunda Turma, *DJE* 16 ago. 2012).

Ainda acerca do "ativismo judicial", impõe-se fazer uma reflexão acerca da atuação da justiça eleitoral, mais precisamente do Tribunal

---

[496] Art. 1.723. É reconhecida como entidade familiar a união estável entre o homem e a mulher, configurada na convivência pública, contínua e duradoura e estabelecida com o objetivo de constituição de família.

[497] Art. 3º Constituem objetivos fundamentais da República Federativa do Brasil: IV – promover o bem de todos, sem preconceitos de origem, raça, sexo, cor, idade e quaisquer outras formas de discriminação.

[498] André Carvalho, tecendo comentários acerca da omissão estatal nas políticas públicas, mais especificamente no que tange a medicamentos, deixa assente que: "Se houver a política pública implementada, não há que se falar em omissão que legitime a interferência do Judiciário na implementação destas políticas. No entanto, na ausência de políticas que garantam efetivamente o direito à saúde, caberia a atuação do Poder Judiciário" (O impacto orçamentário da atuação do Poder Judiciário nas tutelas concessivas de medicamentos. *In*: AMARAL JÚNIOR. *Estado de Direito e Ativismo Judicial*, p. 26).

CAPÍTULO 3
AÇÃO DIRETA DE INCONSTITUCIONALIDADE POR OMISSÃO | 143

Superior Eleitoral. E, para tanto, faremos a análise do tema tomando-se como parâmetro a Resolução nº 22.610/2007 emanada do Egrégio TSE, a qual disciplinou o processo de perda de cargo eletivo, bem como de justificação de desfiliação partidária.

Em se cuidando de direito eleitoral, a Constituição de 1988 não desce a minúcias, cabendo à legislação infraconstitucional disciplinar o tema, o que foi feito com o advento da Lei nº 4.737/65 (Código Eleitoral), em seu tempo recepcionada como lei complementar, a qual, em linhas gerais, após regular a divisão e competência dos órgãos que compõem a Justiça Eleitoral, fixa normas acerca do alistamento eleitoral e do processo eleitoral. O aludido diploma legal traz em seu art. 23 o rol de competências do TSE, destacando-se, para fins deste trabalho, a inteligência dos incs. IX e XVIII,[499] os quais preveem, respectivamente, que compete ao TSE "expedir as instruções normativas que julgar convenientes à execução deste Código", e "tomar quaisquer outras providências que julgar convenientes à execução da legislação eleitoral". Esta última, aliás, seria uma espécie de atribuição regulamentadora suplementar.

Disto se pode extrair a competência regulamentadora do TSE em matéria administrativa e legislativa, não podendo, por decorrência lógica, exorbitar os limites insculpidos no Código Eleitoral, porque, segundo a dicção do art. 22, inc. I,[500] do texto constitucional, compete privativa da União Federal legislar sobre direito eleitoral. A título ilustrativo, faremos uma análise no tocante ao momento de atuação da Justiça Eleitoral. O STF, em sede de mandado de segurança,[501] decidiu que o mandato parlamentar

---

[499] Art. 23 - Compete, ainda, privativamente, ao Tribunal Superior,
IX - expedir as instruções que julgar convenientes à execução deste Código;
XVIII - tomar quaisquer outras providências que julgar convenientes à execução da legislação eleitoral.

[500] Art. 22. Compete privativamente à União legislar sobre: I - direito civil, comercial, penal, processual, eleitoral, agrário, marítimo, aeronáutico, espacial e do trabalho;

[501] EMENTA: CONSTITUCIONAL. ELEITORAL. MANDADO DE SEGURANÇA. FIDELIDADE PARTIDÁRIA. DESFILIAÇÃO. PERDA DE MANDATO. ARTS. 14, §3º, V E 55, I A VI DA CONSTITUIÇÃO. CONHECIMENTO DO MANDADO DE SEGURANÇA, RESSALVADO ENTENDIMENTO DO RELATOR. SUBSTITUIÇÃO DO DEPUTADO FEDERAL QUE MUDA DE PARTIDO PELO SUPLENTE DA LEGENDA ANTERIOR. ATO DO PRESIDENTE DA CÂMARA QUE NEGOU POSSE AOS SUPLENTES. CONSULTA, AO TRIBUNAL SUPERIOR ELEITORAL, QUE DECIDIU PELA MANUTENÇÃO DAS VAGAS OBTIDAS PELO SISTEMA PROPORCIONAL EM FAVOR DOS PARTIDOS POLÍTICOS E COLIGAÇÕES. ALTERAÇÃO DA JURISPRUDÊNCIA DO SUPREMO TRIBUNAL FEDERAL. MARCO TEMPORAL A PARTIR DO QUAL A FIDELIDADE PARTIDÁRIA DEVE SER OBSERVADA [27.3.07]. EXCEÇÕES DEFINIDAS E EXAMINADAS PELO TRIBUNAL SUPERIOR ELEITORAL. DESFILIAÇÃO OCORRIDA ANTES DA RESPOSTA À CONSULTA AO TSE. ORDEM DENEGADA. 1. Mandado de segurança conhecido, ressalvado entendimento do Relator, no sentido de que as hipóteses de perda de mandato parlamentar, taxativamente previstas no texto constitucional, reclamam decisão do Plenário ou da Mesa Diretora, não do Presidente da Casa, isoladamente e com fundamento em decisão do Tribunal Superior Eleitoral. 2. A permanência do parlamentar no partido político pelo qual se elegeu é imprescindível para a manutenção da representatividade partidária do próprio

de deputados e vereadores pertence à agremiação em que foram eleitos, sendo que eventual troca de partido, ressalvados os casos em que houver "justa causa" para desfiliação, consubstancia ato de infidelidade partidária, podendo o "infiel" perder o mandato. Porém, a dúvida que fica é: quem tem competência para apreciar tal questão: a Justiça Comum ou a Eleitoral? E mais: compete a qual órgão do Judiciário apreciar a questão?

Apesar de a lei (Código Eleitoral) não cuidar de tais questões, o art. 2º da Resolução nº 22.610/07 do TSE, por seu turno, procurou resolver tais indagações, ao preceituar que "o Tribunal Superior Eleitoral é competente para processar e julgar pedido relativo a mandato federal; nos demais casos, é competente o tribunal eleitoral do respectivo estado". No entanto, ao levar a efeito tal competência regulamentar, o TSE acabou por exorbitar os limites previstos pelo texto constitucional e pela própria legislação de regência (Código Eleitoral), posto que, em verdade, houve invasão de competência do Congresso Nacional. Não obstante, o STF, ao se debruçar acerca da constitucionalidade, ou não, da resolução em comento, o que ocorreu quando do exame das ADIs nºs 3.999[502] e 4.086 – cujas ementas

---

mandato. Daí a alteração da jurisprudência do Tribunal, a fim de que a fidelidade do parlamentar perdure após a posse no cargo eletivo. 3. O instituto da fidelidade partidária, vinculando o candidato eleito ao partido, passou a vigorar a partir da resposta do Tribunal Superior Eleitoral à Consulta n. 1.398, em 27 de março de 2007. 4. O abandono de legenda enseja a extinção do mandato do parlamentar, ressalvadas situações específicas, tais como mudanças na ideologia do partido ou perseguições políticas, a serem definidas e apreciadas caso a caso pelo Tribunal Superior Eleitoral. 5. Os parlamentares litisconsortes passivos no presente mandado de segurança mudaram de partido antes da resposta do Tribunal Superior Eleitoral. Ordem denegada (MS nº 26602, Relator(a): Min. Eros Grau, Tribunal Pleno, julgado em 04.10.2007). Nesse sentido: Mandado de Segurança nº 26603, Relator Ministro Celso de Mello, Tribunal Pleno, julgado em 04.10.2007, e Mandado de Segurança nº 26604/DF, Relatora Ministra Cármen Lúcia, Tribunal Pleno, julgado em 04.10.2007.

[502] EMENTA: AÇÃO DIRETA DE INCONSTITUCIONALIDADE. RESOLUÇÕES DO TRIBUNAL SUPERIOR ELEITORAL 22.610/2007 e 22.733/2008. DISCIPLINA DOS PROCEDIMENTOS DE JUSTIFICAÇÃO DA DESFILIAÇÃO PARTIDÁRIA E DA PERDA DO CARGO ELETIVO. FIDELIDADE PARTIDÁRIA. 1. Ação direta de inconstitucionalidade ajuizada contra as Resoluções 22.610/2007 e 22.733/2008, que disciplinam a perda do cargo eletivo e o processo de justificação da desfiliação partidária. 2. Síntese das violações constitucionais argüidas. Alegada contrariedade do art. 2º da Resolução ao art. 121 da Constituição, que ao atribuir a competência para examinar os pedidos de perda de cargo eletivo por infidelidade partidária ao TSE e aos Tribunais Regionais Eleitorais, teria contrariado a reserva de lei complementar para definição das competências de Tribunais, Juízes e Juntas Eleitorais (art. 121 da Constituição). Suposta usurpação de competência do Legislativo e do Executivo para dispor sobre matéria eleitoral (arts. 22, I, 48 e 84, IV da Constituição), em virtude de o art. 1º da Resolução disciplinar de maneira inovadora a perda do cargo eletivo. Por estabelecer normas de caráter processual, como a forma da petição inicial e das provas (art. 3º), o prazo para a resposta e as conseqüências da revelia (art. 3º, caput e par. ún.), os requisitos e direitos da defesa (art. 5º), o julgamento antecipado da lide (art. 6º), a disciplina e o ônus da prova (art. 7º, caput e par. ún., art. 8º), a Resolução também teria violado a reserva prevista nos arts. 22, I, 48 e 84, IV da Constituição. Ainda segundo os requerentes, o texto impugnado discrepa da orientação firmada pelo Supremo Tribunal Federal nos precedentes que inspiraram a Resolução, no que se refere à atribuição ao Ministério Público eleitoral e ao terceiro interessado para, ante a omissão do Partido Político, postular a perda do

possuem literalmente a mesma redação –, firmou entendimento por sua constitucionalidade, deixando assente, na oportunidade, que a resolução possui validade transitória, isto é, produzirá efeitos até que o Legislativo, no caso o Congresso Nacional, regulamente a matéria.

Portanto, pode-se afirmar que o TSE possui competência para legislar nos limites insertos no Código Eleitoral, mais estritamente em seu art. 23. Todavia, o referido Tribunal Superior, ao confeccionar a Resolução nº 22.610/2007 sem amparo legal, acabou por ir além da competência legislativa que lhe foi deferida, editando espécie normativa dotada de abstratividade e normatividade própria de lei, feita sem observância ao processo legislativo previsto na Constituição. Em suma, pensamos que a competência deferida ao TSE para legislar, ainda que em pequena escalada, acrescida, sobretudo, do entendimento firmado pelo STF acerca da referida resolução, acaba corroborando o posicionamento ora defendido, qual seja, de que a ADO seja instrumento que realmente efetive,

---

cargo eletivo (art. 1º, §2º). Para eles, a criação de nova atribuição ao MP por resolução dissocia-se da necessária reserva de lei em sentido estrito (arts. 128, §5º e 129, IX da Constituição). Por outro lado, o suplente não estaria autorizado a postular, em nome próprio, a aplicação da sanção que assegura a fidelidade partidária, uma vez que o mandato "pertenceria" ao Partido.) Por fim, dizem os requerentes que o ato impugnado invadiu competência legislativa, violando o princípio da separação dos poderes (arts. 2º, 60, §4º, III da Constituição). 3. O Supremo Tribunal Federal, por ocasião do julgamento dos Mandados de Segurança 26.602, 26.603 e 26.604 reconheceu a existência do dever constitucional de observância do princípio da fidelidade partidária. Ressalva do entendimento então manifestado pelo ministro-relator. 4. Não faria sentido a Corte reconhecer a existência de um direito constitucional sem prever um instrumento para assegurá-lo. 5. As resoluções impugnadas surgem em contexto excepcional e transitório, tão-somente como mecanismos para salvaguardar a observância da fidelidade partidária enquanto o Poder Legislativo, órgão legitimado para resolver as tensões típicas da matéria, não se pronunciar. 6. São constitucionais as Resoluções 22.610/2007 e 22.733/2008 do Tribunal Superior Eleitoral. Ação direta de inconstitucionalidade conhecida, mas julgada improcedente (ADI nº 3.999, Relator(a): Min. Joaquim Barbosa, Tribunal Pleno, julgado em 12.11.2008).
Colhe-se a seguinte passagem do voto do eminente Relator: "Vale dizer, de pouco adiantaria a Suprema Corte reconhecer um dever – *fidelidade partidária* – e não reconhecer a existência de um mecanismo ou de um instrumento legal para assegurá-lo. A inexistência do mecanismo leva o quadro de exceção, que se crê ser temporário. É nesse quadro excepcional, de carência de meio para garantia de um direito constitucional, marcado pela transitoriedade, que interpreto a adequação da resolução impugnada ao art. 21, IX, do Código Eleitoral, este interpretado conforme a Constituição. O poder normativo do Tribunal Superior Eleitoral se submete, por óbvio, à Constituição. Por seu turno, o texto constitucional comete ao Legislativo o poder-dever de exercer a representação política que lhe foi outorgada e dispor sobre matéria eleitoral, nela consideradas o alcance e o processo que leva à caracterização da infidelidade partidária. E, neste ponto, ressalvadas as salvaguardas constitucionais, o Legislativo é soberano. A demarcação do âmbito de atividade do Legislativo, contudo, deve ser sensível à situações extraordinárias, marcadas pela necessidade de proteção de um direito que emana da própria Constituição. A atividade normativa do TSE recebe o amparo da extraordinária circunstância de o Supremo Tribunal Federal ter reconhecido a fidelidade partidária como requisito para permanência em cargo eletivo e a ausência expressa de mecanismo destinado a assegurá-lo. Ante o exposto, tendo presente o quadro de transitoriedade a que fiz alusão e ressalvando o meu ponto de vista pessoal, já externado por ocasião do julgamento dos mandados de segurança mencionados, conheço desta ação direta de inconstitucionalidade, mas a julgo improcedente, considerando, pois, válidas as resoluções adotadas pelo TSE até que o Congresso Nacional disponha sobre a matéria".

ainda que temporariamente, direitos constitucionalmente assegurados, porém não passíveis de serem usufruídos pela ausência de regulamentação. Em conseguinte, quer nos parecer que tais posições adotadas pela Suprema Corte acabam por fortalecer o entendimento de que o STF não só pode, mas deve dar efetivamente a decisão em sede de ADO.

Noutro giro, e com base no exposto, pensamos que é admissível a propositura de ADO quando a lei que regulamenta a norma constitucional não mais cumpre o seu papel; dito de outro modo, ficou defasada com o passar do tempo. Haveria, nessa hipótese, uma omissão inconstitucional superveniente que deve ser corrigida, sob pena de se prolongar ou até mesmo perpetuar o "estado de inconstitucionalidade".

Por fim, com relação à eficácia da decisão, o provimento externando na ADO terá efeito *"erga omnes"*.[503] Nessa esteira, Regina Maria Ferrari deixa assente que o efeito é *erga omnes*, isto é, alcança a todos, revestindo-se a decisão da autoridade da coisa julgada. Ensina, ainda, que à decisão declaratória de inconstitucionalidade por omissão se pode atribuir efeitos *ex tunc* (retroativo) ou *ex nunc* (para o futuro).[504] Diz que quando a própria Constituição fixa prazo para realizar a determinação nela estampada, se o poder competente não atuar em tempo, a declaração de inconstitucionalidade por omissão deve alcançar o primeiro dia depois de terminado o prazo estipulado pelo texto constitucional, podendo retroagir até tal data, posto que a partir do escoamento da data estabelecida resta limitada a discricionariedade do legislador. Quando, no entanto, o texto constitucional não estipula prazo para o responsável atuar, entendemos que não há uma fórmula exata e segura a seguir, pois, em princípio, enquanto não seja declarada que a omissão é inconstitucional, a ação estaria no âmbito de atuação do legislador, sendo que só a partir do momento do reconhecimento da inércia é que surtirão os efeitos da decisão.[505]

No que concerne à hipótese em que o texto constitucional fixa o prazo para atuação, parece-nos escorreito que, em regra, os efeitos da decisão retroajam ao primeiro dia depois de expirado tal lapso temporal. Todavia, é possível, em tese, que pelas mais diversas razões – por exemplo, a questão orçamentária – a decisão espraia seus efeitos apenas para o futuro ou para outro marco temporal fixado. Se, todavia, a Constituição não assinala prazo, para nós a regra será que o decisório surtirá seus efeitos para o futuro ou para outro momento, o qual poderia, em tese, ser uma

---

[503] Cf. MORAES. *Curso de direito constitucional*, p. 250-251.

[504] Art. 27. Ao declarar a inconstitucionalidade de lei ou ato normativo, e tendo em vista razões de segurança jurídica ou de excepcional interesse social, poderá o Supremo Tribunal Federal, por maioria de dois terços de seus membros, restringir os efeitos daquela declaração ou decidir que ela só tenha eficácia a partir de seu trânsito em julgado ou de outro momento que venha a ser fixado.

[505] Cf. FERRARI. *Efeitos da declaração de inconstitucionalidade*, p. 162-165.

data retroativa ao pronunciamento judicial ou até mesmo ao ajuizamento da demanda. A análise, no entanto, há de ser feita na concretude do caso, levando-se em consideração as mais diversas especificidades e/ou variáveis de cada hipótese.

Na sequência, enfrentaremos a questão atinente a eventual direito de indenização em razão da omissão inconstitucional.

3.8 Direito à indenização diante de omissão inconstitucional?

A questão a ser arrostada nesse tópico gravita em torno da seguinte indagação: Se a decisão em ADO não resolver o problema da omissão, de sorte a perdurar o "estado de inconstitucionalidade", o Estado é responsável por eventual indenização?

O vocábulo "responsabilidade" advém do latim *respondere*, significando, portanto, "responder". Logo, se não houver uma resposta ou ela for insatisfatória, exsurgirá a responsabilização, sendo que, na seara jurídica, exige-se ainda a visualização de um prejuízo.[506] Várias são as teorias sobre a responsabilidade do Estado, existindo certo grau de divergência acerca de qual delas adotar.

Num primeiro momento, adotou-se a teoria da irresponsabilidade do Estado. No passado, o Estado era "personificado" pela figura do governante – o rei – o qual não era responsabilizado por seus atos. Mais adiante, passou-se a admitir a responsabilidade funcional, respondendo o funcionário público por eventual dano, até mesmo porque o Estado não poderia ser responsabilizado já que era uma "ficção jurídica". Com a teoria civilista, tal entendimento restou ultrapassado, permitindo-se alcançar diretamente o Estado pelas falhas de seus prepostos, ressalvado o direito de regresso do ente público por conduta culposa de seu agente.[507]

No sistema brasileiro, contemplou-se, em regra, a responsabilidade objetiva do Estado, de sorte que se um agente público praticar um ato lesivo a alguém, o Estado será responsabilizado independentemente de culpa, conforme se extai do art. 37, §6º,[508] da Constituição da República. Assim, para o lesado ter direito à indenização, deverá demonstrar a conduta estatal, o dano suportado e o nexo causal.

Em relação à omissão inconstitucional, trataremos especificamente da inércia legislativa, por ser o objeto central dessa pesquisa. Partindo da

---

[506] Cf. SCAFF. *Responsabilidade civil do estado intervencionista*, p. 119.

[507] Cf. SCAFF. *Responsabilidade civil do estado intervencionista*, p. 126-133.

[508] Art. 37 [...]. §6º As pessoas jurídicas de direito público e as de direito privado prestadoras de serviços públicos responderão pelos danos que seus agentes, nessa qualidade, causarem a terceiros, assegurado o direito de regresso contra o responsável nos casos de dolo ou culpa.

premissa de que o Brasil é um Estado democrático de direito, um Estado de leis em que todos devem cumpri-las, inclusive os Poderes Públicos, a não obediência do Legislativo no sentido de deixar de cumprir comandos constitucionais não permite outra conclusão senão a de que o Estado deve, sim, indenizar por sua inércia, até mesmo porque há o reconhecimento de uma obrigação do Legislativo não adimplida, devendo, outrossim, a questão ser compreendida dentro da ótica da inafastabilidade do Judiciário para apreciar lesão ou ameaça de lesão a direito.[509] Noutras palavras, havendo o descumprimento de uma obrigação pelo Poder Público, no caso, em razão de inércia, e se tal omissão gera um prejuízo, atrai-se a incidência da responsabilização da pessoa jurídica de direito público, o que se justifica também sob a ótica do art. 5º, inc. XXXV,[510] da Constituição de 1988, que garante a inafastabilidade de o Judiciário apreciar lesão ou ameaça de lesão de direito.

Ademais, o princípio da efetividade não admite omissões normativas, preconizando, ainda, que se a inércia legiferante persistir, de sorte a obstar o exercício do direito por seu titular, a situação se deve resolver em indenização.[511] Para tanto, é claro, deverá aquele que se sentir lesado demonstrar a omissão legislativa inconstitucional impugnável e o momento de sua caracterização, tal como discorremos no capítulo anterior, como ainda o dano suportado e a relação entre a omissão legislativa e o prejuízo.

Jorge Miranda, debruçando-se sobre o tema, deixa assente que "a par da responsabilidade por atos inconstitucionais, e mais ou menos conexa com ela, pode haver responsabilidade civil do Estado por omissões inconstitucionais, máxime por omissões legislativas".[512] Flávia Piovesan enfatiza que "configurada a omissão, é cabível o ajuizamento de perdas e danos contra a pessoa jurídica de direito público, responsável pela omissão".[513]

A jurisprudência pátria é divergente no trato do tema. Quando do julgamento dos Mandados de Injunção nºs 283 e 284 – arestos esses transcritos no capítulo anterior –, o STF firmou entendimento de que se a mora não fosse superada o titular do direito obstado poderia ir a juízo obter a escorreita reparação.[514]

---

[509] Cf. PUCCINELLI JÚNIOR. *A omissão legislativa inconstitucional e a responsabilidade do Estado legislador*, p. 234.

[510] Art. 5º. XXXV – a lei não excluirá da apreciação do Poder Judiciário lesão ou ameaça a direito;

[511] Cf. MOTA. *Responsabilidade civil do Estado Legislador*, p. 181.

[512] MIRANDA. *Manual de direito constitucional*, p. 375.

[513] PIOVESAN. *Proteção judicial contra omissões legislativas*: ação direta de inconstitucionalidade por omissão e mandado de injunção, p. 106.

[514] Reconhecido o estado de mora do Congresso Nacional – único destinatário do comando para satisfazer, no caso, a prestação legislativa reclamada – e considerando que, embora devidamente cientificado no Mandado de Injunção n. 283, absteve-se de adimplir a obrigação que lhe foi constitucionalmente imposta, torna-se *prescindível* nova comunicação à instituição parlamentar, assegurando-se aos impetrantes, *desde logo*, a possibilidade de ajuizarem, *imediatamente*, nos termos do direito comum ou ordinário, a ação de reparação de natureza econômica instituída em seu favor pelo preceito transitório (MI nº 284, Relator(a): Min. Marco Aurélio, Relator(a) p/ Acórdão: Min. Celso de Mello, Tribunal Pleno, julgado em 22.11.1992).

CAPÍTULO 3
AÇÃO DIRETA DE INCONSTITUCIONALIDADE POR OMISSÃO | 149

De outra banda, a própria Suprema Corte também possui aresto em sentido contrário.[515]

Enfim, tendo o sistema brasileiro contemplado instrumentos (ADO e MI) para combater as omissões constitucionais, pensamos, em última

---

Nesse sentido: "CONSTITUCIONAL. ADMINISTRATIVO. REVISÃO GERAL ANUAL DA REMUNERAÇÃO DOS SERVIDORES PÚBLICOS. ART. 37, X DA CF/88 (APÓS A EC 19/98). OMISSÃO INCONSTITUCIONAL DO PRESIDENTE DA REPÚBLICA. ADIN 2.061/ DF. RESPONSABILIDADE CIVIL DA UNIÃO. DANOS MATERIAIS. OCORRÊNCIA. INDENIZAÇÃO. JUROS DE MORA DE 1% AO MÊS. DÍVIDA DE NATUREZA ALIMENTAR. PRECEDENTES DO STJ. TAXA SELIC. INAPLICABILIDADE. 1. O art. 37, X da CF/88 (com redação após a EC 19/99), assegurou aos Servidores Públicos Federais o direito subjetivo à revisão geral anual de suas remunerações, a ser promovida mediante lei específica de iniciativa privativa do Chefe do Poder Executivo; conforme decidido pelo STF no julgamento da ADIN 2.061/DF, o Presidente da República incide em mora inconstitucional por não enviar ao Congresso Nacional, ano a ano, projeto de lei que implemente a revisão prevista no art. 37, X da CF/88. 2. A ausência dessa revisão geral, por omissão do Poder Executivo em promovê-la anualmente, pretextou significativa lesão ao patrimônio dos Servidores Públicos, que não tiveram, ante os efeitos deletérios da inflação, a recomposição da força aquisitiva das suas remunerações. Considerando que o prejuízo dos Servidores Públicos possui conexão direta com a omissão da autoridade estatal, resta identificado o nexo entre o dano e a conduta omissiva, conformando-se os pressupostos da responsabilidade civil e do conseqüente dever de indenizar (art. 37, parág. 6º, da CF/88). 3. A fixação, pelo Poder Judiciário, de indenização capaz de reparar os prejuízos causados aos Servidores Públicos em decorrência da inércia do Chefe do Poder Executivo não representa ofensa ao princípio constitucional da separação dos poderes, mas sim, a um só tempo, a materialização do princípio da inafastabilidade do controle jurisdicional e a efetividade do sistema de freios e contra-pesos que dever permear a atuação dos três Poderes constitucionais. 4. A indenização deve corresponder à extensão do dano material causado, sendo esta a diferença entre a remuneração que os servidores públicos receberam durante o período da mora e aquela que teriam recebido caso sobre essa remuneração tivesse incidido, ano a ano, a correção pelo INPC; esse é o índice inflacionário que melhor revela a real perda do valor aquisitivo da remuneração dos servidores públicos durante o período da mora. Termo inicial da mora: junho de 1999 (conforme precedente do STF); termo final: fim do exercício de 2001 (quando da edição da Lei 10.331/01, que conferiu o reajuste de 3,5% à remuneração dos Servidores Públicos Federais, referente ao exercício de 2002). 5. Apelação e Remessa Oficial improvidas" (TRF 5ª Região. AC nº 359826/CE. Segunda Turma. Relator: Napoleão Maia Filho, j. 29/05/2006. *DJU*, 19 jul. 2006).

[515] EMENTA: SERVIDOR PÚBLICO. REVISÃO GERAL DE VENCIMENTO. COMPORTAMENTO OMISSIVO DO CHEFE DO EXECUTIVO. DIREITO À INDENIZAÇÃO POR PERDAS E DANOS. IMPOSSIBILIDADE. Esta Corte firmou o entendimento de que, embora reconhecida a mora legislativa, não pode o Judiciário deflagrar o processo legislativo, nem fixar prazo para que o chefe do Poder Executivo o faça. Além disso, esta Turma entendeu que o comportamento omissivo do chefe do Poder Executivo não gera direito à indenização por perdas e danos. Recurso extraordinário desprovido (STF. RE nº 424584. Segunda Turma. Relator para acórdão: Joaquim Barbosa, j. 17/11/2009. *DJU*, 07 maio 2010). Nesse sentido, o STJ já decidiu: EMENTA: AGRAVO REGIMENTAL. REVISÃO GERAL ANUAL DE VENCIMENTOS. OMISSÃO LEGISLATIVA INCONSTITUCIONAL. DEVER DE INDENIZAR. IMPOSSIBILIDADE. AGRAVO DESPROVIDO. Não sendo possível, pela via do controle abstrato, obrigar o ente público a tomar providências legislativas necessárias para prover omissão declarada inconstitucional – na espécie, o encaminhamento de projeto de lei de revisão geral anual dos vencimentos dos servidores públicos –, com mais razão não poderia fazê-lo o Poder Judiciário, por via oblíqua, no controle concreto de constitucionalidade, deferindo pedido de indenização para recompor perdas salariais em face da inflação (STJ. RE nº 510467 AgR. Primeira Turma. Relator: Carmem Lúcia, j. 02/03/2007. *DJU*, 30 mar. 2007).

análise, que é assegurado o direito à indenização pela ausência de tal proteção, sob pena de se estabelecer a ineficácia total de tais institutos ou mesmo se legitimar o "estado de inconstitucionalidade".

3.9 Análise da jurisprudência do STF em matéria de ADO

No Brasil, a ação direta de inconstitucionalidade por omissão teve, até os dias de hoje, uma aplicação restrita. Pouco mais de uma centena de ADOs foram propostas perante o STF,[516] conforme se pode conferir do quadro abaixo:

AÇÕES DIRETAS DE INCONSTITUCIONALIDADE POR OMISSÃO

(continua)

	ADI / ADO nº	Objeto	Parâmetro de controle	Resultado
01	19/AL	Aplicação de teto de remuneração para servidor estatal.	CR, arts. 37, XI, XII; 39, §1º.	Negar seguimento – incabível.
02	22/DF	Lei nº 4.215/63 (Estatuto da OAB).		Negar seguimento – ilegitimidade.
03	23/SP	Isonomia de vencimentos de Delegados de Polícia de carreira com outras carreiras jurídicas.	CR, art. 241.	Negar seguimento – ilegitimidade.
04	31/DF	Convênio ICM nº 66/88.	ADCT, art. 40.	Negar seguimento – ilegitimidade.
05	33/DF	Convênio ICM nº 66/88, art. 3º, §1º, §2º e §3º.	CR, art. 155, X, "a". ADCT, art. 34, §8º.	Negar seguimento – ilegitimidade.
06	130/DF	Organização e funcionamento da Advocacia Geral da União.	ADCT, art. 29, §1º.	Prejudicada – envio de PL ao Congresso.
07	206/DF	Organização da seguridade social e dos planos de custeio e benefício.	ADCT, art. 59.	Prejudicada.
08	267/DF	Elevação da representação do estado de São Paulo para 70 deputados.	CR, art. 45, §1º.	Perda do objeto – edição da LC nº 78/93.

---

[516] Observação: Do número 01 a 97 da tabela o STF utilizou o termo ADI, apesar de todas elas cuidarem de inconstitucionalidade por omissão total ou parcial. Do número 98 a 116 o STF utilizou o termo ADO ao tratar do tema. Fonte: *Site* do STF (<www.stf.jus.br>). Dados atualizados até 09 de dezembro de 2012.

CAPÍTULO 3
AÇÃO DIRETA DE INCONSTITUCIONALIDADE POR OMISSÃO | **151**

AÇÕES DIRETAS DE INCONSTITUCIONALIDADE POR OMISSÃO

(continua)

	ADI / ADO nº	Objeto	Parâmetro de controle	Resultado
09	296/DF	Instituição do sistema da carreira de serviço civil da União.	CR, art. 39 e §§.	Perda do objeto – edição da Lei nº 8.112/90.
10	297/DF	Revisão do cálculo de aposentadorias e pensões de servidores públicos.	ADCT, art. 20.	Perda do objeto – dispositivo autoaplicável.
11	336/SE	Vários dispositivos da Constituição do Estado de Sergipe. Intervenção do Estado nos municípios; Remuneração de servidores e magistrados.	CR, arts. 37, I, II, X, XIII; 39, §1º; 41, 48, X; 61, II, "a"; 167, IV.	Improcedente.
12	343/DF	Erradicação do anafalbetismo e incentivo ao ensino fundamental obrigatório e gratuito – Lei nº 7.999/90.	ADCT, art. 60.	Prejudicada – edição de lei.
13	361/DF	Regulamentação da Lei nº 7.990/89.	CR, art. 20, §1º.	Perda do objeto – edição de decreto.
14	443/MG	Equiparação de índices de reajuste entre funcionários públicos civis e militares – Lei nº 10.364/90/MG.	CR, art. 37, X.	Perda do objeto – alteração do artigo da Constituição utilizado como parâmetro.
15	477/DF	Fixação do salário mínimo – Lei nº 8.178/91.	CR, art. 7º, IV.	Perda do objeto – alteração da norma apontada como inconstitucional.
16	480/DF	Vinculação dos benefícios da Previdência Social ao salário mínimo.	ADCT, art. 59.	Prejudicada – edição de lei.
17	529/DF	Remuneração dos servidos públicos civis e militares da União – Medida Provisória nº 296, art. 1º a 7º.	CR, arts. 37, X; 39, §1º.	Prejudicada – medida provisória rejeitada.
18	535/DF	Erradicação do analfabetismo e incentivo ao ensino fundamental obrigatório e gratuito – Lei nº 8.175/91.	ADCT, art. 59.	Prejudicada – alteração da Lei nº 8.175/91 pela Lei nº 8.409/92.
19	607/DF	Organização da Seguridade Social e instituição do Plano de Custeio e Benefícios da Previdência Social – Lei nº 8.212/91 e 8.213/91.	ADCT, art. 59.	Prejudicada.

AÇÕES DIRETAS DE INCONSTITUCIONALIDADE POR OMISSÃO

(continua)

ADI / ADO nº		Objeto	Parâmetro de controle	Resultado
20	635/RS	Isonomia de vencimentos entre os Auditores de Finanças Públicas e os Fiscais de Tributos Estaduais. Constituição/RS, art. 31.	CR, art. 39, §1º.	Prejudicada – ilegitimidade e edição da Lei Estadual nº 10.185.
21	652/MA	Diversos dispositivos da Lei Complementar nº 10/90/MA.	CR, art. 18, §4º.	Prejudicada – dispositivos estaduais revogados.
22	713/RJ	Omissão na sanção e intempestividade de veto aposto por Governador de Estado na Lei nº 1.057/86/RJ.	CR, arts. 34, VI, VII; 36, I, §3º; 66, §1º e §3º.	Negar seguimento – ilegitimidade.
23	720/RJ	Omissão na sanção e intempestividade de veto aposto por Governador de Estado na Lei nº 1.057/86/RJ.	CR, arts. 34, VI, VII; 36, I, §3º; 66, §1º e §3º.	Negar seguimento – impossibilidade jurídica do pedido.
24	799/DF	Lei nº 7.719/89.	CR, art. 39, §1º.	Perda do objeto – alteração do parâmetro constitucional – EC nº 20/98.
25	823/DF	Demarcação de terras indígenas pela Funai, cujo orçamento depende de lei orçamentária anual e créditos suplementares ou especiais.	CR, art. 231, *caput*, parte final. ADCT, art. 67.	Prejudicada.
26	877/DF	Implantação da seguridade social e respectivos planos de custeio.	CR, art. 203, V; 204. ADCT, art. 59.	Perda do objeto – edição da Lei nº 8.745/93.
27	889/DF	Aproveitamento dos censores federais.	CR, art. 61, §1º, II, "a", "c", "e". ADCT, art. 23, parágrafo único.	Procedência do pedido – mora reconhecida – simples ciência ao Executivo.
28	986/DF	Portaria nº 699/93 do Ministério da Fazenda.	CR, art. 150, VI, "d".	Prejudicada – impossibilidade de conversão de ADI em ADO.
29	989/MT	Constituição/MT, art. 147, §2º, §3º e §4º.	CR, art. 5º, *caput*; 37, *caput*, XV.	Negar seguimento – ilegitimidade.

AÇÕES DIRETAS DE INCONSTITUCIONALIDADE POR OMISSÃO

(continua)

	ADI / ADO nº	Objeto	Parâmetro de controle	Resultado
30	1.177/DF	Normas regulamentadoras do processamento de dados lotéricos.	CR, art. 21, XI.	Negar seguimento – ilegitimidade.
31	1.338/DF	Estruturação da polícia rodoviária federal.	CR, art. 144, §2º.	Negar seguimento – ilegitimidade e impossibilidade jurídica do pedido.
32	1.387/DF	Medida Provisória (MP) nº 1.184/95, art. 1º. Medida Provisória reeditada sob os nºs 1.547-30/97 e 1.547-31.	CR, art. 39, §1º.	Negar seguimento – lei objeto de impugnação revogada.
33	1.458/DF	Medida Provisória nº 1.415/96, art. 1º. MP reeditada sob o nº 1.463 e reeditada sob os nºs 1.463-2, 1.463-3 e 1.463-4, todas de 1996.	CR, art. 7º, IV.	Prejudicada – medida provisória não convertida em lei.
34	1.466/DF	Revisão geral de vencimentos, soldos e proventos de servidores públicos civis e militares e seus inativos e pensionistas.	CR, arts. 7º, VI; 37, X, XIII, XV; 39, §2º; 194, IV.	Aguardando julgamento.
35	1.468/DF	MP nº 1.463/96, art. 1º a 5º e 10. MP nº 1.440/96, art. 8º, §1º, §2º, §3º. MPs reeditadas sob o nº 1.463-2/96, e nºs 1.488/96 e 1.488-13/96. MPs reeditadas sob o nº 1.463-3/96, e nºs 1.488-14/96.	CR, arts. 5º, XXXVI; 7º, IV; 194, parágrafo único, IV; 195, §6º; 201, §2º; 202.	Prejudicada – medida provisória (MP) objeto da ação não mais vigente.
36	1.484/DF	Lei nº 9.295/96.	CR, arts. 21, XI; 173, §4º; 202, §5º.	Perda do objeto – edição da Lei nº 9.472/97.
37	1.495/DF	Resolução nº 2.303/96.	CR, arts. 5º, XXXII; 170, V; 174.	Perda do objeto – resolução revogada.
38	1.638/DF	Lacração de estação de serviço de radiodifusão sonora FM pela Delegacia Regional do Ministério das Comunicações do RJ.	CR, art. 215, §1º, §2º.	Negar seguimento – ausência de interesse – impugnação de ato concreto.
39	1.698/DF	Erradicação do analfabetismo e incentivo ao ensino fundamental obrigatório e gratuito.	CR, arts. 6º; 23, V; 208, I; 214.	Improcedência – ausência de omissão do Poder Público.

AÇÕES DIRETAS DE INCONSTITUCIONALIDADE POR OMISSÃO

(continua)

	ADI / ADO nº	Objeto	Parâmetro de controle	Resultado
40	1.810/DF	Norma regulamentadora para transporte alternativo complementar por vans e congêneres.	CR, art. 193.	Prejudicada – ilegitimidade.
41	1.820/DF	MP nº 1.652-42/98, art. 1º, parágrafo único. MP reeditada sob o nº 1.652-43/98. Lei nº 9.641/98, conversão em lei da MP nº 1.652-43.	CR, art. 39, §1º.	Prejudicada – ilegitimidade.
42	1.830/DF	MP nº 1.656/98, art. 1º, parágrafo único.	CR, arts. 7º, IV; 201, §2º.	Prejudicada – MP reeditada – ausência de aditamento da petição inicial.
43	1.836/SP	Isonomia de vencimentos entre as carreiras de Advogado do Estado, Defensores Públicos e Delegados de Polícia.	CR, art. 241.	Prejudicada – ato objeto da demanda revogado.
44	1.877/DF	MP nº 1.663-12/98, art. 7º a 17 e 28.	CR, arts. 7, IV; 194, IV; 201; 202.	Prejudicada – ato objeto da demanda revogado.
45	1.987/DF	Normas sobre o critério de rateio do Fundo de Participação dos Estados.	CR, art. 161, II.	Procedente – sem pronúncia de nulidade.
46	1.996/DF	MP nº 1.824/99, arts. 1º, parágrafo único, 2º, 3º, 4º. MPs reeditadas sob os nºs 1.824-01, 1.824-02, 1.824-03 e 1.824-05, todas de 1999.	CR, arts. 7º, IV; 14 (EC nº 20); 68, §1º; 201, §2º, §3º e §4º.	Perda do objeto – revogação superveniente de MP.
47	2.017/DF	Competência do Poder Executivo para apresentar projeto de lei complementar ao Congresso Nacional (Finanças Públicas).	CR, art. 163. EC nº 19, art. 30.	Extinção sem resolução de mérito – ausência de procuração com poderes específicos.
48	2.061/DF	Elaboração da lei anual de revisão geral da remuneração dos servidores da União.	CR, art. 37, X (EC nº 19).	Procedência parcial – reconhecimento da mora – ciência ao Executivo.
49	2.076/AC	Preâmbulo da Constituição/AC.	ADCT, art. 11.	Improcedência.

CAPÍTULO 3
AÇÃO DIRETA DE INCONSTITUCIONALIDADE POR OMISSÃO | 155

AÇÕES DIRETAS DE INCONSTITUCIONALIDADE POR OMISSÃO

(continua)

	ADI / ADO n°	Objeto	Parâmetro de controle	Resultado
50	2.140/RO	Lei Complementar n° 96/99.	CR, arts. 37; 39; 48, X; 61, §1°, II, "a"; 84, XXV; 169, §3°, I, II, §6°.	Negar seguimento – pretensão de edição de ato concreto – impossibilidade.
51	2.154/DF	Lei n° 9.688/99, arts. 26, parte final, e 27.	CR, arta. 5°, I, II, XXXV; 102, "j".	Improcedência.
52	2.162/DF	MP n° 1933-10/2000, arts. 1° ao 5°.	CR, arts. 5°, XXXVI; 6°, 7°, IV, 194, IV; 195, §6°; 201, §2°; 202.	Prejudicada – reedição de MP – ausência de aditamento da petição inicial.
53	2.205/SP	Projeto de lei relativo a reajuste de servidores públicos estaduais.	CR, art. 37, X.	Negar seguimento – ilegitimidade.
54	2.318/SE	Projeto de lei relativo a reajuste de servidores públicos estaduais.	CR, arts. 37, X; 96, II, "b".	Negar seguimento – ilegitimidade.
55	2.368/DF	Projeto de lei relativo a reajuste de servidores públicos estaduais.	CR, art. 37, X.	Negar seguimento – ilegitimidade.
56	2.445/DF	Projeto de lei relativo a reajuste de servidores públicos estaduais.	CR, art. 37, X.	Prejudicada – julgamento anterior de ADI com mesma impugnação.
57	2.481/RS	Elaboração da lei anual de revisão geral da remuneração dos servidores estaduais.	CR, art. 37, X.	Procedência parcial – mora reconhecida – simples ciência do Executivo.
58	2.486/RJ	Elaboração da lei anual de revisão geral da remuneração dos servidores estaduais.	CR, arts. 22, parágrafo único, I; 25; 37, X; 169, §1°.	Procedência parcial – mora reconhecida – simples ciência do Executivo.
59	2.490/PE	Elaboração da lei anual de revisão geral da remuneração dos servidores estaduais.	CR, arts. 25; 37, X.	Procedência parcial – mora reconhecida – simples ciência do Executivo.
60	2.491/GO	Elaboração da lei anual de revisão geral da remuneração dos servidores estaduais.	CR, arts. 25; 37, X.	Procedência parcial – mora reconhecida – simples ciência do Executivo.

AÇÕES DIRETAS DE INCONSTITUCIONALIDADE POR OMISSÃO

(continua)

	ADI / ADO nº	Objeto	Parâmetro de controle	Resultado
61	2.492/SP	Elaboração da lei anual de revisão geral da remuneração dos servidores estaduais.	CR, arts. 25; 37, X.	Procedência parcial – mora reconhecida – simples ciência do Executivo.
62	2.493/PR	Elaboração da lei anual de revisão geral da remuneração dos servidores estaduais.	CR, arts. 25; 37, X.	Procedência parcial – mora reconhecida – simples ciência do Executivo.
63	2.495/SC	Elaboração da lei anual de revisão geral da remuneração dos servidores estaduais.	CR, arts. 25; 37, X.	Procedência parcial – mora reconhecida – simples ciência do Executivo.
64	2.496/MS	Elaboração da lei anual de revisão geral da remuneração dos servidores estaduais.	CR, arts. 25; 37, X.	Prejudicada – PL enviado à Assembleia.
65	2.497/RN	Elaboração da lei anual de revisão geral da remuneração dos servidores estaduais.	CR, arts. 25; 37, X.	Procedência parcial – mora reconhecida – simples ciência do Executivo.
66	2.498/ES	Elaboração da lei anual de revisão geral da remuneração dos servidores estaduais.	CR, arts. 25; 37, X.	Procedência parcial – mora reconhecida – simples ciência do Executivo.
67	2.503/MA	Elaboração da lei anual de revisão geral da remuneração dos servidores estaduais.	CR, arts. 25; 37, X.	Procedência parcial – mora reconhecida – simples ciência do Executivo.
68	2.504/MG	Elaboração da lei anual de revisão geral da remuneração dos servidores estaduais.	CR, arts. 25; 37, X.	Procedência parcial – mora reconhecida – simples ciência do Executivo.
69	2.505/BA	Elaboração da lei anual de revisão geral da remuneração dos servidores estaduais.	CR, arts. 25; 37, X.	Prejudicada – PL enviado à Assembleia.
70	2.506/CE	Elaboração da lei anual de revisão geral da remuneração dos servidores estaduais.	CR, arts. 25; 37, X.	Procedência parcial – mora reconhecida – simples ciência do Executivo.

AÇÕES DIRETAS DE INCONSTITUCIONALIDADE POR OMISSÃO

(continua)

	ADI / ADO nº	Objeto	Parâmetro de controle	Resultado
71	2.507/AL	Elaboração da lei anual de revisão geral da remuneração dos servidores estaduais.	CR, arts. 25; 37, X.	Procedência parcial – mora reconhecida – simples ciência do Executivo.
72	2.508/PA	Elaboração da lei anual de revisão geral da remuneração dos servidores estaduais.	CR, arts. 25; 37, X.	Procedência parcial – mora reconhecida – simples ciência do Executivo.
73	2.509/AM	Elaboração da lei anual de revisão geral da remuneração dos servidores estaduais.	CR, arts. 25; 37, X.	Procedência parcial – mora reconhecida – simples ciência do Executivo.
74	2.510/AP	Elaboração da lei anual de revisão geral da remuneração dos servidores estaduais.	CR, arts. 25; 37, X.	Procedência parcial – mora reconhecida – simples ciência do Executivo.
75	2.511/PB	Elaboração da lei anual de revisão geral da remuneração dos servidores estaduais.	CR, arts. 25; 37, X.	Procedência parcial – mora reconhecida – simples ciência do Executivo.
76	2.512/MT	Elaboração da lei anual de revisão geral da remuneração dos servidores estaduais.	CR, arts. 25; 37, X.	Procedência parcial – mora reconhecida – simples ciência do Executivo.
77	2.516/AC	Elaboração da lei anual de revisão geral da remuneração dos servidores estaduais.	CR, arts. 25; 37, X.	Procedência parcial – mora reconhecida – simples ciência do Executivo.
78	2.517/SE	Elaboração da lei anual de revisão geral da remuneração dos servidores estaduais.	CR, arts. 25; 37, X.	Procedência parcial – mora reconhecida – simples ciência do Executivo.
79	2.518/RO	Elaboração da lei anual de revisão geral da remuneração dos servidores estaduais.	CR, arts. 25; 37, X.	Procedência parcial – mora reconhecida – simples ciência do Executivo.

AÇÕES DIRETAS DE INCONSTITUCIONALIDADE POR OMISSÃO

(continua)

	ADI / ADO nº	Objeto	Parâmetro de controle	Resultado
80	2.519/RR	Elaboração da lei anual de revisão geral da remuneração dos servidores estaduais.	CR, arts. 25; 37, X.	Procedência parcial – mora reconhecida – simples ciência do Executivo.
81	2.520/PI	Elaboração da lei anual de revisão geral da remuneração dos servidores estaduais.	CR, arts. 25; 37, X.	Procedência parcial – mora reconhecida – simples ciência do Executivo.
82	2.523/BA	Lei nº 6.677/94, art. 258.	CR, arts. 25; 37, X.	Prejudicada – mesmo objeto da ADI nº 2.505.
83	2.524/TO	Elaboração da lei anual de revisão geral da remuneração dos servidores estaduais.	CR, arts. 25; 37, X.	Procedência parcial – mora reconhecida – simples ciência do Executivo.
84	2.525/DF	Elaboração da lei anual de revisão geral da remuneração dos servidores estaduais.	CR, arts. 25; 37, X.	Procedência parcial – mora reconhecida – simples ciência do Executivo.
85	2.537/SE	Elaboração da lei anual de revisão geral da remuneração dos servidores estaduais.	CR, arts. 25; 37, X.	Procedência parcial – mora reconhecida – simples ciência do Executivo.
86	2.557/MS	Projeto de lei de revisão geral anual da remuneração dos servidores do Judiciário Estadual.	CR, art. 37, X.	Negar seguimento – ilegitimidade.
87	2.563/DF	Fixação de subsídio de Ministro do STF e implantação de teto remuneratório estadual.	CR, art. 37, XI.	Aguardando julgamento.
88	2.634/DF	MP nº 1.911/99.	CR, art. 194, VII.	Negar seguimento – incabível.
89	2.740/AM	Constituição/AM, art. 109, VIII.	CR, art. 37, X.	Aguardando julgamento.
90	2.778/MG	Constituição/MG, arts. 241; 136, I; 139.	CR, art. 144, §4º, §6º.	Perda do objeto – superveniência de lei regulamentadora.

AÇÕES DIRETAS DE INCONSTITUCIONALIDADE POR OMISSÃO

(continua)

	ADI / ADO nº	Objeto	Parâmetro de controle	Resultado
91	3.276/CE	Constituição/CE, arts. 71, §2º, I, II; 79, §2º, II, "c".	CR, arts. 73, §2º, I; 75.	Procedência parcial – mora reconhecida – simples ciência.
92	3.302/MS	Revisão geral anual da remuneração dos servidores públicos.	CR, art. 37, X.	Negar seguimento – ilegitimidade.
93	3.303/DF	Lei nº 10.331/01, art. 1º.	CR, arts. 37, X; 61, §1º, II, "a".	Improcedência – ausência de mora.
94	3.364/RJ	Lei nº 3.893/02, art. 5º, §1º, I, II.	CR, art. 39, §1º.	Aguardando julgamento.
95	3.575/DF	Remuneração dos advogados federais, integrantes da Advocacia Geral da União.	CR, art. 135.	Perda do objeto – edição da Lei nº 11.358/2006.
96	3.622/DF	Implantação da Defensoria Pública da União.	CR, arts. 5º, LXXXVI; 134.	Aguardando julgamento.
97	3.682/MT	Criação de município.	CR, art. 18, §4º.	Procedência – fixação de prazo de 18 meses apenas como parâmetro razoável para suprir omissão.
98	1/DF	Fixação de subsídio de Ministro do STF.	CR, arts. 37, XI; 48, XV.	Perda do objeto – omissão superada com EC nº 41/04.
99	2/DF	Ação proposta pela Associação dos Defensores Públicos da União.	CR, arts. 5º, LXXIV; 61, II, "a"; 134.	Aguardando julgamento.
100	3/RJ	Lei Estadual nº 3.893/02, que cuida da unificação e da reestruturação e institui a carreira de serventuários do Judiciário do RJ, foi omissa ao não incluir o cargo de agente de segurança.	CR, art. 39, §1º.	Negar seguimento – incabível ADO para atacar suposta omissão legal.
101	4/AM	Revisão geral anual (art. 109, VIII, da Constituição/AM).	CR, art. 37, X.	Aguardando julgamento.
102	5/DF	Omissão do Presidente do Tribunal Superior do Trabalho em conceder revisão geral anual.	CR, art. 37, X.	Negar seguimento – ilegitimidade.

AÇÕES DIRETAS DE INCONSTITUCIONALIDADE POR OMISSÃO

(continua)

	ADI / ADO nº	Objeto	Parâmetro de controle	Resultado
103	6/PA	Omissão do Governador em não ter enviado PL que versasse sobre a implantação de subsídio das carreiras de Ministério Público Estadual, Procurador do Estado, Defensor Público, Polícia Civil, Militares e Corpo de Bombeiros.	CR, arts. 128, §5º, I, "c", 135, 144, §9º, 39, §4º.	Aguardando julgamento.
104	7/AM	Omissão da Lei Estadual nº 3.045/06/AM, que fixa o subsídio dos magistrados.	CR, art. 93, V.	Perda superveniente do objeto – edição da Lei nº 3.506/10 que supre a omissão.
105	8/SC	Projeto de lei de revisão geral anual da remuneração dos servidores estaduais.	CR, art. 37, X.	Prejudicada – edição da Lei nº 15.695/11 que supre a omissão.
106	9/DF	Omissão do Congresso no dever de regulamentar: i) exercício de direito de resposta; ii) produção e programação das emissoras de rádio e televisão, e iii) veto do monopólio ou oligopólio dos meios de comunicação social.	CR, arts. 5º, V; 220, §3º, II, §5º; 211, §3º.	Negar seguimento – ilegitimidade.
107	10/DF	Omissão do Congresso no dever de regulamentar: i) exercício de direito de resposta; ii) produção e programação das emissoras de rádio e televisão, e iii) veto do monopólio ou oligopólio dos meios de comunicação social.	CR, arts. 5º, V; 220, §3º, II, §5º; 222, §3º.	Aguardando julgamento.
108	11/DF	Omissão do Congresso no dever de regulamentar: i) exercício de direito de resposta; ii) produção e programação das emissoras de rádio e televisão, e iii) veto do monopólio ou oligopólio dos meios de comunicação social.	CR, arts. 5º, V; 220, §3º, II; 220, §5º; 221, incs. I, II, III e IV, 222, §3º.	Aguardando julgamento. Apensada a ADO nº 10, por ter praticamente o mesmo objeto.
109	12/DF	Ausência de lei específica que fixa subsídio para Delegados de Polícia.	CR, art. 144, §9º.	Aguardando julgamento.

AÇÕES DIRETAS DE INCONSTITUCIONALIDADE POR OMISSÃO

(conclusão)

ADI / ADO nº	Objeto	Parâmetro de controle	Resultado
110	13/MG	Ausência de lei específica que fixa subsídio para Delegados de Polícia.	CR, art. 144, §9º.	Aguardando julgamento.
111	16/DF	Pareceres nºs 16 e 18, de 2000, do CN, que se transformaram no Projeto de Lei de Conversão nº 7/00, e se converteu na Lei nº 9.981/00.		Negar seguimento – incabível – parecer não pode ser objeto de ADO.
112	17/DF	Inobservância a pareceres que culminaram na Lei nº 9.981/00.		Negar seguimento – Incabível - Parecer não pode ser objeto de ADO.
113	18/DF	Projeto de Lei n º 28/11-CN, que cuida do Projeto de Lei Orçamentária anual de 2012.	CR, art. 2º; 99, parágrafos e incisos; 84, XXIII; 165, III, §5º, I, §6º; 166 parágrafos.	Aguardando julgamento.
114	19/DF	Projeto de Lei n º 28/11-CN, que cuida do Projeto de Lei Orçamentária anual de 2012.	CR, arts. 84, XXIII; 127, §2º e §3º; 165, III; 169, §1º.	Aguardando julgamento.
115	20/DF	Licença-paternidade (Direito do Trabalho/Ampliação do período de licença/ Remuneração, Verbas indenizatórias e Benefícios; Salário/diferença salarial).	CR, art. 7º, XIX; ADCT, art. 10, §1º.	Aguardando julgamento.
116	21/MG	Omissão da Lei Estadual nº 19.973/11/MG em proceder revisão geral anual aos servidores em comissão do Executivo Estadual.	CR, art. 37, X.	Aguardando julgamento.

Pela análise do quadro acima, pode-se verificar que, das ações diretas de inconstitucionalidade por omissão julgadas procedentes (total ou parcial), no total de 31 (trinta e uma), somente em uma delas se assinalou prazo – de 18 meses – apenas como parâmetro razoável para se sanar a mora,[517] sendo que na maioria, relativa à revisão geral anual, tão somente

---

[517] Como consignamos no item 3.7, a assinalação do prazo de 18 meses para supressão da mora se deu no julgamento da ADI nº 3.682, sendo que, no caso, houve cumprimento parcial da decisão com a edição da EC nº 57/2008, que convalidou as leis de criação de municípios publicadas até

se reconheceu a mora e se deu ciência para o poder competente supri-la, não surtindo maiores efeitos.

Assim, e salvo melhor juízo, pode-se concluir que, em regra, as decisões proferidas em sede de ADO acabam não cumprindo o seu papel, qual seja, concretização de direitos, sendo as decisões até então proferidas pelo STF nesse tema ineficazes, dado que apenas declaram a mora e dão ciência para o poder competente – "querendo" – saná-la.

---

31 de dezembro de 2006, desde que estivessem em harmonia com a legislação estadual.

CONSIDERAÇÕES FINAIS

O Direito Constitucional deve manter sua posição como disciplina científica e, portanto, normativa, devendo, assim, preservar a consciência de seus limites, de sorte a atuar, através de sua força normativa, para influenciar na realidade do Estado. Logo, cabe ao Direito Constitucional preservar a "vontade de constituição" que, certamente, acaba por salvaguardar a sua força normativa.

A Constituição representa um ser e, também, um dever-ser, ou seja, a pretensão de sua eficácia. Nesse passo, a Constituição expressa as condições fáticas de um país, especialmente sociais e políticas, buscando realizar a própria realidade social, o que, uma vez efetivada, transforma-a em força ativa, o que se apresenta factível, levando-se a efeito os seguintes enfoques: i) compreensão de necessidade e valor de uma ordem normativa inabalável, apta a proteger o Estado do arbítrio excessivo; ii) compreensão de que a ordem instaurada é mais do que apenas a representação da realidade fática, e iii) haver vontade humana de torná-la eficaz.

Em um Estado democrático de direito, a fiscalização da constitucionalidade dos atos normativos é um dos meios mais importantes para fins de cumprimento e obediência dos comandos constitucionais, na medida em que é uma garantia de observância da Constituição, ao garantir a dinamização de sua força normativa e reagir por intermédio de sanções contra atos que atentem contra ela, sendo, outrossim, uma garantia preventiva, a evitar a existência de atos írritos. O controle de constitucionalidade se apresenta importante, na medida em que, dentre outros aspectos, busca salvaguardar: i) a "vontade de constituição", evitando, inclusive, eventuais excessos dos próprios Poderes Públicos; ii) a coerência, harmonia e clareza do ordenamento jurídico, gerando, assim, maior segurança jurídica, e iii) a defesa de direitos fundamentais, além de também servir de meio de concretização e desenvolvimento do direito constitucional.

A norma constitucional, portanto, como ordenação normativa fundamental, é dotada de supremacia e é dela que defluem outros elementos que constituem o princípio do Estado de direito. A vinculação do legislador à Constituição impõe que as espécies normativas sejam elaboradas pelo órgão competente, observando a forma e os procedimentos previamente fixados, sob a ótica orgânica formal ou procedimental, bem como em adstringência ao conteúdo do texto constitucional. Ademais, proíbe-se que leis alterem a Constituição, a qual somente pode ser modificada através de procedimento solene e dificultoso. Daí falar-se em princípio da conformidade dos atos do Estado com a Constituição – derivado da supremacia –, o qual exige a conformidade intrínseca e formal de todos os atos com o texto constitucional, seja a conduta por ação, seja por omissão.

A forma mais indicada e eficiente para controlar os atos é através de outro órgão – o Tribunal Constitucional – que não aquele que cria as normas – o Parlamento. Isso porque este último se considera, em verdade, um criador de espécies normativas e, não, um aplicador de direito vinculado ao texto constitucional, quando tecnicamente o é. A objeção que se pode fazer a tal controle por outro órgão é que se estaria violando a "soberania" do Parlamento. Entrementes, a soberania pertence, no máximo, à própria ordem estatal, e não ao Parlamento, salientando-se, ainda, que a Constituição regula o próprio processo legislativo, havendo, portanto, uma relação de subordinação.

No que tange às modalidades de controle, ele pode ser difuso ou concentrado. No sistema difuso, qualquer juiz pode exercer o controle de constitucionalidade a um caso concreto (via incidental), enquanto no concentrado ou abstrato tal "fiscalização" é exercida exclusivamente por um único órgão, denominado Tribunal Constitucional, independentemente de caso concreto (via principal ou abstrata), salientando-se ainda que, conforme decidiu a Suprema Corte no julgamento da Ação Direta de Inconstitucionalidade nº 1.120, no Brasil apenas normas constitucionais positivadas podem servir de parâmetro para o controle de constitucionalidade de leis e atos normativos (bloco de constitucionalidade).

Na Constituição da República Federativa do Brasil de 1988, adotou-se o sistema eclético ou híbrido de constitucionalidade, contemplando-se o controle pela via difusa ou incidental (modelo americano) e pela via concentrada ou principal (modelo europeu), ampliando-se, outrossim, o âmbito da fiscalização com a criação da ação direta de inconstitucionalidade por omissão.

A ADO foi contemplada primeiramente na Constituição da Iugoslávia de 1974 e, em seguida, na Constituição portuguesa de 1976, servindo esta última provavelmente de inspiração para a positivação do instituto na Constituição da República de 1988. Em síntese, o vocábulo "omissão", em sentido jurídico-constitucional, significa não fazer aquilo a que se estava constitucionalmente obrigado, podendo a omissão ser total, quando o legislador queda-se absolutamente inerte, ou parcial, quando legisla de forma deficiente ou incompleta. O procedimento da ADO encontra-se disciplinado nos arts. 12-B a 12-H da Lei nº 9.868/1999, acrescidos pela Lei nº 12.063, de 2009, bem como pelos dispositivos 169 a 175 do Regimento Interno do Pretório Excelso.

A ADO cuida-se de instrumento hábil para a implementação de medida necessária para tornar efetivo o texto constitucional, tendo como objeto norma estatuída na Constituição tida como de eficácia limitada, instituidora de princípio institutivo ou programático, que não foi regulamentada ou o foi de forma insuficiente. Em nossa ótica, a ADO, hodiernamente, não desempenha efetivamente o seu papel constitucional, na medida em que o STF limita-se a dar ciência ao poder ou órgão responsável pela inércia, fixando, no máximo, "prazo razoável" para supri-la, sem cunho obrigatório.

Na hipótese de omissão parcial, a doutrina diverge. Poder-se-ia, em tese, extirpar a norma do mundo jurídico, por violação ao princípio da isonomia (ação direta de inconstitucionalidade por ação), ou justamente por afronta a esse postulado estender o benefício ao grupo e/ou categoria excluída, isso partindo da premissa de que a norma criou um benefício. O STF, evoluindo em sua jurisprudência, deu efetividade à decisão em mandado de injunção, com efeitos *erga omnes*, ao admitir a aplicação, por analogia, da lei de greve da iniciativa privada aos servidores públicos. Compete ao Supremo Tribunal Federal apreciar a ação direta de inconstitucionalidade por omissão, podendo em nossa ótica o referido instituto ser criado em âmbito estadual.

Os legitimados para ingressar com a ação direta de inconstitucionalidade por omissão estão taxativamente elencados no art. 103 da Constituição de 1988, no exercício da legitimação extraordinária, consoante, aliás, expressou o art. 12-A da Lei nº 12.063/2009.

Em nossa ótica, e partindo da premissa de que quando a Constituição impõe um fazer ela dirige sua determinação a certa pessoa jurídica ou órgão, justifica-se a oitiva do responsável em corrigir a omissão, até mesmo para que se amplie o horizonte do Tribunal para tomar sua decisão com maiores chances de acerto e na devida medida, mas não como parte em sua acepção técnica. Entender que seria ela "parte" poderia nos levar à conclusão de que uma vez não indicado o sujeito passivo ou incluída pessoa errada, a demanda deveria ser extinta, sem resolução de mérito, com espeque no art. 267, inc. VI, do CPC, o que não coaduna com o controle de constitucionalidade abstrato, posto que este, em resumo, objetiva a proteção do próprio ordenamento jurídico, a fim de mantê-lo claro e coerente.

Com o advento da Lei nº 12.063/09, que inseriu o art. 12-F à Lei nº 9.868/99, houve percuciente evolução no que tange ao deferimento de medida liminar em sede de ADO. Isso porque, a partir de tal alteração legislativa, é possível a concessão de cautelar em sede de ADO, em caso de excepcional urgência e relevância da matéria, podendo a medida implicar suspensão da aplicação do ato normativo, no caso de omissão relativa, como ainda suspensão dos processos judiciais ou procedimentos administrativos, além de outra providência a ser fixada pelo STF. Admitiu-se, assim, inclusive, o deferimento de antecipação dos efeitos da tutela ao positivar na parte final de dito dispositivo legal "cláusula aberta" que permite a Suprema Corte adotar providência que entenda adequada para o caso concreto.

O quórum para instalação da sessão para julgamento da ADO é de 8 (oito) Ministros, demandando o voto de maioria absoluta – 6 (seis) Ministros – para o pedido ser julgado procedente, admitindo-se a oitiva do responsável pela edição do ato, do PGR, do AGU – para alguns doutrinadores este último só falaria nos casos de omissão parcial –, e de *amicus curie*, se admitido.

No que se refere à decisão final e seus efeitos, o Tribunal Constitucional pode atuar de três formas: i) autorizar a aplicação direta da norma pelo Judiciário; ii) ordenar ao legislador elaboração da espécie normativa, e iii) recomendar ao legislador em tal sentido. Pode, portanto, o Tribunal Constitucional adotar "remédios" unilaterais, de sorte a superar imediatamente a omissão pela própria sentença, podendo-se citar a exemplo disso os pronunciamentos "aditivos". Ou adotar "remédios" bilaterais, que geram a necessidade de colaboração entre o Tribunal Constitucional e o legislador, podendo-se citar como exemplo a sentença que fixa prazo para o legislador adotar as providências cabíveis para fins de sanar a omissão.

Em nossa visão, no que pese existir motivos que justifiquem certo prolongamento no tempo para o Legislativo exercer sua função de legislar, como o considerável número de políticos (deputados federais e senadores) com ideologias, culturas e percepções diferentes, bem como em razão da utilização ora ou outra de medidas provisórias, existem também razões reprováveis para tal deficiência, como "recusa" em decidir casos de interesse nacional polêmico e/ou antipopular frente à opinião pública, e também a realização de poucas sessões ordinárias, como é o caso da Câmara dos Deputados Federais, ao editar a Resolução nº 19, de outubro de 2012, registrada no item 3.7 deste trabalho. Temos que tais motivos não justificam tamanha delonga no cumprimento de comandos constitucionais, devendo-se se levar em consideração que nos dias de hoje até mesmo o Judiciário possui metas de trabalho a serem alcançadas, devendo-se criar metas para o Legislativo a fim de desempenhar a contento sua função principal (legislar).

Conforme demonstrado no item 3.9 deste estudo, as decisões do STF em sede de ADO, quando julgados procedentes os pedidos, em sua ampla maioria têm apenas se limitado a reconhecer a mora e a dar ciência ao poder competente para supri-la, não surtido maiores efeitos, daí porque se pode concluir que são ineficazes.

Independentemente da omissão do Poder Público, seja total ou parcial, tal inércia não pode obstar a realização dos direitos assegurados constitucionalmente, sobretudo daqueles de ordem social e política, haja vista que a Constituição de 1988 é marcada por um texto dirigente, isto é, comprometido com os ideais de uma justiça social e da dignidade da pessoa humana. Nessa toada, cabe ao exegeta encontrar uma solução que, de fato, possibilite a efetivação de tais garantias asseguradas. Nesse passo, a atuação supletiva do Judiciário, tratando da matéria que competia a outro órgão ou poder, atende ao direito fundamental à efetividade do texto constitucional e ao postulado da supremacia da Constituição. E não se vislumbra lesão à divisão de poderes, na medida em que o Judiciário só realizará a integração da ordem jurídica justamente em razão da inércia ou não comprometimento do responsável por tal atividade. Além do mais, a criação de um "Tribunal Constitucional" e o necessário "ativismo judicial" acabaram por romper o sistema estanque de tripartição de poderes, havendo na realidade uma "divisão interna" da própria função, passando o Judiciário a gozar de maior *status* político e social. Em suma, a expansão do papel do Judiciário representa o necessário contrapeso no sistema democrático, justificando-se, em face de tais considerações, a autuação supletiva do referido poder em sede de ADO, por intermédio de interpretação extensiva ou mesmo "evolutiva", objetivando que haja um "ativismo judicial" a ponto da aludida garantia constitucional cumprir seu papel.

Ademais, quando o Tribunal Constitucional atua como "legislador negativo", ele acaba interferindo de forma mais intensa no Legislativo do que quando atua como "legislador positivo". E assim o é, uma vez que como "legislador negativo" a sua manifestação se sobrepõe à atuação anterior do Poder Legislativo, deixando assente que ela é incompatível com o texto constitucional, ao passo que como "legislador positivo" atuará apenas de maneira supletiva, isto é, de forma secundária, até que o legislador resolva atuar.

Acreditamos, portanto, que não deve prosperar a tese de que os princípios da democracia e divisão de poderes obstaculizam a atuação judicial supletiva. Isso porque, na realidade, o que está em questão é a efetividade e a aplicação integral da Constituição como plano normativo-material do Estado, derivado, aliás, da vontade soberana do povo. Logo, nada mais escorreito, para nós, ir adiante, superando velhos dogmas, a fim de que sejam atendidas as aspirações do povo, que espera justamente poder usufruir dos direitos que lhe foram assegurados. Entendimento em sentido contrário implicaria o fato de que a sociedade continuaria a ser refém da "boa vontade" do legislador e, o que é pior, garantir até mesmo a perpetuação do "estado de inconstitucionalidade", o que não se pode admitir. Ademais, cobra relevo o fato de que não há nenhuma proposta de emenda à Constituição objetivando alterar a ADO o que, em nossa ótica, nos permite afirmar que não há maiores incômodos dos poderes Executivo e Legislativo acerca da autuação supletiva do Judiciário.

Defendemos, todavia, na linha do professor Barroso, que o STF, ao proferir "sentença aditiva de gasto ou prestação", de natureza provisória – isto é, com validade até o responsável cumprir a sua atividade –, deve assinalar, dependendo da concretude do caso, isto é, somente nos casos que efetivamente tenham considerável repercussão econômica, cuja análise deve ser realizada caso a caso, determinado prazo razoável para o pronunciamento efetivamente surtir efeitos, sendo, em princípio, o início do exercício financeiro seguinte um marco racional e responsável para tal efetivação, observando-se na medida do possível o "limite do orçamento" ("reserva do possível"). Assim, estar-se-ia conciliando os princípios da supremacia da Constituição, da isonomia e da efetividade, de um lado, e os princípios do orçamento, da separação de poderes e da legalidade, de outro.

Além do mais, não vislumbramos justificativa plausível e razoável capaz de sustentar que o STF adote no mandado de injunção posição que concretize direitos em abstrato, típico do processo objetivo, como fez quando estendeu, por analogia e no que couber, a aplicação da lei de greve da iniciativa privada para os servidores públicos, e quando do exame da ADO encampe orientação diferente (de viés conservador). Em nossa visão, dita posição adotada em sede de mandado de injunção fortifica o entendimento de que se deve dispensar igual tratamento à ADO, até mesmo porque esta, sim, é instrumento típico para soluções abstratas/gerais. Igualmente fortalece o entendimento ora firmado a posição proativa que vem sendo adotada pelo STF em determinados casos, como exemplo a extensão de direitos próprios das relações heterossexuais àqueles que vivem em união homoafetiva, e também a garantia de medicamentos àqueles que não são atendidos, seja por não cumprimento de políticas públicas, seja por outra razão. Na mesma linha, aliás, se posicionou o STF ao entender ser constitucional a Resolução nº 22.610 do TSE, em que, em linhas gerais, esse Tribunal legislou acerca, por exemplo, da competência e procedimento nos casos de "infidelidade partidária", matéria reservada à União Federal por dicção do art. 21 do texto constitucional.

Enfim, pensamos que o STF não dá efetividade às decisões em sede de ADO por realizar interpretação literal – que não coaduna com os anseios atuais – do art. 103, §2º, da Constituição e conservadora do princípio da divisão dos poderes. No entanto, tal entendimento é incoerente até mesmo com outras posições adotadas pela Suprema Corte, conforme registrado neste trabalho, possuindo o Pretório Excelso o dever de dar efetividade a tais decisórios, assegurando, assim, o exercício do direito garantido constitucionalmente, com observância das ponderações levadas a efeito neste trabalho, sobretudo nos tópicos 2.5, 3.6 e 3.7. Perfilhar tal exegese vai de encontro às aspirações e trabalhos que vêm sendo desempenhados no âmbito do direito processual civil, na medida em que, dessa forma, evitar-se-á o ajuizamento de considerável número de demandas, o que se pode afirmar levando-se em consideração a prática forense, em que cada vez mais se vem judicializando os problemas da vida.

Entendemos que é admissível a propositura de ADO quando a lei que regulamenta a norma constitucional não mais cumpre o seu papel, ficando defasada com o passar do tempo. Haveria, nessa hipótese, uma omissão inconstitucional superveniente que deve ser sanada, sob pena de

CONSIDERAÇÕES FINAIS | 169

se prolongar ou até mesmo perpetuar o "estado de inconstitucionalidade". Com relação à eficácia da decisão, o provimento externando na ADO terá efeito *erga omnes*.

Pensamos que é possível o controle de constitucionalidade de normas já revogadas. Isso se justifica para se afastar a aplicação das normas irregulares ao período em que vigorou; do contrário, "se o tempo rege o ato", dever--se-ia aplicar a norma revogada àquelas situações ocorridas quando de sua vigência, ainda que ela ofenda a Constituição. Fortifica-se, assim, a "vontade de constituição". Em tese, para se garantir maior eficiência do controle de constitucionalidade, a melhor medida seria a ação popular, de sorte a permitir que qualquer um do povo possa questionar a constitucionalidade de uma lei ou ato. Todavia, tal solução não é recomendável ante o risco de inúmeras ações temerárias ou mesmo de um congestionamento do Judiciário.

No que concerne aos efeitos, nas hipóteses em que o texto constitucional fixa o prazo para atuação, parece-nos escorreito que, em regra, os efeitos da decisão retroajam ao primeiro dia depois de expirado tal lapso temporal. Todavia, é possível, em tese, que pelas mais diversas razões – por exemplo, por questões orçamentárias – a decisão espraia seus efeitos apenas para o futuro ou para outro marco temporal fixado. Se, todavia, a Constituição não assinala prazo, para nós a regra será que o decisório surtirá seus efeitos para o futuro ou outro momento, o qual poderia, em tese, ser uma data retroativa ao pronunciamento judicial ou até mesmo ao ajuizamento da demanda. A análise, no entanto, há de ser feita na concretude do caso, tendo em conta as mais diversas especificidades/variáveis de cada hipótese.

Partindo da premissa de que o Brasil é um Estado democrático de direito, um Estado de leis onde todos devem cumpri-las, inclusive os Poderes Públicos, a não obediência do Legislativo no sentido de deixar de cumprir comandos constitucionais não permite outra conclusão senão a de que o Estado deve, sim, indenizar por sua inércia, até mesmo porque há o reconhecimento de uma obrigação do Legislativo não adimplida, devendo, outrossim, a questão ser compreendida dentro da ótica da inafastabilidade do Judiciário para apreciar lesão ou ameaça de lesão a direito e do princípio da efetividade, o qual não admite a persistência de omissões normativas. Para tanto, deverá aquele que se sentir lesado demonstrar a omissão legislativa inconstitucional impugnável e o momento de sua caracterização, bem como o dano suportado e a relação entre a omissão legiferante e o prejuízo. Enfim, tendo o sistema brasileiro contemplado instrumentos (ADO e mandado de injunção) para combater as omissões constitucionais, quer nos parecer que o Constituinte Originário quis assegurar, em última análise, o direito à indenização pela ausência de tal proteção, sob pena de se estabelecer a ineficácia total de tais institutos e, o que é pior, se legitimar o "estado de inconstitucionalidade".

REFERÊNCIAS

ABBAGNANO, Nicola. *Dicionário de filosofia*. Tradução da 1ª edição brasileira coordenada e revista por Alfredo Bossi; revisão da tradução e tradução dos novos textos Ivone Castilho Benedetti. 5. ed. São Paulo: Martins Fontes, 2007.

ABBOUD, Georges. *Jurisdição constitucional e direitos fundamentais*. São Paulo: Revista dos Tribunais, 2011.

ADEODATO, João Maurício. Jurisdição constitucional à brasileira: situação e limites. *In*: SCAFF, Fernando Facury (Org.). *Constitucionalizando direitos*: 15 anos da Constituição brasileira de 1988. Rio de Janeiro: Renovar, 2003.

ALMEIDA NETO, Manoel Carlos de. *O novo controle de constitucionalidade municipal*. Rio de Janeiro: Forense, 2010.

ALVES, Moreira. A evolução do controle da constitucionalidade no Brasil: *In*: TEIXEIRA, Sálvio de Figueiredo *et al*. *As garantias do cidadão na justiça*. São Paulo: Saraiva, 1993.

ANDRADE, José Carlos Vieira de. *Os direitos fundamentais na Constituição portuguesa de 1976*. Coimbra: Almedina, 1987.

ATALIBA, Geraldo. *República e Constituição*. 3. ed. São Paulo: Malheiros, 2011.

BANDEIRA DE MELLO, Oswaldo Aranha. *A teoria das Constituições rígidas*. São Paulo: Revista dos Tribunais, 1934.

BARBI, Celso Agrícola. Mandado de injunção. *In*: TEIXEIRA, Sálvio de Figueiredo (Org.). *Mandado de segurança e de injunção*. São Paulo, Saraiva, 1990.

BARILE, Paolo; CHELI, Enzo; GRASSI, Stefano. *Instituzioni de diritto pubblico*. 9ª ed. Padova: Casa Editrice Dott Antonio Milani, 2002.

BARROSO, Luís Roberto. Conceitos fundamentais sobre o controle de constitucionalidade e a jurisprudência do Supremo Tribunal Federal. *In*: SARMENTO, Daniel (Org.). *O controle de constitucionalidade e a Lei nº 9.868/99*. Rio de Janeiro: Lumen Juris, 2001.

BARROSO, Luís Roberto. *Interpretação e aplicação da Constituição*: fundamentos de uma dogmática constitucional transformadora. 7. ed. rev. São Paulo: Saraiva, 2009.

BARROSO, Luís Roberto. *O controle de constitucionalidade no direito brasileiro*: exposição sistemática e análise crítica da jurisprudência. 5. ed. São Paulo: Saraiva, 2011.

BARROSO, Luís Roberto. *O direito constitucional e a efetividade de suas normas*: limites e possibilidades da Constituição brasileira. 9. ed. Rio de Janeiro: Renovar, 2009.

BASTOS, Celso Ribeiro. *Comentários à Constituição do Brasil*. São Paulo: Saraiva, 1988.

BASTOS, Celso Ribeiro. *Curso de direito constitucional*. 6. ed. atual. São Paulo: Saraiva, 1983.

BAZÁN, Victor. Neoconstitucionalismo e inconstitucionalidad por omisión. *Revista Brasileira de Direito Constitucional – RBDC*, São Paulo, n. 7, 2006.

BOBBIO, Norberto. *Era dos direitos*. Tradução de Carlos Nelson Coutinho. Rio de Janeiro: Campus, 1992.

BONAVIDES, Paulo. *Curso de direito constitucional*. 12. ed. São Paulo: Malheiros. 2002.

BONAVIDES, Paulo. *Curso de direito constitucional*. 4. ed. São Paulo. 1993.

BONAVIDES, Paulo. *Do Estado liberal ao Estado social*. 8. ed. São Paulo: Malheiros, 2007.

BOTELHO, Marcos César. *A legitimidade da jurisdição constitucional no pensamento de Jürgem Habermas*. São Paulo: Saraiva, 2010.

BRASIL JÚNIOR, Samuel Meira. *Justiça, direito e processo*: a argumentação e o direito processual de resultados justos. São Paulo: Atlas, 2007.

BRASIL, Casa civil. Disponível em: <http://www.planalto.gov.br/ccivil_03/Decreto-Lei/Del4657. htm>. Acesso em: 30 abr. 2012.

BRASIL. Brasil Superior Tribunal Federal. Disponível em: <www.stf.jus.br>.

BRASIL. Câmara dos Deputados. Disponível em: <www.camara.gov.br>.

BRASIL. Conselho Nacional de Justiça. Disponível em: <www.cnj.jus.br>.

BRASIL. Poder Judiciário. Disponível em: <http://www.stf.jus.br/portal/jurisprudencia/ listarJurisprudencia.asp?s1=%28%28tratado+e+internacional+e+status+e+lei+e+ordinaria%29%29 +NAO+S%2EPRES%2E&pagina=1&base=baseMonocraticas>. Acesso em: 02 maio 2012.

BRASIL. Presidência da República Federativa do Brasil. Disponível em: <www.planalto.gov.br>.

BRASIL. Senado Federal. Disponível em: <www.senado.gov.br>.

BRASIL. Superior Tribunal de Justiça. Disponível em: <www.stj.jus.br>.

BRASIL. Tribunal Superior Eleitoral. Disponível em: <www.tse.jus.br>.

BUENO, Cássio Scarpinella Bueno. Amicus curiae *no processo civil brasileiro*: um terceiro enigmático. 3. ed. São Paulo: Saraiva, 2012.

BULOS, Uadi Lammêgo. *Curso de direito constitucional*. 5. ed. São Paulo: Saraiva, 2010.

CAAMAÑO DOMÍNGUEZ, Francisco *et al*. *Jurisdicción y procesos constitucionales*. Madrid: Berdejo, 1997.

CALAMANDREI, Piero. *Direito processual civil*. Campinas: Bookseller, 1999. v. 3.

CANOTILHO, José Joaquim Gomes. *Direito constitucional e teoria da Constituição*. 7. ed. Coimbra: Almedina, 2003.

CANOTILHO, José Joaquim Gomes. *Direito constitucional e teoria da Constituição*. Coimbra: Almedina, 1998.

CANOTILHO, José Joaquim Gomes. *Direito constitucional*. 6. ed. Coimbra: Almedina, 1995.

CANOTILHO, José Joaquim Gomes. *Estudos sobre direitos fundamentais*. São Paulo: Revista dos Tribunais; Portugal: Coimbra, 2008.

CAPPELLETTI, Mauro. *Juízes legisladores*? Tradução de Carlos Alberto Alvaro de Oliveira. Porto Alegre: Sergio Antonio Fabris 1999.

CAPPELLETTI, Mauro. *O controle judicial de constitucionalidade das leis no direito comparado*. Tradução de Aroldo Plínio Gonçalves. Porto Alegre: Sergio Antonio Fabris, 1984.

CARVALHO, André Castro. O impacto orçamentário da atuação do Poder Judiciário nas tutelas concessivas de medicamentos. *In*: AMARAL JÚNIOR, José Levi Mello do. *Estado de direito e ativismo judicial*. São Paulo: Quartier Latin, 2010.

CAVALCANTI, Themistocles Brandão. *Do controle da constitucionalidade*. Rio de Janeiro: Forense, 1966.

CERRI, Augusto. *Corso di giustizia constitucionale*. 3ª ed. Milano: Giuffrè, 2001.

CLÈVE, Clèmerson Merlin. *A fiscalização abstrata da constitucionalidade*. 2. ed. rev. atual. e ampl. São Paulo: Revista dos Tribunais, 2000.

CLÈVE, Clèmerson Merlin. *Atividade legislativa do Poder Executivo*. 2. ed. rev. atual. e ampl. São Paulo: Revista dos Tribunais, 2000.

COELHO, Bernardo Leôncio Moura. O bloco de constitucionalidade e a proteção à criança. *Revista de Informação Legislativa*, Senado Federal, n. 123, p. 259-266, 1994.

REFERÊNCIAS | 173

COELHO, Inocêncio Mártires. *Interpretação constitucional.* 4. ed. São Paulo: Saraiva, 2011.

COMPARATO, Fábio Konder. *A afirmação histórica dos direitos humanos.* 6. ed. rev. e atual. São Paulo: Saraiva, 2008.

CUNHA JÚNIOR, Dirley. *Controle de constitucionalidade:* teoria e prática. 5. ed. Bahia: JusPodivm, 2011.

CUNHA JÚNIOR, Dirley. Controle judicial das omissões do poder público: *em busca de uma dogmática constitucional transformadora à luz do direito fundamental à efetivação da Constituição.* 2. ed. rev. e atual. São Paulo: Saraiva, 2008.

D'ORAZIO, Giustino. Le sentenze constituzionali additive tra esaltazione e contestazione. *Revista Trimestrale di Direitto Pubblico* 1, Milano, 1992 apud CLÈVE, Clèmerson Merlin. *Atividade legislativa do Poder Executivo.* 2. ed. rev. atual. e ampl. São Paulo: Revista dos Tribunais, 2000.

DALLARI, Dalmo de Abreu. *A Constituição na vida dos povos.* São Paulo: Saraiva, 2010.

DIDIER JÚNIOR, Fredie (Org.). *Ações constitucionais.* 2. ed. Bahia: JusPodivm, 2007.

DIDIER JÚNIOR, Fredie; ZANETI JÚNIOR, Hermes. *Curso de direito processual civil.* 7. ed. Bahia: JusPodivm, 2012. v. 4.

DIMOULIS, Dimitri; LUNARDI, Soraya. *Curso de processo constitucional:* controle de constitucionalidade e remédios constitucionais. São Paulo: Atlas, 2011.

FERRARI, Regina Maria Macedo Nery. *Controle de constitucionalidade das leis municipais.* 3. ed. rev. atual. e ampl. São Paulo: Revista dos Tribunais, 2003.

FERRARI, Regina Maria Macedo Nery. *Efeitos da declaração de inconstitucionalidade.* 4. ed. rev. atual. e ampl. São Paulo: Revista dos Tribunais, 1999.

FERRARI, Regina Maria Macedo Nery. *Efeitos da declaração de inconstitucionalidade.* 2. ed. ampl. e atual. de acordo com a Constituição Federal de 1988. São Paulo: Revista dos Tribunais, 1990.

FERRAZ, Anna Candida da Cunha. *Processos informais de mudança da Constituição.* São Paulo: Max Limonad. 1986.

FIORAVANTI, Maurizio. *Constitución:* de la antiguidade a nuestros días. Madrid: Trotta, 2001.

FIUZA, Ricardo Arnaldo Malheiros. *Direito constitucional comparado.* 4. ed. rev. atual. ampl. Belo Horizonte: Del Rey, 2004.

GARCÍA DE ENTERRÍA, Eduardo. *La Constitución como norma y el Tribunal Constitucional.* 3. ed. Madrid: Civitas, 1985.

GARCÍA-PELAYO, Manuel. *Derecho constitucional comparado.* Madrid: Alianza Universidad Textos, 1993.

GARGARELLA, Roberto. La dificultad de defender el control judicial de las leyes. <http://www.lluisvives.com/servlet/SirveObras/doxa/12715085352381514198846/isonomia06/isonomia06_03.pdf>. Acesso em: 02 nov. 2012.

GARGARELLA, Roberto. La dificultad de defender el control judicial de las leyes. Disponível em: <http://www.lluisvives.com/servlet/SirveObras/doxa/12715085352381514198846/isonomia06/isonomia06_03.pdf>. Acesso em: 02 nov. 2012.

GOYARD-FABRE, Simone. *Os fundamentos da ordem jurídica.* Tradução de Cláudia Berliner, revisão da tradução por Maria Ermantina de Almeida Prado Galvão. 2. ed. São Paulo: Martins Fontes, 2007.

GÜNTHER, Klaus. *Teoria da argumentação.* São Paulo: Landy, 2004.

HÄBERLE, Peter. *Hermenêutica constitucional:* a sociedade aberta dos intérpretes da Constituição: contribuição para a interpretação pluralista e "procedimental" da Constituição. Tradução de Gilmar Ferreira Mendes. Porto Alegre: Sergio Antonio Fabris, 1997.

HÄBERLE, Peter. La jurisdicción en la fase actual de desarrollo del estado constitucional. HÄBERLE, Peter. *Estudios sobre la jurisdicción constitucional.* México: Porrúa, 2005.

HABERMAS, Jürgen. *Direito e democracia*: entre facticidade e validade. Tradução de Flávio Beno Siebeneichler. Rio de Janeiro: Tempo Brasileiro, 2003. v. 1.

HESSE, Konrad. *A força normativa da Constituição*. Tradução de Gilmar Ferreira Mendes. Porto Alegre: Sergio Antonio Fabris, 1991.

JEVEAUX, Geovany Cardoso. *Direito constitucional*: teoria da Constituição. Rio de Janeiro: Forense, 2008.

KELSEN, Hans. *Jurisdição constitucional*. 2. ed. São Paulo: Martins Fontes, 2007.

KELSEN, Hans. *Teoria pura do direito*. Tradução de João Baptista Machado. 7. ed. São Paulo: Martins Fontes, 2006.

LIEBMAN, Enrico Tullio. *Estudos sobre o processo civil brasileiro*. São Paulo: Bestbook, 2001.

MACIEL, Adhemar Ferreira. O acaso, John Marshall e o controle de constitucionalidade. Disponível em: <http://www2.senado.gov.br/bdsf/bitstream/id/93276/1/Maciel%20Adhemar.pdf>. Acesso em: 30 out. 2012.

MARINONI, Luiz Guilherme. O surgimento do controle judicial de constitucionalidade no direito comparado e a sua evolução no direito brasileiro. *In*: SARLET, Ingo Wolfgang *et al*. *Curso de direito constitucional*. São Paulo: Revista dos Tribunais, 2012.

MARQUES, Frederico. *Manual de direito processual civil*. Book Seller: Campinas, 2000. v. 1.

MARTINS, Ives Granda da Silva; MENDES, Gilmar Ferreira. *Controle concentrado de constitucionalidade*: comentários à Lei nº 9.868, de 10.11.1999. 3. ed. São Paulo: Saraiva, 2009.

MEIRELLES, Hely Lopes, *Mandado de segurança, ação popular, ação civil pública, mandado de injunção, "habeas data"*. São Paulo: Malheiros, 1989.

MENDES, Gilmar Ferreira. *Controle abstrato de constitucionalidade*: ADI, ADC e ADO: comentários à Lei nº 9.868/99. São Paulo: Saraiva, 2012.

MENDES, Gilmar Ferreira. *Jurisdição constitucional*: o controle abstrato de normas no Brasil e na Alemanha. 3. ed. São Paulo: Saraiva, 1999.

MENDES, Gilmar Ferreira; BRANCO, Paulo Gustavo Gonet. *Curso de direito constitucional*. 6. ed. rev. e atual. São Paulo: Saraiva, 2011.

MENDES, Gilmar Ferreira; COELHO, Inocêncio Mártires; BRANCO, Paulo Gustavo Gonet. *Curso de direito constitucional*. São Paulo: Saraiva, 2007.

MIRANDA, Jorge. *Manual de direito constitucional*. 6. ed. Coimbra: Coimbra Ed. 2007. t. II.

MIRANDA, Jorge. *Manual de direito constitucional*. Coimbra: Coimbra Ed., 1991. t. II.

MONTEIRO, Juliano Ralo. Ativismo judicial: *um caminho para concretização dos direitos fundamentais*. *In*: AMARAL JÚNIOR, José Levi Mello do. *Estado de direito e ativismo judicial*. São Paulo: Quartier Latin, 2010.

MONTORO PUERTO, Miguel. *Jurisdicción constitucional y procesos constitucionales*. 1991. t. I, p. 193-195.

MONTORO PUERTO, Miguel. *Jurisdicción constitucional y procesos constitucionales*. Madrid: Colex, 1991. t. I, p. 193-195.

MORAES, Carlos Blanco de. *Justiça constitucional*. Coimbra: Coimbra Ed. 2005. t. II - O contencioso constitucional português entre o modelo misto e a tentação do sistema de reenvio.

MORAES, Guilherme Peña de. *Curso de direito constitucional*. São Paulo: Atlas, 2010.

MORAIS, Dalton Santos. *Controle de constitucionalidade*. Bahia: JusPodivm, 2010.

MOTA, Maurício Jorge Pereira da. *Responsabilidade civil do Estado legislador*. Rio de Janeiro: Lumen Juris, 1999.

NASCIMENTO, Carlos Valder do (Coord.). *Coisa julgada inconstiucional*. 3. ed. Rio de Janeiro: América Jurídica, 2004.

NOBRE JÚNIOR, Edilson Pereira. *Jurisdição constitucional*: aspectos controvertidos. Curitiba: Juruá, 2011.

PALU, Oswaldo Luiz. *A supremacia da Constituição*. Dissertação (Mestrado)–Pontifícia Universidade Católica de São Paulo, São Paulo, [2001].

PASSOS, J. J. Calmon de Passos. *Mandado de segurança coletivo, mandado de injunção, "habeas data"*: *Constituição e processo*. Rio de Janeiro, Forense, 1989.

PEDRA, Anderson Sant'ana. O tribunal constitucional e o exercício da função legislativa *strito sensu* para a efetivação dos direitos fundamentais em decorrência de uma omissão legislativa inconstitucional. *Revista de Direitos e Garantias Fundamentais*, Vitória, n. 11, p. 221-256, jan./jun. 2012.

PÉREZ ROYO, Javier. *Curso de derecho constitucional*. Madrid: Novena edición, 2003.

PINTO, Luiz Ferreira. *Princípios gerais do direito constitucional moderno*. 6. ed. São Paulo: Saraiva, 1983. 2 v.

PIOVESAN, Flávia C. *Proteção judicial contra omissões legislativas*: ação direta de inconstitucionalidade por omissão e mandado de injunção. São Paulo: Revista dos Tribunais, 1995.

POLETTI, Ronaldo. *Controle da constitucionalidade das leis*. ed. rev. e ampl. 2. ed. Rio de Janeiro: Forense, 2000.

PONTES DE MIRANDA, Francisco Cavalcanti. *Comentários à Constituição de 1967; com a Emenda nº 1 de 1969*. 3. ed. Rio de Janeiro: Forense, 1987.

PUCCINELLI JÚNIOR, André. *A omissão legislativa inconstitucional e a responsabilidade do Estado legislador*. São Paulo: Saraiva, 2007.

RAMOS, Elival da Silva. *Ativismo judicial*: parâmetros dogmáticos. São Paulo: Saraiva, 2010.

REDENTI, Enrico. *Diritto processuale civile*. 3. ed. Milano: Giuffrè, 1997.

RIO GRANDE DO SUL. Tribunal de Justiça do Estado do Rio Grande do Sul. Disponível em: <www.tjrs.jus.br>.

ROMANELLI, Sandro Ballande. A atividade política da jurisdição constitucional brasileira: algumas dimensões. *In*: CLÈVE, Clèmerson Merlin (Coord.). *Constituição, democracia e justiça*: aportes para um constitucionalismo igualitário. Belo Horizonte: Fórum, 2011.

ROMBOLI, Roberto. La tipologia de las decisiones de la Corte Constituicional en el proceso sobre la constitucionalidade de las leyes planteado en vía incidental. Tradução de Ignácio Torres Muro. *Revista Española de Derecho Constitucional*, Madrid, n. 48. set./dez. 1996.

SÃO PAULO. Tribunal de Justiça de São Paulo. Disponível em: <www.tjsp.jus.br>.

SARLET, Ingo Wolfgang; TIMM, Luciano Benetti (Org.). *Direitos fundamentais*: orçamento e "reserva do possível". 2. ed. rev. Porto Alegre: Livraria do Advogado, 2010.

SCAFF, Fernando Facury. *Responsabilidade civil do estado intervencionista*. 2. ed. rev. e ampl. Rio de Janeiro: Renovar, 2001.

SCHMITT, Carl. Teoría de la Constitución. *Revista de Derecho Privado*, Madrid, 1928.

SICHES, Recasens. *Nueva filosofia de la interpretación del derecho*. México. Porrúa, 1973.

SILVA, José Afonso da. *Aplicabilidade das normas constitucionais*. Revista dos Tribunais, São Paulo, 1998.

SILVA, José Afonso da. *Comentário contextual à Constituição*. São Paulo: Malheiros, 2005.

SILVA, José Afonso da. *Curso de direito constitucional positivo*. 32. ed. São Paulo: Malheiros, 2009.

SILVA, Ovídio Baptista da. *Curso de processo civil*. 2. ed. Porto Alegre: Sergio Antonio Fabris 1991. v. 1.

SLAIBI FILHO, Nagib. *Direito constitucional*. Rio de Janeiro: Forense, 2004.

SOUZA NETO, Cláudio Pereira. *Teoria da Constituição, democracia e igualdade*. <http://www.mundojuridico.adv.br/cgi-bin/upload/texto1129(3).pdf>. Acesso em: 30 mar. 2012.

STRECK, Lenio Luiz. Análise crítica da jurisdição constitucional e das possibilidades hermenêuticas de concretização dos direitos fundamentais. *In*: SCAFF, Fernando Facury (Org.). *Constitucionalizando direitos*: 15 anos da Constituição brasileira de 1988. Rio de Janeiro: Renovar, 2003.

STRECK, Lenio Luiz. *Hermenêutica jurídica e(m) crise*: uma exploração hermenêutica da construção do direito. 8. ed. rev. atual. Porto Alegre: Livraria do Advogado, 2009.

TAVARES, André. *Curso de direito constitucional*. São Paulo: Saraiva, 2002.

TAVARES, André. *Teoria da justiça constitucional*. São Paulo: Saraiva, 2005.

TEJADA, Javier Tajadura. Reflexiones em torno a una figura polémica: la inconstitucionalidade por omisión. *In*: BAZÁN, Victor (Coord.). *Defensa de la Constitución*: garantismo y controles. Buenos Aires: Ediar, 2003.

TEMER, Michel. *Elementos de direito constitucional*. 18. ed. rev. ampl. São Paulo: Malheiros, 2002.

TEMER, Michel. *Elementos de direito constitucional*. 3. ed. São Paulo: Revista dos Tribunais, 1985.

VERGOTTINI, Giuseppe de. *Diritto constituzionale comparato*. 6ª ed. Pádova: Casa Editrice Dott. Antonio Milani, 2004. v. 1.

VIEIRA, José Ribas. O Supremo Tribunal Federal em tempos de mudança: parâmetros explicativos. *In*: MACHADO, Felipe; CATTONI, Marcelo (Coord.). *Constituição e processo*: entre o direito e a política. Belo Horizonte: Fórum, 2011. p. 183.

VIEIRA, Renato Stanziola. *Jurisdição constitucional brasileira e os limites de sua legitimidade democrática*. Rio de Janeiro: Renovar, 2008.

VIEIRA, Renato Stanziola. *Jurisdição constitucional brasileira e os limites de sua legitimidade democrática*. Rio de Janeiro: Renovar, 2008.

VILLAVERDE, Sandra Joyce Motta. *As razões de decidir do Supremo Tribunal Federal*: formas de procedimentalização do direito. Rio de Janeiro: Lumen Juris, 2013.

ZAVASCKI, Teori Albino. *Processo coletivo*: tutela de direitos coletivos e tutela coletiva de direitos. 5. ed. rev. atual. e ampl. São Paulo: Editora Revista dos Tribunais, 2011.